DIE LITERARISCHEN ANFÄNGE

Im März 1958 brachte das Züricher Schauspielhaus Max
Frischs damals neuestes Stück "Biedermann und die Brandstifter" mit großem Erfolg zur Uraufführung; im Anschluß
an das "Lehrstück ohne Lehre", wie es im Untertitel
heißt, spielte man am selben Abend Frischs ironischen
Schwank von der Handlungsunfähigkeit des Intellektuellen
"Die große Wut des Philipp Hotz".

Im selben Jahr wurde dem Autor der renommierte Georg-
Büchner-Preis der Deutschen Akademie für Sprache und
Dichtung verliehen. Seine Heimatstadt Zürich ehrte ihn
mit ihrem Literaturpreis. Zu diesem Zeitpunkt hatte Max
Frisch bereits ein umfangreiches Werk vorgelegt und galt
als einer der führenden Schriftsteller deutscher Sprache.

In einem Rundfunkessay Helmut Heissenbüttels, gesen-
det ebenfalls im Jahr 1958, wird Frisch als Schriftsteller der "mittleren Generation der Moderne" bezeichnet
(1); dies war auf die Generationslage des Autors ebenso
gemünzt wie auf sein literarisches Problembewußtsein.

Siebzehn Jahre später, im Herbst 1975, veröffentlich-
te Frisch seine bisher letzte Arbeit, "Montauk. Eine Er-
zählung". Dem Buch war eine hohe Startauflage sicher,
Frisch gehört nun längst zu den etablierten Größen des
Literaturmarktes. In den Rezensionen dazu, die in ihrem
Urteil beträchtlich voneinander abweichen, heißt es un-'

----

(1) Helmut Heissenbüttel, Max Frisch oder Die Kunst des
    Schreibens in dieser Zeit; in: Über Max Frisch, hg.
    von Thomas Beckermann, Frankfurt a.M. 4.Aufl.1973,
    s.54. Fortan zitiert als ÜMF I.

ter anderem:

> Und Frisch ist längst mehr als ein bekannter
> Schriftsteller: er ist ein Klassiker der Mo-
> derne. (1)

Während der vergangenen dreißig Jahre veröffentlichte
Frisch drei Romane und eine größere Erzählung, eben "Montauk", zehn Theaterstücke - teilweise in mehrfacher Bearbeitung; daneben mehrere kleine Prosaarbeiten und nicht
zuletzt zwei Tagebücher, die allergrößte Aufmerksamkeit
errangen. Außerdem griff Frisch immer wieder mit Zeitungsbeiträgen, Manifesten, Reden und Essays in öffentliche Debatten ein.

Seine schriftstellerischen Anfänge liegen jedoch weiter als dreißig Jahre zurück. Nach einem abgebrochenen
Germanistikstudium verdiente er sich für längere Zeit
seinen Unterhalt mit journalistischer Arbeit.

> Als Journalist beschrieb ich, was man mir zuwies:
> Umzüge, Vorträge über Buddha, Feuerwerke, Kabarett
> siebenten Ranges, Feuersbrünste, Wettschwimmen,
> Frühling im Zoo; (II/586)

Auf einer Reise, die ihn unter anderem durch den Bal-
kan und Griechenland führte, entstanden mehrere Feuilletons; zugleich lieferte diese Reise den Hintergrund für
einen ersten Roman, den 1934 veröffentlichten "Jürg Reinhart. Eine sommerliche Schicksalsfahrt". Im Rückblick
charakterisiert ihn Frisch heute als den

> (...) übliche(n) erste(n) Roman, eine schwach ge-
> tarnte Autobiographie, und als Autobiographie ein-
> fach nicht ehrlich genug; (2)

Drei Jahre darauf folgte "Antwort aus der Stille. Ei-

---

(1) Ueli Jaussi, in: Der kleine Bund, Beilage für Literatur und Kunst; Berner Bund Nr.256 vom 2.11.1975.
(2) M.F. in: Heinz Ludwig Arnold, Gespräche mit Schriftstellern; München 1975, s.14. Fortan zitiert als Arnold, Gespräche.

Der Autor als Zeitgenosse

Europäische Hochschulschriften

Publications Universitaires Européennes
European University Papers

Reihe I

Deutsche Literatur und Germanistik

Série I   Series I

Langue et littérature allemandes
German Language and Literature

Bd./Vol. 296

PETER LANG

Frankfurt am Main · Bern · Las Vegas

Manfred E. Schuchmann

Der Autor als Zeitgenosse

Gesellschaftliche Aspekte in
Max Frischs Werk

PETER LANG
Frankfurt am Main · Bern · Las Vegas

CIP-Kurztitelaufnahme der Deutschen Bibliothek

Schuchmann, Manfred E.

Der Autor als Zeitgenosse: gesellschaftl. Aspekte
in Max Frischs Werk/Manfred E. Schuchmann. –
Frankfurt am Main, Bern, Las Vegas: Lang, 1979.
(Europäische Hochschulschriften: Reihe 1,
Dt. Literatur u. Germanistik; Bd. 296)
ISBN 3-8204-6527-8

D 30

ISBN 3-8204-6527-8

© Verlag Peter Lang GmbH, Frankfurt am Main 1979
Druck: Fotokop Wilhelm Weihert KG, Darmstadt
Titelsatz: Fotosatz Aragall GmbH, Wolfsgangstraße 92, Frankfurt am Main.

INHALTSVERZEICHNIS

ne Erzählung aus den Bergen", das Frisch heute als sehr
schlechtes, epigonales Buch bezeichnet (1); in die 1976
erschienene Werkausgabe ging diese Erzählung dann auch
gar nicht ein.

Mit Aufnahme seines Architekturstudiums, dem Bemühen,
eine bürgerliche Existenz aufzubauen, wurden dann vorerst
alle literarischen Versuche eingestellt.

> Zu Hause brauchte ich noch zwei Jahre, um einzuse-
> hen, was es mit dem literarischen Journalismus auf
> sich hat, wohin es führt, wenn man auch zu Zeiten,
> wo man nichts zu sagen hat, ins Öffentliche schreibt,
> um leben zu können. (II/587)

Frisch verbrannte nun alle Aufzeichnungen und leiste-
te das "heimliche Gelübde, nicht mehr zu schreiben" (II/
588). Mit der Mobilmachung in der Schweiz nach Ausbruch
des Zweiten Weltkrieges mußte auch Frisch zum Militär-
dienst einrücken; hier beginnt er nach nahezu zwei Jahren schriftstellerischer Abstinenz mit den Tagebuchauf-
zeichnungen der "Blätter aus dem Brotsack". Fünfunddrei-
ßig Jahre danach wird er erneut hierauf zurückgreifen; er
reflektiert nun über die Erfahrungen seiner Dienstzeit
und legt die Ergebnisse im 1974 erschienenen "Dienstbüchlein" nieder. Ein direkter Vergleich dieser beiden Arbeiten demonstriert - sozusagen in nuce - die literarische
Entwicklung Frischs und seine sich verändernde gesellschaftliche Perspektive.

In den "Blättern" dominiert passagenweise jener lyri-
sche Impressionismus, der für Frischs frühe Prosa charak-
teristisch ist; die politischen Ereignisse der Zeit bleiben gleichsam am Rande. Im "Dienstbüchlein" werden jene
Jahre dagegen in präziser, knapper Sprache zum Anlaß einer Betrachtung damaliger und heutiger gesellschaftlicher
Verhältnisse, deren Spiegelbild für ihn die schweizeri-

---

(1) M.F. in: Arnold, Gespräche s.11.

sche Armee darstellt.

1943 folgte der Roman "J'adore ce qui me brûle oder
Die Schwierigen", in den Teile des Erstlings "Jürg Reinhart" eingearbeitet wurden. Kurt Hirschfeld, Dramaturg
des Züricher Schauspielhauses, regte Frisch daraufhin an,
doch einmal für die Bühne zu schreiben. So entstand im
nächsten Jahr neben der Erzählung "Bin oder Die Reise
nach Peking" ein erstes Stück - wenngleich es nicht als
sein erstes aufgeführt wurde: "Santa Cruz. Eine Romanze",
geschrieben innerhalb von fünf Wochen (VI/706).

Den bis zu diesem Zeitpunkt vorgelegten Arbeiten Max
Frischs war, mit gewissen Einschränkungen für die "Blätter aus dem Brotsack", ein Wesenszug gemeinsam:

> Jeder allzudeutliche, jeder politische Zeitbezug
> zum Beispiel wird ausgespart. Alles wird ins zeit-
> los Gültige, Allgemeine und Fiktive gehoben. Nur
> mitschwingend deutet sich die Beunruhigung an, die
> aus der fiktiven Zeitlosigkeit zum Aktuell-Gegen-
> wärtigen drängt. (1)

Mit diesen Arbeiten machte ein jüngerer Schriftsteller auf sich aufmerksam; es sind noch nicht unbedingt jene Werke, auf die sich Frischs kontinuierlich wachsender
Ruf gründen sollte. Sie erscheinen alle noch, mit einem
Wort, das für die "Schwierigen" geprägt wurde, als ein

> (...) Rückgriff auf die Tradition, im Anschluß an
> den psychologischen Roman der Jahrhundertwende. (2)

Dieser Einschätzung der Prosaarbeiten läßt sich ein
Urteil über den Bühnenerstling "Santa Cruz" zur Seite
stellen, das die "formale Anlehnung an symbolistisches
Theater" betont (3).

----

(1) Helmut Heissenbüttel, in: ÜMF I, s.55.
(2) Ebd. s.54.
(3) Manfred Durzak, Dürrenmatt, Frisch, Weiss. Deutsches
     Drama der Gegenwart zwischen Kritik und Utopie; Stutt-
     gart 1972, s.162.

Die Konzentration auf die private, individualistische Problematik mit ihrer gleichzeitigen Überhöhung ins Allgemeingültige wird in den nächstfolgenden Arbeiten relativiert. Zwar bleibt die private Problematik eine Konstante in Frischs Werk, aber mit der Zäsur des Jahres 1945 tritt eine andere hinzu: der Zeitbezug, die Orientierung an gesellschaftlicher Aktualität und verbunden damit die literarische Selbstreflexion, das Nachdenken über die Verantwortlichkeit des Schreibens.

Lagen Frischs Arbeiten bislang innerhalb eines eher konventionellen Rahmens - nicht unbedingt auf der Höhe poetischer Entwicklung -, so beginnt er jetzt, seine Ungleichzeitigkeit zu überwinden. Das zerstörte Europa, zerstört nicht allein im materiellen Sinn, nötigt ihn zu einer Bestandsaufnahme; er weigert sich, im Heraufkommen des Faschismus eine quasi naturgesetzlich-unabwendbare Katastrophe anzuerkennen und beginnt, nach dessen historischen und gesellschaftlichen Ursachen zu suchen. So arbeitet er sich nun rasch und konsequent in seinen Fragestellungen an die aktuelle Diskussion heran (1).

Diese Entwicklung setzt mit dem Bühnenstück "Nun singen sie wieder" ein, das in seinem Untertitel noch die tastende Standortsuche verrät: "Versuch eines Requiems". In den letzten Kriegsmonaten entstanden, wird es am 29. März 1945 im Züricher Schauspielhaus uraufgeführt.

In einem 1975 veröffentlichten Gespräch gibt Frisch eine Reihe interessanter und erhellender Informationen

----

(1) Inwieweit aber selbst Frischs Roman "J'adore ce qui brûle oder Die Schwierigen", ja sogar die surreal durchsponnene Wachtraumprosa von "Bin oder Die Reise Peking" eine individualistische Auseinandersetzung des Autors mit seiner gesellschaftlichen Umwelt und ihren Normen darstellte, eine Auseinandersetzung mit autobiographischem Hintergrund, wird noch zu beleuchten sein.

über diese Zeit seines literarischen Umbruchs gegen Ende
des Krieges.

> Zur Zeit, da es erschien (gemeint ist das Prosabänd-
> chen "Bin oder Die Reise nach Peking"; M.Sch.), 1943,
> wußte ich ungefähr, was geschieht, wußte von den
> Handlungen auf den Kriegsschauplätzen, zum Teil auch
> von den Kriegsverbrechen, von den Lagern auch schon.
> Und nun kann man sagen: Jetzt geht dieser Mensch hin
> und schreibt so ein zärtlich-romantisches Gebilde.
> (...) Diese Ereignisse, von denen wir wußten und an
> denen wir nicht beteiligt waren, sind für mich ein-
> fach nicht darstellbar gewesen. Es ist ja auch eine
> Frage der Kompetenz, die sich auch später wieder ge-
> stellt hat, beim Stück "Nun singen sie wieder". (1)

Noch eindeutiger charakterisiert er seine Arbeiten vor
dem "Versuch eines Requiems" im folgenden:

> So verkroch ich mich ganz in eine Fluchtliteratur,
> in einen Elfenbeinturm. (...), das fing erst gegen
> Kriegsende an, daß ich die Welt, die mich bedrängt,
> darzustellen begann und die Literatur nicht mehr als
> Fluchtgefilde betrachtete. (2)

Nach der Darstellung autobiographischer Verschlüsse-
lungen, des Gegensatzes von Bürger und Künstler, Gebundenheit und Sehnsucht nach dem Ewig-Anderen, nach dem
melancholischen Leitsatz der "Schwierigen" "Alles wiederholt sich, nichts kehrt uns wieder, Sommer vergehen, Jahre sind nichts - (...)" (I/599), sucht Frisch nun nach
Darstellungsmöglichkeiten der Gegenwart - der ganz konkreten Gegenwart des Trümmerfeldes Europa.

Dies wird für ihn in bedeutendem Maß zu einer Frage
der Kompetenz; der Kompetenz eines vom Krieg direkt Ver-
schonten, der es unternimmt, zu Beteiligten und Betroffenen zu sprechen und über sie. Mit der Kompetenzfrage geht
die Frage nach der Verantwortlichkeit der Kunst einher,
die erstmals im "Requiem" gestellt ist. Denn allzudeut-

----

(1) M.F. in: Arnold, Gespräche s.19; Frisch irrt hier of-
    fenbar in der Datierung: "Bin" erschien 1945 in Zü-
    rich und wurde 1944 verfaßt; cf. II/589.
(2) Ebd.s.20.

lich offenbarte sich in jener Zeit das Versagen eines
traditionellen Kulturbegriffes, dem es möglich war, unter
Duldung der herrschenden Unmenschlichkeit das Lauterste
zu postulieren.

Um die Beantwortung dieser Fragen geht es Max Frisch
– spätestens – seit 1945; sie beschäftigen ihn in den
Nachkriegsjahren immer wieder in seinen Stücken und Tagebüchern (1), in Zeitungsbeiträgen und öffentlichen Stellungnahmen. Letztlich läßt ihn die Frage nach der Verantwortlichkeit der Literatur – und mithin des eigenen
Schreibens – fortan nicht mehr los; zwar nicht immer im
Vordergrund stehend, bildet sie dennoch eine Folie, vor
der sich noch das ganz Private zu rechtfertigen hat.

----

(1) Das "Tagebuch 1946 – 1949" erschien in ersten Teilen
    als "Marion und die Marionetten. Ein Fragment" in Ba-
    sel 1946; dann als "Tagebuch mit Marion", Zürich 1947.

DER EINTRITT DER ZEITEREIGNISSE

In der Zeit des Nationalsozialismus stieg das Züricher
Schauspielhaus zur führenden Bühne des deutschen Sprach-
raums auf; einzig in der Schweiz blieb damals der Anschluß an die zeitgenössische Weltliteratur gewahrt. Maßgeblich war die Züricher Bühne damals, wie Frisch sie in
seiner "Rede zum Zürcher Debakel" 1969 nennt, ein "Emi-
granten-Juden-Marxisten-Theater" (VI/500), an dem zahl-
reiche künstlerisch hervorragende deutsche Kräfte tätig
waren.

Hier nun wurde wenige Wochen vor Kriegsende Max Frischs
zweites Stück zur Uraufführung gebracht: "Nun singen sie
wieder. Versuch eines Requiems"; Regie führte Kurt Hor-
witz, das Bild entwarf Teo Otto.

Das Stück war ein erster Reflex auf die Zeitereignisse, überhaupt Frischs erster direkter literarischer Reflex aufs Zeitereignis - sieht man wiederum von seinen
"Blättern aus dem Brotsack" ab. Der Untertitel bezeugt,
daß es sich hierbei kaum um eine historisch-analytische
Aufarbeitung des Geschehens handelt: Requiem ist als Begriff der Liturgie entliehen, dann auch der Musik und bezeichnet die Totenklage - im Stück wird dementsprechend
der Gesang der Geiseln zum musikalischen Leitmotiv, zu ihrem allereigensten Requiem sozusagen.

"Nun singen sie wieder" ist undramatisches Theater,
noch vielfach von sprachlichen Lyrismen durchzogen. Es
ist wesentlich Klage und nicht gezielte Anklage, die eben
eine kausale Aufarbeitung des Geschehens gefordert hätte.
Das Stück kennzeichnet so vor allem auch die Suche seines
Autors nach einem eigenen und legitimen Beurteilungs-

standpunkt für das Unfaßliche.

Frisch war als Bürger der neutralen Schweiz nicht direkt ins Kriegsgeschehen verstrickt, der Kriegsgefahr sah er sich jedoch seit 1939 ebenso wie seine Landsleute ausgesetzt - das belegen die "Blätter aus dem Brotsack". Ja, die Lage wurde für die Schweiz zunächst zunehmend bedrohlicher; sie wurde von den Achsenmächten allmählich ringsum eingeschlossen.

Seit Herbst 1939 wurde die eidgenössische Presse zensiert; so wurde aus außenpolitischer Rücksichtnahme vieles unterdrückt, was an nationalsozialistischen Untaten bereits offenbar geworden war. Widerspruch und Verquickung von offizieller schweizerischer Neutralitätspolitik und offiziöser Geschäftspolitik mit Deutschland, dies sollte für Frisch später im "Dienstbüchlein" zu einem zu durchleuchtenden Gegenstand werden.

Trotz der Zensur war vieles zu erfahren; und Frisch erfuhr es - nicht zuletzt durch seinen Umgang auch mit deutschen Emigranten. Die Kenntnis des Schrecklichen, der nicht direkt erlittene, aber täglich geschaute Krieg, bildete so den ersten Anlaß für das Stück. Zugleich empfand Frisch die unfaßbare Sinnlosigkeit des Geschehens als eine Bedrängnis, derer es sich zu erwehren galt - wenngleich festgestellt werden muß, daß die perfide politische und ökonomische Sinnfälligkeit, Triebfeder der Katastrophe, damals noch nicht bewußt von ihm erkannt wurde.

Frisch empfand das Grauen keineswegs als fern und fremd, sondern als psychisch beängstigend nah. Diese psychische Realität als Substitut für wirklich Selbsterlebtes äußert sich für ihn vielleicht noch am unmittelbarsten im Traum. In einem Beitrag des Programmheftes zur Erstaufführung seines Stückes schreibt Frisch die "Notizen über Geträumtes"; es sind schreckensvolle Visionen, Bilder verstümmelter, sterbender Soldaten in verschütte-

ten Kellern, Geiseln auf dem Weg zur Exekution (II/290f.)
(1). Einiges davon ist ähnlich in Szenen des Stücks ausgeführt. Was in diesen Visionen eingefangen wurde, ist eine Unmittelbarkeit des Entsetzens, von dem kein Erwachen
befreit; es ist die schreckenshelle Erkenntnis, daß all
dies und unvorstellbar Schlimmeres tägliche Wirklichkeit
ist. In den Anmerkungen zum Stück schreibt Frisch:

> Es sind Szenen, die eine ferne Trauer sich immer wie-
> der denken muß, und wäre es auch nur unter dem un-
> willkürlichen Zwang der Träume, wie sie jeden Zeit-
> genossen heimsuchen; (II/137)

Das Stück selbst ist in zwei Teile von insgesamt sieben Bildern gegliedert. Die ersten schildern die Welt der
verfeindeten Lebenden, der Kämpfenden, Tötenden, Leiden-
den, die fast alle nur in den jeweils anderen die Satane
erkennen können, nicht aber das Maß auch der eigenen
Schuld. Der zweite Teil zeigt vor allem die Toten, die
sich über Nationalitäten und Feindbilder hinweg nun als
Menschen erkennen und eine Ahnung von dem Leben gewinnen,
"das wir zusammen hätten führen können" (II/123), wie es
an mehreren Stellen heißt. Die Welten der Lebenden und
der Toten durchdringen sich in diesem zweiten Teil: die
Toten nehmen die Lebenden wohl wahr, nicht aber umgekehrt
die Lebenden die Toten - ein szenischer Griff, der stark
an Thornton Wilders 1938 erschienenes Stück "Our Town"
erinnert.

Dieser Griff wird im letzten Bild zu einer ein-
dringlichen Mahnung an die Zuschauer genutzt; die Überlebenden unterschieben dem Tod der Gefallenen einen Sinn,
der ihm nie zukam: ihr Tod sei nicht umsonst, sein Ver-
mächtnis sei der Auftrag zur Vergeltung. Um so deutlicher
nur gewahren die Toten, wie völlig sinnlos ihr Sterben
war - ja, wie diese Sinnlosigkeit sich fortzuzeugen

----

(1) Zuerst in: Programmheft des Schauspielhauses Zürich
    1944/45 Nr.17, s.7f.

droht:

> Väterchen, - sie machen aus unserem Tode, was ihnen
> gefällt, was ihnen nützt. Sie nehmen die Worte aus
> unserem Leben, sie machen ein Vermächtnis daraus,
> wie sie es nennen, und lassen uns nicht reifer wer-
> den, als sie selber sind. (II/135)

Die fatale Ahnung, die dieses Schlußbild bereits 1945
enthält, konkretisierte sich im Verlauf einer sogenann-
ten Vergangenheitsbewältigung, die mehr ein Prozeß kollektiver Verdrängung war, deutlich.

In seiner Problematik kreist das Stück im wesentlichen
um drei Themen: den Komplex von Befehl, Gehorsam und un-
dispensierbarer eigener Verantwortung; um die Verdrängung
des Geschehens und drittens um das, was bei Frisch fortan
unter ä s t h e t i s c h e r K u l t u r verstanden
und kritisiert wird.

Das Thema von Gehorsam und Eigenverantwortung wird
exemplarisch dargestellt in der Auseinandersetzung zwischen Karl, der befehlsgemäß unschuldige Geiseln erschoß
und daran seelisch zerbricht, und seinem Vater, einem
Oberlehrer und Repräsentanten jener unverpflichtenden
Kulturtradition, in der sich das Schöne nur zu dienst-
fertig als noble Maske vor dem Gesicht des allgemeinen
Terrors korrumpieren ließ. Die Schlüsselstelle des Dia-
logs zwischen Vater und Sohn lautet:

> KARL Es gibt das nicht, es gibt keine Ausflucht in
> den Gehorsam, auch wenn man den Gehorsam zu seiner
> letzten Tugend macht, er befreit uns nicht von der
> Verantwortung. (...); man kann nicht seine Verant-
> wortung einem anderen geben, damit er sie verwalte.
> Man kann die Last der persönlichen Freiheit nicht
> abtreten - (...). (II/104)

Die Flucht in den Gehorsam als Selbstrechtfertigungs-
grund wird hier in ihrem Kern getroffen - eine Problemstellung die übrigens deutlichst an existentialistische
Ansätze gemahnt. Auch hierin ist Frischs Stück ein histo-

rischer Vorgriff, der von der Realität schnell eingeholt
werden sollte. Zugleich aber offenbart sich an dieser
Problemstellung auch eine erhebliche Schwäche des Stücks,
das die konkrete geschichtliche Entwicklung nicht als einen Prozeß darstellt, sondern unvermittelt an einem sehr
späten Punkt dieses Prozesses einsetzt. Die zugrundeliegenden gesellschaftlichen Zusammenhänge stellen sich so
nicht mehr her; vielmehr wird der Akzent auf die persönliche ethische Verantwortung und Verantwortlichkeit gesetzt - fast so, als ginge es in der Tat allein um die
existentiellen Entscheidungsmöglichkeiten und Wahlfrei-
heiten des einzelnen schlechthin. Diese extrem individualistische Perspektive übersieht die realen Zwänge, in denen sich die Individuen zum Handlungszeitpunkt bereits
unentrinnbar befinden. So urteilt Durzak zu Recht über
das Stück:

> Die Realität wird in ihrer politischen Substanz völ-
> lig ausgehöhlt und zur Fiktion von verselbständigter
> Emotionalität: sie wird gänzlich subjektiviert. (1)

> Die politische Logik, die hinter dem Krieg zu erken-
> nen wäre, wird auf moralische Konflikte der einzel-
> nen Menschen reduziert. (2)

Dennoch ist festzuhalten, daß das Stück zum Zeitpunkt
seiner Uraufführung, kurz vor der endgültigen Kapitulation Hitler-Deutschlands, durchaus vorausschauende Qualitäten besaß. Das dokumentiert sich in der nachfolgenden
Diskussion um "Nun singen sie wieder" - das seine deutsche
Erstaufführung im Dezember 1946 in München erlebte -, wie
sie in Reflexen im "Tagebuch 1946 - 1949" zu finden ist.
Gerade die Furcht vor allzu schneller Flucht ins Verges-
senwollen, in die Verdrängung, erwies sich als nur zu berechtigt. Der Tag Null des Zusammenbruches wurde vielfach
mit einer tabula rasa verwechselt, die die Aufarbeitung

----

(1) Manfred Durzak, op.cit.s.167.
(2) Ebd. s.172.

des Geschehenen erübrigte; damit ging die Chance zu einer
wirklichen Erfahrung, einer gesellschaftlich zukunfts-
mächtigen Erfahrung, verloren. Auch dies wird im Stück bereits angedeutet; im Luftschutzkeller, während eines An-
griffes, betrachtet eine Frau einen schlafenden Säugling:

> FRAU Es wird nichts mehr von diesem Krieg wissen,
> wenn es groß ist. Denken Sie das! (...) das ist viel.
> Überall dort, wo sich niemand mehr selber an diesen
> Krieg erinnern kann, dort fängt das Leben wieder an!
>
> JEMAND Oder der nächste Krieg.
>
> FRAU Wieso?
>
> JEMAND Weil sich niemand mehr selber daran erinnern
> kann. (II/106)

Diese ebenfalls noch sehr subjektivistische und von gesellschaftlichen Mechanismen absehende Argumentation wird
aber von Frisch aufgrund seiner Erfahrungen aus der direkten Nachkriegszeit schnell korrigiert. 1948 notiert er im
"Tagebuch":

> Leider ist es ja so, daß das "Geschehene", noch be-
> vor es uns wirklich und fruchtbar entsetzt hat, be-
> reits überdeckt wird von neuen Untaten, die uns in
> einer willkommenen, einer fieberhaften und mit ver-
> dächtigem Eifer geschürten Empörung vergessen lassen,
> was Ursache und Folge ist; (II/630) (1)

Schon im darauffolgenden Jahr hat sich Frisch mit dem
Vorwurf auseinanderzusetzen, das eigentliche Unglück sei,
daß er gewaltsam Wunden offenhalte, die die Geschichte inzwischen schon habe heilen wollen. Darauf erwidert er:

> Ich halte für ein eigentliches Unglück: das Verbin-
> den von Wunden, die noch voll Eiter sind - und sie
> sind voll Eiter - das Vergessen der Dinge, die nicht
> durchschaut, nicht begriffen, nicht überwunden und
> daher nicht vergangen sind. (II/647)

----

(1) Ähnlich auch Frischs Argumentation in seinem Aufsatz
"Kultur als Alibi", (II/337ff.); zuerst in: Der Monat,
7/1949, s.82ff.

Den abschließenden Satz dieser Eintragung bildet bezeichnenderweise eine Frage: "Aber sind auf meiner Seite
so viele?" (II/647).

Diese Textstellen führten bereits über den Stand von
Frischs Problembewußtsein gegen Ende des Krieges hinaus;
sie deuteten Orientierungspunkte der Entwicklung an, die
mit "Nun singen sie wieder" ihren Anfang nahm.

Insgesamt haben denn auch jene Interpreten des Stücks
nicht völlig unrecht, die über den angeschnittenen gesellschaftlichen Aspekten - wobei der noch eingehender zu
analysierende der ästhetischen Kultur der wichtigste ist -
vor allem den poetischen, stellenweise lyrischen Charakter betonen (1).

Festzuhalten bleibt als erster Anlaß zur dramatischen
Darstellung des Zeitereignisses die seelische Betroffenheit des Autors; festzuhalten bleibt weiter, daß weniger
die kausale Ableitung historischen Geschehens angestrebt
und demonstriert wird, als vielmehr das unvermittelte
Einwirken der Ereignisse auf einzelne Individuen, die
stellvertretend handeln und leiden. Wichtig aber ist das
Stück vor allem als Zäsur in Frischs Werk, als Ausgangspunkt für das künftige Denken und Arbeiten des Autors -
dem ersten Zeitstück folgen weitere.

> Das war nun wirklich ein erster Reflex auf die Er-
> eignisse, die uns umgaben, damals noch mit der Hal-
> tung des Erschrecktseins und des Versöhnenwollens.
> (2)

Das Stück war, mit einem Wort Hellmuth Karaseks, eine

---

(1) Cf. Hans Bänziger, Frisch und Dürrenmatt; Bern, 6.
    Aufl. 1971, s.60.
    Manfred Jurgensen, Max Frisch - Die Dramen; Bern
    1968, s.102.
(2) M.F. in: Arnold, Gespräche s.23.

Art "moralische(r) Teichoskopie" (1). Damit ist jener
Aspekt wieder angesprochen, der bereits oben angerissen
wurde: es geht um die Frage der Legitimation eines Autors, der Betroffenheit als Außenstehender erfährt. Diese Kompetenzfrage führt Frisch im Verlauf ihrer Klärung
zwangsläufig zur Diskussion zweier Probleme, deren gesellschaftliche Relevanz offensichtlich ist. Es geht ihm
eben um das Versagen einer Kultur unverpflichtender Werte
inmitten totalitärer Barbarei und damit zugleich darüberhinaus prinzipiell um die Frage der Verantwortlichkeit
der Kunst, die nicht losgelöst über Gesellschaft und Politik stehen dürfe; damit schließt er zur aktuellen Diskussion auf, die vor allem von Sartre in Gang gesetzt wurde. Außerdem beschäftigt sich Frisch schon sehr bald mit
den deutlich restaurativen Tendenzen der Nachkriegszeit
- von persönlichen Kompetenzzweifeln dann kaum noch irritiert.

----

(1) Hellmuth Karasek, Frisch; Velber 1966, s.24.

VON DER KOMPETENZFRAGE ZUR ZEITGENOSSENSCHAFT

Vor dem ersten Weltkrieg gab es das als Losung der Arbei-
terbewegungen: internationale Solidarität. Sie sollte als
Bestandteil umfassender politischer Zielsetzungen helfen,
gemeinsame Aufgaben zu bewältigen und vor allem drohende
Konflikte zu verhindern; unterstützt wurde dies nicht zuletzt auch von pazifistischen Schriftstellern wie Romain
Rolland und Hermann Hesse beispielsweise. Im August 1914
zerbrachen diese Hoffnungen, bevor sie noch feste Gestalt
gewonnen hatten.

Lange nach dem zweiten Weltkrieg innerhalb eines Vier-
teljahrhunderts wurde mühsam versucht, diese Solidarität
wenigstens ansatzweise wiederherzustellen. Und wieder
wurden diese Bemühungen von Intellektuellen, Künstlern
und Schriftstellern unterstützt - auch von Max Frisch.
Räumliche Entfernung von den Brennpunkten der Ereignisse
spielte keine Rolle: die Ermordung amerikanischer Bürger-
rechtler, der Krieg in Vietnam, der blutige Terror in Chile erschütterten ebensosehr wie die Invasion des Warschau-
er Paktes in der CSSR (1). Meist im klaren Bewußtsein der
eigentlichen Hilflosigkeit ihrer Solidaritätsbemühungen
(2), wurde dennoch versucht, das öffentliche Bewußtsein
wachzurütteln; dieses Engagement war der skrupulösen Fra-

----

(1) M.F. Politik durch Mord, Ansprache im Züricher Schau-
    spielhaus zur Ermordung Martin Luther Kings; in: Die
    Weltwoche vom 26.4.1968.- Schriftsteller, Johnson und
    Vietnam; in: Die Weltwoche vom 5.4.1968. Cf. auch VI/
    117f. - Offener Brief an den Schweizerischen Bundesrat;
    in: Süddeutsche Zeitung vom 7.3.1974. Cf. auch VI/519
    ff. - Rede nach der Besetzung der Tschechoslowakei, Ba-
    sel 8.9.1968. Cf. auch VI/479ff.
(2) Cf. VI/98f.

ge nach etwaiger Berechtigung solcher Einmischung nicht
unterworfen.

Ganz anders die Situation des Schweizers Max Frisch
am Ende des Zweiten Weltkriegs. Sein zufälliges Privileg,
an der Schwelle der Zerstörung verschont geblieben zu
sein, gestaltete ihm die öffentliche Stellungnahme und
die literarische Darstellung des Geschauten schwierig. Er
lebte als Zuschauer auf einer bedrohten Insel inmitten
eines verwüsteten Kontinents - sehend, mitfühlend, mit-
leidend aber schon in übertragenem Sinn. Die Ereignisse
werden dem Zeitgenossen zur Bedrängnis, die er sich schreibend zu klären sucht, um sich ihrer erwehren zu können. Im
Anschluß an eine Eintragung über das zerbombte Frankfurt
am Main notiert Frisch 1946 im "Tagebuch" unter der Über-
schrift "Zur Schriftstellerei":

> Im Grunde ist alles, was wir in diesen Tagen auf-
> schreiben, nichts als eine verzweifelte Notwehr, die
> immerfort auf Kosten der Wahrhaftigkeit geht, unwei-
> gerlich; denn wer im letzten Grunde wahrhaftig blie-
> be, käme nicht mehr zurück, wenn er das Chaos betritt
> - oder er müßte es verwandelt haben. (II/376)

Daß ein Nachbarvolk, das dazu dieselbe Sprache spricht,
der Barbarei verfällt, wird ihm zum persönlichen Schrek-
ken, das millionenfache Elend rings um seine Heimat zur
Betroffenheit. Bevor er noch beginnt, die geschichtlichen
und gesellschaftlichen Ursachen zu rekonstruieren, rührt
seine Bestürzung aus der hypothetischen Überlegung, wie
seine Landsleute und er selbst sich verhalten haben könnten, wären sie ähnlichen Verhältnissen wie den deutschen
ausgesetzt gewesen. Indem er sich in diese Situation hin-
eindenkt und Verhaltensmöglichkeiten abwägt, spürt er zugleich Selbstrechtfertigungsgründe auf, um sie zu verwerfen - wie in "Nun singen sie wieder" bereits dargestellt.
Dabei ist er allerdings noch ständig im Zweifel, ob ihm
dies als Nichtversuchtem überhaupt zustehe. Bereits in
den Anmerkungen zu jenem Stück äußert er diese Bedenken,

nennt aber zugleich einen wichtigen ersten Grund für die
Berechtigung seines Schreibens: als Verschonter kann er
sich einen Grad von Objektivität wahren, der den meisten
Beteiligten abgehen muß. Er ist auf jeden Fall frei von
jedem Gedanken an Vergeltung.

> (...) es muß der Eindruck eines Spieles durchaus be-
> wahrt bleiben, so daß keiner es am wirklichen Ge-
> schehen vergleichen wird, das ungeheuer ist. Wir ha-
> ben es nicht einmal mit Augen gesehen und man muß
> sich fragen, ob uns ein Wort überhaupt ansteht. Der
> einzige Umstand, der uns vielleicht zur Aussage be-
> rechtigen könnte, liegt darin, daß wir, die es nicht
> am eigenen Leibe erfahren haben, von der Versuchung
> aller Rache befreit sind. Der Zweifel bleibt dennoch
> bestehen. (II/137)

Darin liegt allerdings die Chance und die Aufgabe zugleich: als Nichtbeteiligter und dennoch Betroffener ist
der Autor in der Lage, beide Seiten zu überblicken - angesichts der Trümmerberge deutscher Städte mit ihren zer-
schossenen Bahnhöfen voller Flüchtlinge an Warschau zu
denken und sein niedergemachtes Getto, an Guernica und
Rotterdam: nicht, um das eine gegen das andere aufzurech-
nen, sondern um Ursache und Folge zu benennen.

In dem Aufsatz "Über Zeitereignis und Dichtung", den
Frisch für die "Neue Zürcher Zeitung" und das Programmheft zur Uraufführung seines "Requiems" verfaßte, heißt
es:

> Wir sind fast die einzigen, die dort stehen, wo man
> die Tragödie, die ganze, schauen könnte und müßte;
> (...) W i r haben die selten gewordene Freiheit, ge-
> recht zu bleiben, oder wir hätten sie. Mehr noch:
> wir müßten sie haben. (II/286)

Zugleich versucht er hier eine Definition dessen, was
Literatur im Augenblick zu leisten habe - eine Literatur,
die in ihrer Darstellung nicht in die unverbindliche Tar-
nung durch historische Kostümierung ausweicht, sondern
Brennspiegel der gegenwärtigen Probleme ist:

Die aktuelle Dichtung verschärft eine Frage, die
zwar immer vorhanden ist, aber nicht immer so spür-
bar. (II/288)

Die eigenen Bemühungen, die aktuellen Fragen anschau-
lich-zwingend zur Darstellung zu bringen, werden stimuliert durch jene fundamentale Verunsicherung, die das Versagen einer Zivilisation, die der eigenen so ähnlich ist,
hervorgerufen hat. Über dieses "Erschrecktsein" (1) versucht sich Frisch Rechenschaft zu geben; dies geschieht
vor allem im "Tagebuch 1946 - 1949" und in dem 1949 erschienenen Aufsatz "Kultur als Alibi", der die zentrale
Thematik von Frischs damaliger Reflexion zusammenfaßt.
Er schreibt darin, wie ähnlich auch im "Tagebuch":

Die tausend Geschichten, die man uns erzählt, haben
mich mehr und mehr unsicher gemacht, wie ich mich in
einer ähnlichen Lage selber verhalten hätte. (...)
Sie haben unser Vertrauen in die eigene Menschlichkeit erschüttert. Menschen, die ich als verwandt em-
pfinde, sind Unmenschen geworden. Diese Erschütte-
rung unserer Zuversicht, die wir aus unserer abend-
ländischen Zivilisation glaubten ableiten zu dürfen,
(...). (II/337f.)

Die räumliche, sprachliche und geistige Verwandtschaft
mit Deutschland und die Zeitgenossenschaft des Miterleben-
den rechtfertigen, ja fordern den Versuch, die Gründe dieses Versagens aufzuspüren.

Es handelt sich, ganz vereinfacht gesprochen, um die
noch unverarbeitete Tatsache, daß in den Jahrzehnten
unseres Daseins, in unserer Zeitgenossenschaft, Dinge geschehen sind, die wir dem Menschen vorher nicht
hätten zutrauen können. (II/340)

Als Schriftsteller untersucht Frisch naheliegenderwei-
se zunächst das Versagen der Kultur, jener ästhetischen
Kultur, die er als "sittliche Schizophrenie" (II/341) bezeichnet, da sie ihre Werte nur als hohe, letztlich nicht
einlösbare und nicht einzulösende Forderungen transpor-
tiert, unbeschadet der völligen Mißachtung eben dieser hu-

---

(1) Cf. oben s.14.

manen Werte in der geschichtlichen Praxis. Desgleichen
verwirft Frisch das "Genie als Alibi" (II/341); darunter
ist die Ablehnung jener Bemühung zu verstehen, die Untaten, die im Namen Deutschlands vollbracht wurden, aufzu-
wiegen durch jene unleugbaren geistigen Werte, die Deutsche im Laufe der Geschichte hervorbrachten. Was Frisch
erwartet und fordert, ist ein gemeinsamer Maßstab der
Werte in Kultur und Lebenspraxis, eine Erweiterung des
Kulturbegriffs auch auf die gesellschaftlichen - also
die eigentlichen zivilisatorischen - Einrichtungen. Dieser Denkansatz eben schließt auf zur Diskussion, die
Jean-Paul Sartre um die "littérature engagée" führt.
Letztlich wird hier einem Literaturbegriff, der in der
bürgerlichen Tradition tief verwurzelt ist, zu Grabe ge-
läutet.

Dieser Kulturbegriff - und mit ihm, präziser, das Verhältnis von postulierten Werten und tatsächlicher Praxis
des Bürgertums - war schon lange ein falscher; sein Versagen war nur jetzt erneut unübersehbar deutlich geworden. Schon Thomas Mann mußte zwischen seinen "Betrachtungen eines Unpolitischen" von 1918 und seinem Aufsatz
"Kultur und Politik" von 1939 erfahren, daß dieser Kulturbegriff von der gesellschaftlichen Entwicklung in den
Bereich des ideologischen Scheins verwiesen wurde - und
Thomas Mann war mit dieser Einsicht kein Vorreiter.

Es ist aber andererseits offensichtlich, daß das Versagen jener Kultur nur ein Gesichtspunkt innerhalb des
zivilisatorischen Versagens des Bürgertums war; dessen
Analyse hätte vorab eine politisch-ökonomische zu sein.
Erst auf dieser Basis wäre die Entwicklung zu Faschismus
und Krieg und das Fehlverhalten in der Kultur zu begreifen. Kultur ist darüberhinaus im Sinne der marxistischen
Geschichtsauffassung zu sehr Phänomen des gesellschaftlichen Überbaus, um aus alleiniger Kraft gesellschaftli-

che Katastrophen abwenden zu können; denn deren Weichen
werden andernorts gestellt. Das Versagen in der Kultur
war mithin ein passives mehr denn ein aktives; was man-
gelte, war entschiedener Widerstand gegen den Mißbrauch,
der mit ihr getrieben werden konnte. Jener aktive kultu-
relle - und somit zugleich politische - Widerstand aber,
den es in Deutschland natürlich auch gab, war sehr bald
ins Exil oder in die Lager getrieben. Es war dies jener
Teil der Kulturschaffenden, der die von Frisch beschriebene sittliche Schizophrenie nicht hinnahm und folglich
versuchte, gesellschaftlich einzugreifen. In diesem Augenblick aber gerät Literatur in die vordersten Frontlinien
der realen Auseinandersetzungen. Dieser Weg zwischen die
Frontlinien war auch für Max Frisch mit seinen ersten
Überlegungen zur Verantwortung des eigenen Schreibens
konsequent vorgezeichnet.

Für ihn gab es am Ende des Krieges noch andere Motive,
die ihn veranlaßten, die Möglichkeitsbedingungen des Geschehenen zu durchdenken. Wichtig ist bei diesen Überlegungen vor allem, daß sie noch wesentlich vom individuellen Wahrnehmungs- und Verhaltensbereich ausgehen, nicht
von theoretischen Reflexionsansätzen.

Frisch beschreibt im Nachkriegstagebuch einen Flug,
den er 1946 über die heimatliche Schweiz unternahm. Dabei
konstatiert er erstaunt, daß er selbst durchaus in der Lage wäre, Bomben abzuwerfen. Die Distanz zu den anonymen
Opfern entbindet scheinbar von der persönlichen Verantwortung für das eigene Tun, als ginge es tatsächlich nur
um die Erledigung eines technischen Auftrags, der in keinem faßbaren Zusammenhang steht mit Tod, Leid und Vernichtung, die seine Konsequenzen sind: man bringt keinen
Menschen um, der einem von Angesicht zu Angesicht gegen-
überstünde. Handlung und Resultat stehen in keinem sinn-
lich faßbaren Zusammenhang mehr, das erleichtert offen-

sichtlich den Dispens von der Verantwortung. Hier waltet eine spezifische Form entfremdeten Handelns, die
sich der allgemeinen gesellschaftlichen Entfremdung naht-
los einpaßt: die menschlichen Verhältnisse lösen sich auf
in solche technischer, pseudorationaler Notwendigkeiten.

> Es braucht nicht einmal eine vaterländische Wut,
> nicht einmal eine jahrelange Verhetzung; es genügt
> ein Bahnhöflein, eine Fabrik mit vielen Schloten,
> ein Dampferchen am Steg; es juckt einen, eine Reihe
> von schwarzen und braunen Fontänen hineinzustreuen,
> und schon ist man weg; (...); man sieht kein Blut,
> hört kein Röcheln, alles ganz sauber, alles aus ei-
> nem ganz unmenschlichen Abstand, fast lustig. (II/388)

Von dieser Selbstbeobachtung ausgehend, treibt Frisch
den Gedankengang weiter bis zu jenem Punkt, an dem erkennbar wird, wie Menschen, wenn sie ihrer konkreten Tö-
tungshemmung enthoben sind, als Soldaten handhabbar werden:

> Ohne die Entbindung aus dem erlebbaren Verhältnis,
> die uns die Technik in zahllosen Spielarten ermög-
> licht, wäre es vermutlich, ohne daß die Leute besser
> sein müßten, nicht so leicht, Heere von solcher Grö-
> ße aufzustellen, gehorsam und jederzeit marschbe-
> reit. Nicht alle von uns eignen sich zum Schlächter,
> aber fast alle zum Soldaten, der an der Kanone
> steht, auf die Uhr schaut und die Leine abzieht. Es
> ist sonderbar, daß die räumliche Entfernung, die
> man in Metern messen kann, eine solche Bedeutung ha-
> ben soll; (...). (II/391)

Am Ende dieses Tagebuchabschnitts zieht Frisch den
Schluß, daß es einen unveränderlichen menschlichen Maßstab gebe, der offensichtlich verloren sei; ob er wieder-
gewonnen werden könne, stehe dahin (II/392). Gemeint ist,
ob es möglich wäre, jene Verdinglichung aufzuheben, die
dem Menschen ein Handeln erlaubt, dessen Tragweite er
nicht mehr erfassen kann - oder zumindest nicht mehr erfassen muß -, weil dessen Resultat nicht mehr sinnlich-
anschaulich erfahren wird, die Zusammenhänge schlechthin
verschleiert sind. Gefragt ist nach den Bedingungen, die

solches Handeln ermöglichen und erfordern; dennoch bleibt
Frisch mit dieser Fragestellung zunächst noch an der Oberfläche der gesellschaftlichen Erscheinungen.

Eine verstärkt gesellschaftliche Sicht und nachfolgend
eine verstärkt gesellschaftskritische sollte sich aber
trotzdem gerade aus jenen Ansätzen der ersten Nachkriegsjahre entwickeln. Frisch hatte sich auf die Zeitereignisse beschreibend, dann deutend eingelassen - diese Einlassung, unbeschadet ihrer ersten Kompetenzvorbehalte, fand
rasch sowohl Zustimmung als auch Widerspruch durch die
Zeitgenossen.

Die Notizen des "Tagebuchs" werden 1946 bereits stark
durchsetzt von Frischs Reiseeindrücken aus dem zerstörten
Deutschland; diese finden sich immer wieder zwischen
schweizerischen Impressionen, Überlegungen zur Schriftstellerei und Bühnenwirkung, den Parabeln des Marionettenspie-
lers Marion, zwischen Skizzen und Entwürfen von "Andorra"
und "Graf Öderland". Am Schluß der Eintragungen dieses
Jahres finden sich drei Entwürfe einer Briefantwort an einen deutschen Obergefreiten, der als Kriegsteilnehmer
Frisch seine Eindrücke von "Nun singen sie wieder" schilderte (II/469ff.). Hier stellt sich noch einmal die Frage
nach der Kompetenz - alle Vorbehalte, die Frisch sich
selbst vorhielt, kehren ihm nun als Vorwurf von außen
wieder:

> "(...) Sie schreiben sehr höhnisch; es empört Sie,
> daß ein Ausländer, ein Verschonter, vom Tod schreibt."
> (II/469)

Das "Tagebuch" dokumentiert auch hier die immer noch
vorhandenen Skrupel Frischs; aber er hatte inzwischen
seine Zeit zum Reisen genutzt, zum Sehen, Beobachten, zum
persönlichen Kontakt und Gespräch mit Deutschen - mithin
Erfahrungen gewonnen, die er noch nicht besitzen konnte,
als er sein Stück verfaßte. Diese Erfahrungen verdeutlich-

ten ihm, wie berechtigt viele seiner Befürchtungen waren. Was ihm begegnete, war selten Eingeständnis eigener
Schuld, sondern meist eilfertige Selbstrechtfertigung.
Die Haltung, die Frisch im Oberlehrer seines Stückes an-
legte, dominierte in der Tat: das Verstecken hinter Befehl und Gehorsam. Zudem erschreckte ihn eine neue Über-
heblichkeit der Deutschen, ein neuer Auserwähltheitsmythos. Die Größe der Macht wurde nun mit der Größe des
Elends vertauscht - und wieder stand man einzig unter den
Völkern, geflissentlich übersehend,welches Elend man zuvor selbst über die Nationen Europas brachte.

Frisch bekam eine Reihe von Zuschriften auf sein
Stück, ihr Tenor lautete immer ähnlich; die Antworten
auf jenen Brief gibt er also stellvertretend für alle.
Schon im Frühjahr 1946 wehrt sich Frisch gegen die ihm
entgegenschlagenden deutschen Vorwürfe, er habe als Be-
wohner eines "Schlaraffenlandes" kein Recht zu urteilen
(1); er antwortet fast freundschaftlich, ohne Affront,
aber rückhaltlos offen, unangenehm berührt von Selbst-
mitleid und Schuldverdrängung.

Gerade weil er eher und objektiver als die direkt Beteiligten beide Seiten, bald auch die beiden großen ideologischen Lager überblickt, sieht sich Frisch mehr und
mehr zur Aussage, zur Stellungnahme verpflichtet; das
Geschehen, das "mindestens unseren ganzen Erdteil" (II/
471) angeht, lief bereits Gefahr, vergessen und verdrängt
zu werden, ohne daß aus der historischen Erfahrung eine
Erkenntnis gewonnen worden wäre. Dies alles sieht Frisch
unter ethischen, moralischen Gesichtspunkten eher als unter politischen. War er zuerst erschüttert und bedrängt
vom unfaßbaren Geschehen rings um ihn, so erkennt er
jetzt die Verantwortung, diesem Prozeß der Verdrängung

---

(1) M.F. Das Schlaraffenland, die Schweiz; in: Neue Zei-
    tung, München 26.4.1946. Cf. II/312.

zu begegnen.

> (...); das Stück ("Nun singen sie wieder") ist nicht
> aus der vermessenen Absicht entstanden, dem deutschen
> Volk zu raten, sondern einfach aus dem Bedürfnis, ei-
> ne eigene Bedrängnis loszuwerden. (...)
> Eine Deutung, die jemand versucht, ist kein Befehl, daß
> Sie sich dieser Deutung unterwerfen müssen. (II/470f.)

In einer Besprechung von Gedichten Wiecherts und Ber-
gengruens setzt sich Frisch erneut mit jenem unerträgli-
chen deutschen Auserwähltheitsmythos auseinander (1); er
verhindere, daß Deutschland jemals Nation unter Nationen,
Volk unter Völkern werde. Gleichzeitig weist er den deutschen Versuch zurück, das nationale Versagen durch Vor-
weisen von Kulturleistungen kompensieren zu wollen.

> (...); kein deutsches Kunstwerk wird Deutschland ret-
> ten, im Gegenteil, die Symphonie ist vielleicht der
> einzige Beweis, den Deutschland nicht mehr zu erbrin-
> gen hat: daß es aus allen Katastrophen früher oder
> später mit Kunstwerken hervorgegangen ist, die ihm
> selber den Glauben gaben, die Kultur über den Kultu-
> ren darzustellen, aber noch kaum einmal mit der Ge-
> staltung einer staatlichen Gemeinschaft und eines
> lebbaren Verhältnisses zu den anderen Völkern, die
> Kultur haben. (II/301f.)

Es war keineswegs so, daß Frisch sich nur mit deutschen
Einwänden gegen sein Stück auseinanderzusetzen gehabt hätte; auch aus der Schweiz wurden Vorwürfe laut, freilich
andere. Ihre Beantwortung war nicht von den gleichen Skru-
peln begleitet, wie die der deutschen Einwände - der letzte Eintrag unter jenen Briefentwürfen an den deutschen
Soldaten lautete bezeichnenderweise "Nicht abgeschickt"
(II/475).

In einem Leitartikel der "Neuen Zürcher Zeitung" vom
23.5.1945 wird Frisch beschuldigt, sein Stück beschönige
den Terror; es gestalte in der Figur des Herbert das Böse

---

(1) M.F. Stimmen eines anderen Deutschland? In: Neue
Schweizer Rundschau, Juni 1946. Cf. II/297ff.

zugleich als den Bringer des Lichtes, als Luzifer in der
alten Bedeutung des Namens, der den Geist zur Erscheinung zu, zwingen versuche. Man erwartete eine eindeutige
Verurteilung, Frischs Haltung dagegen schien zu urteils-
frei (1).

In seiner Antwort versucht Frisch darzulegen, daß die
Erfahrungen und Erkenntnisse, die er aus dem Jüngstver-
gangenen gewann, sich durchaus auf Künftiges projizieren
ließen. Zunächst erläutert er, warum Herbert in "Nun singen sie wieder" ohne Bestrafung ausscheidet, obgleich er
der eigentliche Repräsentant nationalsozialistischen Un-
geistes im Stück ist:

> Gewiß, das Schauspiel läßt ihn nicht baumeln; es hät-
> te sich damit viel Einwände erspart, auch den Ihren,
> und sich Beifall von bekannter Art gesichert. Nur kann
> der Verfasser nicht glauben, daß Luzifer aus der Welt
> geschaffen sei, auch wenn etliche erhängt sein werden.
> Er geht weiter; er hat noch andere Gewänder, noch ande-
> re Wappen, noch andere Muttersprachen. (II/295)

Diese Vermutung hat ihre Berechtigung. Hier dokumentiert sich Frischs Denk- und Arbeitsansatz, wie er in den
parabolischen Verallgemeinerungen der Stücke "Graf Öderland", "Biedermann und die Brandstifter" und "Andorra"
später am deutlichsten zum Ausdruck kommt: aus den Kon-
stellationen vergangenen oder auch aktuellen Geschehens
wird ein Modell gewonnen, das in seiner Abstraktion auch
auf Künftiges hin anwendbar sein will - über den Erklä-
rungsversuch seines konkreten Anlasses hinaus.

----

(1) Verfaßt wurde der betreffende Leitartikel übrigens von
Dr.Bieri; als dieser später für das Amt des Züricher
Stadtpräsidenten kandidierte, attackiert Frisch ihn
in einer ganzseitigen, selbstbezahlten Anzeige im "Züricher Tages-Anzeiger" vom 4.3.1966 scharf, indem er
auch auf die zwanzig Jahre zurückliegende Auseinandersetzung verweist. Frischs Erwiderung auf Bieris Arti-
kel wurde von der "Neuen Zürcher Zeitung" seinerzeit
übrigens nicht abgedruckt. Cf. auch II/768.

In seiner Antwort auf jenen Leitartikel der "Neuen
Zürcher Zeitung" weist Frisch auch auf ein Versagen der
Schweiz in der Zeit des Nationalsozialismus hin - ohne
jedoch schon auf das Gefälle auch der heimischen Bourgeoisie zum Faschismus zu verweisen, wie er das späterhin
tut (1). Er, dessen intellektueller und moralischer Integrität ein Messen mit zweierlei Maß widerstrebt,
schreibt hier:

> Auch dort, wo das Versagen des Geistes nicht zur ak-
> tiven Kriminalität reicht und sich nicht als Massa-
> ker darstellt, erkennen wir es als Schuld, beispiels-
> weise in dem Umstand, daß unsere gesamte schweize-
> rische Presse, solange es unser Vaterland hätte ge-
> fährden können, zu eben jenen Massakern schweigen
> mußte und schwieg. Nur daß wir es beim Nachbarn als
> Mangel an bürgerlichem Mut bezeichnen, im eigenen
> Lande aber als Staatsraison. (II/295)

Indem er sich so auf die öffentliche Auseinandersetzung
einließ, stellte sich eine gesellschaftliche Dimension
seiner Arbeit her, die nicht von Anfang an in diesem Maß
intendiert war - sie kommt sozusagen durch die Hintertür.
Die Diskussion um die Scheinargumente deutscher Selbstrechtfertigung und schweizerischer Bigotterie bringt ihn
schnell in eine Position, die wesentlich exponierter ist
als jene seines skrupulösen Kompetenzzweifels. Die Entfernung von früheren Standorten wird noch deutlicher, wenn
man eine kaum fünf Jahre zurückliegende Rezension Frischs
zu Albin Zollingers Roman "Pfannenstiel" heranzieht; hier
zeigt sich, wie eng Frischs Auffassung vom legitimen
Spielraum der Literatur noch war:

> (...), und endlich ein Dickicht von polemischem Jour-
> nalismus: Diskussionen, Meinungen, die nicht bloß
> Teil der Menschen sind, Spiegelungen ihres Wesens,
> (...) - Meinungen einfach, die dem Dichter durchge-

----

(1) M.F. in: Arnold, Gespräche s.22.

hen, Broschüren, die reden, (...)." (I/178)

Einsetzend mit seinem erstaufgeführten Stück im Frühjahr 1945 und weitergetragen durch die sich daran an-
schließende Diskussion, beginnt für Max Frisch das Zeitereignis und die Reflexion darüber zu einem bestimmenden
Faktor zu werden. Diese Einlassung auf die Zeit hat ihre
Konsequenzen; sie verlangt bald über die Abbildung hinaus
nach klärender Analyse, fordert die gedankliche Auseinandersetzung mit den Kräften der gesellschaftlichen Bewegung. In der Vorbemerkung umreißt Frisch 1949 die Grund-
voraussetzung, aus der heraus das "Tagebuch" geschrieben
wurde; hierbei handele es sich um

> (...) Aufzeichnungen und Skizzen eines jüngeren
> Zeitgenossen (...), dessen Schreibrecht niemals in
> seiner Person, nur in seiner Zeitgenossenschaft be-
> gründet sein kann, vielleicht auch in seiner beson-
> deren Lage als Verschonter, der außerhalb der natio-
> nalen Lager steht - (...). (II/349)

Wenn Frisch auch rückblickend anmerkt, daß vieles im
"Tagebuch 1946 - 1949" zu unklar gesehen, nicht hinreichend durchdacht worden sei in gesellschaftlicher Hinsicht, daß vieles vom allzu persönlichen Erfahrungshori-
zont aus beurteilt worden sei (1), so ist doch festzuhalten, daß hier der Weg vorgezeichnet liegt, der mitkonsti-
tuierend wird für das künftige Werk und den Ruf des Autors
als eines engagierten Schriftstellers. Die Anerkennung

----

(1) M.F. in: André Bloch, Edwin Hubacher, Schweizer Auto-
    ren bestimmen ihre Rolle in der Gesellschaft - Eine
    Dokumentation zu Sprache und Literatur der Gegenwart;
    Bern 1972. Frisch äußert hier auf s.23: "Wenn ich mit
    meinem heutigen Bewußtsein die Dinge beschreiben wür-
    de, die ich nach dem Krieg im 'Tagebuch' beschrieben
    habe, würde das ohne Zweifel anders aussehen, (...).
    Ich war damals passiver im einmal Hinnehmen und auch
    noch mehr 'gefüllt' mit den Glaubensinhalten der Gesell-
    schaft, in der ich aufgewachsen bin."

der eigenen Zeitgenossenschaft mit ihrer impliziten Verantwortlichkeit macht ihn zum Beobachter seiner Umgebung,
die Beobachtung bald zum Kritiker der gesellschaftlichen
Erscheinungen; daß damit einhergehend der eidgenössische
Bürger Max Frisch sich vom "humanistische(n), etwas va-
ge(n) Sozialist(en)" (1) zum "demokratischen Sozialisten"
(2) radikalisiert, der so in seiner heimatlichen Schweiz
bereits in eine politische Randzone gerät, sei hier nur
kurz angemerkt.

Das Erlebnis des Faschismus und des Krieges, der end-
liche Zusammenbruch Hitler-Deutschlands und seiner Verbün-
deten, öffnete für Frisch die Perspektiven über die auto-
biographisch-private Problematik des Frühwerks hinaus.
Dieses Erlebnis erfährt er zwar als persönliche Bedrängnis
und Verunsicherung, diese gewinnen nun aber eine öffentliche Dimension. Die Überprüfung falscher Denk- und Verhal-
tensweisen einzelner Subjekte, die in einem Täter und Opfer waren, entwickelt eine Eigendynamik, die nicht unbedingt vom Autor vorhergesehen wurde; sie stellt ihn in eine Auseinandersetzung, die er annimmt. Hier bezieht er nun
Stellung, nie selbstsicher, stets um ein audiatur et alte-
ra pars bemüht; Objektivität stellt sich gerade dadurch her,
daß Frisch nie seinen subjektiven Standort leugnet - so geben sich seine Äußerungen nicht als letzte Einsichten.
Mit der Annahme der eigenen Zeitgenossenschaft nimmt sich
Frisch allerdings auch das Recht, sich als Zeitgenosse ein-
zumischen. Das dokumentiert sich in seinen Stücken, den
Essays, Aufsätzen, Pamphleten, in seinen Romanen - von
der Farce "Die Chinesische Mauer" 1946, dem Schauspiel
"Als der Krieg zu Ende war" 1949 zu "Biedermann und die
Brandstifter" und "Andorra" aus den Fünfziger Jahren; das

----

(1) M.F. in: Arnold, Gespräche s.25.
(2) M.F. in: Bloch/Hubacher, op.cit. s.26.

dokumentiert sich im "Stiller" 1954 und der Städtebaudiskussion, die Frisch gleichzeitig führte, es dokumentiert sich in der Desillusionierung des "American way of
life" und seines verdinglichten Denkens im "Homo faber"
1957. Und ebenso bleibt in den jüngeren Veröffentlichungen des "Wilhelm Tell für die Schule", des "Tagebuchs
1966 - 1971" und des "Dienstbüchlein" die gesellschaftliche Stellungnahme und Einmischung konstitutiv.

ZWISCHEN GESELLSCHAFTSBEZUG UND AUTOBIOGRAPHIE

Dem gesellschaftsbezogenen Aspekt von Frischs literari-
schem Schaffen gesellt sich ein sehr persönlicher und
privater, der nicht minder konstitutiv für das Werk ist.

Schon von seinem Romanerstling "Jürg Reinhart"
spricht Frisch als von einer Autobiographie (1); stark autobiographische Elemente enthalten auch die nachfolgenden epischen Arbeiten - nicht unbedingt in ihrer inhaltlichen Darstellung als vielmehr in ihrer Problemkonstellation. Dies erweist sich besonders deutlich in den
"Schwierigen", dann im "Stiller" und später im "Gantenbein". Auch in Bühnenarbeiten so gegensätzlicher Art
wie der Romanze "Santa Cruz", dem ersten, 1944 entstandenen Stück und dem 1967 uraufgeführten Spiel "Biografie" bilden autobiographische Momente die Hintergrund-
folie.

Diese Zusammenhänge ließen sich in Ansätzen aus
Frischs eigenen, aber lange Zeit spärlichen persönlichen Angaben rekonstruieren; durch den Abschnitt "Autobiographie" im Nachkriegstagebuch beispielsweise. Ganz
offensichtlich geworden sind sie durch zwei Veröffentlichungen der jüngeren Zeit; zum einen durch das bereits mehrfach zitierte Gespräch zwischen Heinz Ludwig
Arnold und Frisch, zum anderen durch Frischs Erzählung
"Montauk".

Unübersehbar befinden sich in den Romanen "Die
Schwierigen oder J'adore ce qui me brûle" und "Stiller"
die Protagonisten außer in persönlichen Konflikten

----

(1) Cf. oben s.2.

auch in Auseinandersetzung mit ihrem gesellschaftlichen
Umfeld. Jürg Reinhart führt diese Auseinandersetzung
noch wesentlich implizit, das heißt, er kämpft mit sich
selbst um Ablehnung oder Anerkennung der bürgerlichen
Normen.

> Der Roman "J'adore ce qui me brûle" ist noch der
> Versuch, die bürgerliche Welt zu lobpreisen, sie
> ernst zu nehmen, sie zu bejahen; der Versuch, die-
> se Welt affirmativ darzustellen. Schon im Roman
> zeigt es sich dann, daß es dem Helden nicht ge-
> lingt - er erlebt es aber und bezeichnet es so, als
> s e i n Ungenügen und nicht als das Ungenügen der
> Gesellschaft; er nimmt sein Scheitern auf sich und
> verinnerlicht es. (1)

White/Stiller dagegen trägt seine Kritik an der
Schweiz schon recht konkret vor; seine Zweifel am bür-
gerlich-helvetischen Selbstverständnis werden nicht mehr
allein selbstzerstörerisch nach innen gewendet. Es
scheint müßig, den Konflikt Bürger - Künstler in beiden
Romanen auf den Architekten und Schriftsteller Max
Frisch deuten zu wollen; auch seine Beziehungen zur
großbürgerlichen Familie seiner ersten Frau - dargestellt
etwa in der Beziehung Jürg Reinharts zu Hortense und ihrem Vater, einem Oberst und Gutsbesitzer - ließe sich
herauslesen. Aber diese Detailbemühungen werden weitgehend überflüssig, nimmt man eine Äußerung Frischs über
sein damaliges Lebensgefühl, sein Bemühen, sich einer
bürgerlichen Umgebung einzupassen; dieses Gefühl liegt
als Tiefenschicht unter den "Schwierigen".

> Ich hatte keine ironische Distanz und wollte auch
> nicht beobachten; es erschien mir als eine sinnvol-
> le Gesellschaftsform. Ich merkte natürlich mehr
> und mehr, daß ich der einzige war, der das ernst
> nimmt und dran glaubt. Und merkte, was alles nicht
> stimmt, wie schal es ist, wie verlogen - also all

----

(1) M.F. in: Arnold, Gespräche s.18.

das, was wir wissen. Aber wichtig dabei ist, daß
ich als Gläubiger, sozusagen als Konvertit, da-
hineinkam und nachher ausgestiegen bin. (1)

Frisch versuchte in jenen Jahren,"ein bewußter Bürger" (2) zu sein, einer, der sich ernsthaft mühte, jenen Normen gerecht zu werden, die das Bürgertum seiner
Umgebung nur noch als längst hohle und brüchige Postulate beanspruchte - Normen, die zu Versatzstücken bürgerlicher Ideologie herabgesunken waren. Dieser Anpas-
sungsversuch scheitert im Leben wie im Roman, mit verschiedenen Konsequenzen allerdings. Interessant ist jedoch, daß sich im literarischen Niederschlag jener Jahre, eben den "Schwierigen", bereits auch eine Beschreibung des Arbeitsalltages findet, die so präzise ist,
daß entfremdete Arbeit sich selbst enthüllt, ohne daß
der Begriff verwendet werden müßte - vermutlich kannte
ihn Frisch damals auch noch gar nicht. Darin äußert
sich ein Charakteristikum seines damaligen Schreibens:
durch genaue Beobachtung und Beschreibung gesellschaftlicher Phänomene bereits Mißstände offenzulegen, ohne
daß diese durch Analyse weiter durchdrungen werden
müßten. Frisch konfrontiert Anspruch und Wirklichkeit
bürgerlicher Wert- und Lebensvorstellungen und zeichnet das Gewohnte einfach nach, so daß es allein dadurch
den Schleier der Gewöhnung, die Aura des So-und-nicht-
anders verliert. Im Falle der "Schwierigen" entsteht
so eine Form von Verfremdung ohne einen bewußten arti-
stischen Vorsatz (3). Hier kann ein Wort Herberts Mar-
cuses durchaus Anwendung finden:

Freilich bleiben in diesen Werken mangels theore-
tischer Analyse die Wurzeln der beschriebenen Ver-

----

(1) M.F. in: Arnold, Gespräche s.17.
(2) Ebd. s.12.
(3) Cf. I/494 und unsere Interpretation des Romans weiter oben s. 109ff.

hältnisse unaufgedeckt und geschützt; aber dazu gebracht, für sich selbst zu sprechen, reden die Verhältnisse eine deutliche Sprache. (1)

Im "Stiller" sind die gesellschaftskritischen Passagen wesentlicher expliziter und mithin provozierender
als im vorangegangenen Roman. Indem White/Stiller helvetische Selbsteinschätzung mit der Wirklichkeit vergleicht,
demontiert er spielerisch und spielend einen Mythos.
Stellt man dann seine Thesen über Architektur und Städte-
bau denen des Autors gegenüber, die etwa gleichzeitig
publiziert wurden, so ergibt sich eine frappante Übereinstimmung: White/Stillers Meinung ist die Frischs, wie er
sie in öffentlichen Kontroversen vertritt (2). Was Frisch
bei Zollinger noch kritisierte, hier tut er es selbst; er
übernimmt sein öffentliches Räsonnement in die fiktionale
Umsetzung.

Das Mittel der Konfrontation von Anspruch und Wirklichkeit zur Demontage ideologischen Scheins und letztlich
zur Bloßstellung derer, die in diesem Schein sich sonnen,
kennzeichnet eine umfängliche Reihe politisch-literari-
scher Arbeiten Frischs. In einer Festrede zum schweizerischen Nationalfeiertag, dem 1. August, fordert er 1957
seine Zuhörer auf, den Freiheitsanspruch, der sich aus
der Entstehungsgeschichte der Eidgenossenschaft ableite,
weniger zu zelebrieren, als im Hier und Heute konkret
einzulösen; beibehalten wird diese Art der Konfrontation

----

(1) Herbert Marcuse, Der eindimensionale Mensch; Neuwied/
    Berlin 3.Aufl. 1970, s.19.
(2) M.F. Cum grano salis, III/230ff. Zuerst in: Werk 40,
    Nr. 10/1953, s.325ff. Der Laie und die Architektur.
    Ein Funkgespräch, III/261ff. Zuerst in: Merkur 9/1955
    Nr.85, s.261ff. Achtung. Die Schweiz - Ein Gespräch
    über unsere Lage und ein Vorschlag zur Tat, III/291ff.
    Zuerst: Basel 1955. Auf diese Zusammenhänge weist be-
    reits Thorbjörn Lengborn hin: Schriftsteller und Ge-
    sellschaft in der Schweiz - Eine Studie zur Behandlung
    der Gesellschaftsproblematik bei Zollinger, Frisch und
    Dürrenmatt. Frankfurt a.M. 1972, s.152.

besonders im "Wilhelm Tell für die Schule" ebenso wie im
"Dienstbüchlein". Stets bleibt es dabei letztlich dem Rezipienten überlassen, die zwingenden Schlußfolgerungen
zu ziehen. Frisch führt bis an die Schwelle, an der Erkenntnis zur Konsequenz nötigt, ohne expressis verbis zu
Konsequenzen auffordern zu müssen. Dabei werden die
Schlußfolgerungen, zu denen der Autor den Leser führt
ohne sie ihm vorzuführen, immer drastischer ausfallen,
je stärker sich Frisch dem Einverständnis mit spätbür-
gerlich-kapitalistischen Spielregeln entzieht (1).

Für den Stiller des Romans gibt es über die benannte
Deckungsgleichheit seiner Standpunkte mit denen seines
Autors hinaus eine aufschlußreiche Aussage über die ele-
mentar autobiographische Schicht, die den Roman unter-
zieht:

> Sie haben recht, wenn Sie denken, daß in den Roma-
> nen viel Autobiographisches ist. (...) Autobiogra-
> phisch ist eigentlich das Klima, aber nicht die Ak-
> tionen, nicht die Personen. (...) der Konflikt zwi-
> schen Stiller und dieser Frau ist ein selbsterleb-
> ter Konflikt, der auf andere Figuren übertragen wor-
> den ist. (2)

Diese Vermischung von Öffentlichem und Privatem, Fik-
tivem und Selbsterlebtem fiel kundigen Beobachtern schon
früh auf. Zu nennen wäre hier vor allem Friedrich Dürrenmatt, der die Zusammenhänge als Frischs seinerzeitiger
Freund ja sehr wohl kannte. Im "Fragment einer Kritik"
schreibt Dürrenmatt etwa im Jahr 1954 über "Stiller":

> Was nun Frisch betrifft, so fällt bei ihm die Nei-
> gung auf (...), nehmen wir ihn im Ganzen, daß er
> sein Persönliches, sein Privates nicht in der Kunst
> fallen läßt, daß er sich nicht überspringt, daß es
> ihm um sein Problem geht, nicht um ein Problem an sich.

----

(1) Cf. M.F. Festrede zum Nationalfeiertag am 1. August
    1957, IV/220ff.
(2) M.F. in: Arnold, Gespräche s.18.

Er ist in seine Kunst verwickelt. (1)

Dürrenmatts fragmentarische Besprechung, die mit einigen Bemerkungen zu Stillers Kritik an der Schweiz ab-
bricht, bringt den Roman auf einen sehr schlüssigen Nenner; einen Nenner, der für weitere Werke Frischs Gültigkeit beanspruchen kann, der sogar in der Lage ist, Frischs
Gantenbein-Theorem - daß jedes Ich, das sich ausspreche,
eine Rolle sei - in ein erhellenderes Licht zu tauchen:

> Das Problem war, (...): Wie macht man aus sich sel-
> ber einen Roman? Und einer der Aspekte: Wie kann ich
> zwar die Identität leugnen, ohne sie aber aufzuhe-
> ben? (2)

Auf das eigentümliche Verhältnis von Privatheit und
Gesellschaftlichkeit im Werk Max Frischs macht auch die
DDR-Schriftstellerin Christa Wolf aufmerksam; darauf nämlich, daß die private Problematik - obzwar bis "Montauk"
getarnt - in den eigentlich fiktionalen literarischen Arbeiten vorwaltet, vor allem in den Romanen; in den Tagebüchern hingegen "Sachlich-Politisches", "die Welt" do-
miniere (3).

Diese Tagebücher Frischs sind keineswegs das, was land-
läufig darunter verstanden werden könnte. Sie sind subjektiv nur durch die bewußt subjektive Perspektive, unter der
der Autor die Welt beobachtet und durch ein immer und notwendig subjektives Auswahlverfahren dessen, was zur Darstellung gebracht, dokumentiert und kommentiert wird. Sie
sind privat, insofern ihre Gegenstände solche sind, die
die Person Max Frisch interessieren; sie sind es nicht im
Sinne eines journal intime.

----

(1) Friedrich Dürrenmatt, Stiller - Roman von Max Frisch;
    Fragment einer Kritik. In: ÜMF I, s.8.
(2) Ebd. s.12.
(3) Christa Wolf, Max Frisch, beim Wiederlesen oder: Vom
    Schreiben in Ich-Form; in: Text und Kritik 47/48,
    Okt. 1975, s.7.

Die weitgehende Abwesenheit des Autor-Ichs, des rein
privaten Sektors in den Tagebüchern, die von Christa
Wolf konstatiert wurde, steht im Kontrast zur autobiographischen Folie des fiktionalen Werks; das scheinbare
Paradoxon von Autobiographie und Fiktion, Wirklichkeit
und Erfindung, besser: Umsetzung von Erfahrung ins literarische Beispiel, charakterisiert Frischs Werk. Es bewegt sich stets zwischen den Polen von Zeitgenossenschaft
und Egomanie, wie es Frischs selbst im Briefwechsel mit
Walter Höllerer nennt.

> VIERTENS bin ich ein Egomane, ich schreibe nicht,
> um zu lehren, sondern um meine Verfassung auszu-
> kundschaften durch Darstellung - (...). (1)

Diese Äußerung ist spätestens mit der Veröffentlichung
von "Montauk" für jeden sinnfällig geworden. Die Ablehnung vorsätzlicher Didaktik, die oben, wie deutlicher noch
an zahlreichen anderen Stellen anklingt, meint selbstverständlich keineswegs eine Ablehnung jedweder gesellschaftlichen Verantwortlichkeit seines Schreibens. Vielmehr bedeutet Verantwortung für Max Frisch etwas, was dem Werk
ex post, von seiner Wirkung her zuwächst - beabsichtigt
oder unbeabsichtigt. Einmal dieses Zusammenhangs bewußt,
kann er künftig jedoch nicht mehr aus den Überlegungen
ausgeklammert werden:

> Ich habe eine Zeitlang das Motiv sicher überschätzt,
> daß ich aus didaktischen Gründen schreibe, daß ich
> also belehren will, helfen will. Ich will nicht sa-
> gen, daß das überhaupt nicht der Fall sei, aber das war
> eine Rationalisierung, die natürlicherweise eintrat,
> nachdem ich festgestellt habe, daß ich gelesen wer-
> de und eine Wirkung habe. Das war eine Rationalisie-
> rung, in der einem die eigene Wirkung zu Bewußtsein
> kommt. (2)

----

(1) Walter Höllerer und M.F., Dramaturgisches. Ein Brief-
    wechsel; Berlin 1969, s.18.
(2) M.F. im Gespräch mit Jens Fischer, Hans Norbert Ja-
    nowski und Eberhard Stammler, Rückzug auf die Poesie;
    in: Evangelische Kommentare, 8/1974, s.492.

Diese Ablehnung eines gezielten Lehrvorsatzes und das
betont autobiographische Element seines Schreibens dürfen nun keineswegs dazu verleiten, die gesellschaftlichen
und gesellschaftskritischen Momente aus seinem Werk zu
eskamotieren – wenngleich dieser Versuch in etlichen Interpretationen auch bereits unternommen wurde.

Die Spannweite zwischen den genannten Polen von Max
Frischs Werk gab allerdings seinen Rezipienten – und
damit auch seinen Interpreten – Anlaß zu einer Reihe von
Mißverständnissen; Frisch mußte das selbst verwundert
zur Kenntnis nehmen. Allerdings schreckten dabei meist
jene verprellt zurück, die hinter dem vermeintlichen
Belletristen den engagiert-kritischen Autor entdeckten.
War der Beifall des Mißverständnisses bei "Stiller",
"Homo faber" und "Gantenbein" noch reichlich, so nahm
er mit dem Erscheinen des zweiten "Tagebuchs" zusehends
ab; das Händeschütteln hörte auf, wie Frisch anmerkt (1).
Bissig ironisiert der Autor den Tenor einiger Feuille-
tonkommentare: "Schade, schade, wieder ein Poet verlo-
rengegangen" (2).

Grundlegende Mißverständnisse herrschen aber auch in
einer Reihe von Monographien und Interpretationen zu
seinem Werk. Vielfach wird hier der Versuch unternommen,
den Autor gegen seinen Willen als Poeten zu retten. Seine **Darstellung** konkreter, benennbarer und benannter Konfliktsituationen, die Darstellung einzelner als Opfer ihrer gesellschaftlichen Umgebung, wird als Darbietung
ewig-menschlicher Tragik interpretiert, bestenfalls als
die Problematik d e s modernen Menschen schlechthin,
und somit, tendenziell, **ihrer** kritischen Sprengkraft be-
raubt.

----

(1) M.F. in: Arnold, Gespräche s.60.
(2) Ebd.

Stellvertretend für einen solchen Ansatz sei hier
Hans Bänziger genannt, der einen inzwischen prominenten
Namen unter den Frisch-Interpreten hat:

> Frisch gibt dichterische Dokumente einer immer
> stattfindenden, tragischen Auseinandersetzung zwi-
> schen Individuum und Gemeinschaft, Elemente von
> dichterischen Gestaltungen, in die der Autor verwo-
> ben ist. (...): seine Bezeugungen des Unwillens
> sind integrierende Bestandteile des Werks, nicht
> objektiv faßbare Aussagen eines Staatsbürgers. (1)

Diese Position wird bereits unhaltbar, wenn man sich
an das Verhältnis der Aussagen White/Stillers und des
Autors selbst erinnert (2); dabei gehört Bänziger durchaus zu den wohlwollenden Interpreten. Sein Versuch, konkrete Gesellschaftsbezüge aus Frischs Werk zu eskamotieren, um sie stattdessen auf dem Goldgrund tragischer
Verstrickung ansiedeln zu können, ist ein Versuch, den
Autor dort glattzuhobeln, wo er mit Bedacht rauh ist
und sich dem herrschenden gesellschaftlichen Konsens
verweigert. Damit würde Frisch auch für die, die er an-
greift, wieder konsumierbar: für Biedermänner, Andorraner und Bourgeois. Bänzigers Ansatz verkennt zugleich
jene Entwicklungslinie in Frischs Denken und Arbeiten,
die, wie dargestellt, mit Ende des Krieges eingesetzt
hat.

Auch wo zugestanden wird, daß Frisch "dem Bürgertum
stets mehr als der Arbeiterschaft mißtraute" (3), wird
das sogleich sorgsam aufgewogen durch die Unterstellung
gleichsam bohèmehafter Unkonventionalität:

> Seine Antibürgerlichkeit, die der urromantischsten
> Reiselust entsprach, war so stark, daß man hie und
> da meinte, er stehe links. (4)

----

(1) Hans Bänziger, Max Frisch - Der Protest eines Skep-
    tikers; in: Universitas 25/1970, s.482.

(2) Cf. oben s.34.

(3) Hans Bänziger, Dürrenmatt und Frisch; Bern, 6.Aufl.
    1971, s.38.

(4) Ebd.

An diesen Positionen hat sich auch in der bisher
letzten Veröffentlichung Bänzigers zum Thema nichts geändert; hier urteilt er unter anderem über "Andorra":

"(...) es ist eine Tragödie des modernen, der Liebe kaum fähigen, ungläubigen Menschen (...). (1)

Es sei aber nochmals betont, daß Bänziger nur als
prominentes Beispiel für eine Art der Interpretation
herausgegriffen wurde, die Frischs Werk um eine seiner
wesentlichen Dimensionen verkürzt, indem sie es entpo-
litisiert.

----

(1) Hans Bänziger, Zwischen Protest und Traditionsbe-
    wußtsein - Arbeiten zum Werk und zur gesellschaft-
    lichen Stellung Max Frischs. Bern 1975, s.13.

PROBLEME DER WIRKLICHKEITSDARSTELLUNG

Angesichts solcher Ergebnisse wie den von Bänziger vorgelegten, aber auch angesichts der scheinbaren Paradoxie
von autobiographischer Privatheit und zeitgenössischem
Engagement, ist es notwendig, dem komplexen Umsetzungsprozeß von vorgefundener Wirklichkeit zur literarischen
Fiktion nachzugehen; dazu bietet sich bei Frisch eine Betrachtung der Tagebuchform bevorzugt an.

Von der Realität zur Fiktion.

Das Tagebuch ist ein Kernstück der literarischen Arbeit
Frischs, nicht nur im Sinne eines inhaltlichen Reservoirs
von Notizen und Skizzen, die später ausgeformt werden -
obwohl dies natürlich gerade für das Nachkriegstagebuch
auch zutrifft; es ist ein Kernstück vor allem deswegen,
weil an ihm der Umsetzungsprozeß von Realität, auch von
persönlich Erlebtem, ins literarische Beispiel, in die
Fiktion, leichter als anderswo nachzuprüfen ist. Schon
bei einer ersten Lektüre erweisen sich die Übergänge hier
allerdings als fließend; die Eintragungen wechseln von
reiner Dokumentation zu reflexiver Betrachtung, von da zu
ihrer fiktionalen Exemplifizierung. Dies ist von einigen
Untersuchungen der jüngeren Zeit teilweise bereits dargestellt worden (1); alle betonen, daß das Tagebuch das

----

(1) Rolf Kieser, Max Frisch - Das literarische Tagebuch;
    Frauenfeld 1975.
    Ders. Man as his own novel. Max Frisch and the litera-
    ry diary; in: German Review 47/1972, s.109ff.
    Horst Steinmetz, Max Frisch - Tagebuch, Drama, Roman;
    Göttingen 1973.
    Eugenio Bernardi, Max Frisch e il romanzo-diario; in:

- weiter s.42 -

formale und gedankliche Zentrum in Frischs Werk darstelle (1).

Frisch hat sich bereits vor einer Reihe von Jahren selbst zu einer solchen Einschätzung seiner Tagebücher bekannt - oder besser, er hat sie unwillig zugestanden. In einem "Werkstattgespräch mit Schriftstellern", geleitet von Horst Bienek, äußerte Frisch, daß er das Tagebuch, indem er es zugleich von privat-intimen Aufzeichnungen abgrenzt, für sich als besondere literarische Form entwickelt habe. Frisch bezieht diese seine Äußerung keineswegs nur auf die eigentlichen, als solche auch veröffentlichten Diarien, sondern ebenso auf die Romane "Stiller" und "Homo faber". Er bestätigt so die geradezu paradigmatische Bedeutung des Tagebuchs für sein Werk:

> Die Form des Tagebuchs, so wie ich es für mich entwickelt habe - ich spreche jetzt nicht von dem privaten Tagebuch - (...); ich spreche vom Tagebuch als literarischer Form - (...). Man kann wohl sagen, die Tagebuchform ist eigentümlich für den Verfasser meines Namens, (...). (2)

Nimmt man diese Aussage und betrachtet zugleich die veränderte Haltung des Autors zu seiner Umwelt und zum eigenen Schreiben seit Kriegsende, so wird klar, daß die

---

Annali della facoltà di lingue e letteratura di Ca' Foscari, Mailand 6/1967, s.7ff.

Heinz F. Schafroth, Bruchstücke einer großen Fiktion. Über Max Frischs Tagebücher; in: Text und Kritik, Nr. 47/48, Okt. 1975, s.58ff.

Daniel de Vin, Max Frischs Tagebücher. Studie über "Blätter aus dem Brotsack", "Tagebuch 1946 - 1949" und "Tagebuch 1966 - 1971" im Rahmen seines bisherigen Gesamtwerks; Gent 1976.

(1) Rolf Kieser, Das lit. Tageb., loc.cit. s.82: "(...) Tagebuch als zentrale künstlerische Entdeckung, als Nukleus seines Gesamtwerks."

(2) M.F. in: Horst Bienek, Werkstattgespräche mit Schriftstellern; München 1962, s.26f.

in der Vorrede zum "Tagebuch 1946 - 1949" betonte Zeitgenossenschaft, aus der allein sich sein Schreibrecht
ableiten lasse, mehr ist als nur ein Gestus der Beschei-
denheit und mehr auch als eine captatio benevolentiae.
Zeitgenossenschaft beinhaltet eine Bestandsaufnahme der
Gegenwart unter dem subjektiven Blickwinkel des Autors;
sie ist so zum bestimmenden Faktor, zum Katalysator seines Arbeitens geworden. Ausgehend von der noch weitgehend persönlichen Bedrängung durch die Kriegs- und Nachkriegszeit begreift sich Frisch bald als gesellschaftliches Wesen und beginnt, die Welt mit allmählich wachsender Genauigkeit und Unnachgiebigkeit unter gesellschaftlichen, politischen und ökonomischen Gesichtspunkten
wahrzunehmen und auszuloten. So wird die Zeitgenossenschaft zum durchaus programmatischen Ansatz, der sich am
deutlichsten und unmittelbarsten in den Tagebüchern nie-
derschlägt; diese belegen auch sichtbar den Weg vom historischen Faktum in die literarische Gestaltung und Um-
gestaltung.

In seiner Untersuchung zieht Steinmetz eine Eintra-
gungsreihe aus dem "Tagebuch 1946 - 1949" heran, die den
Umsetzungsprozeß ganz besonders anschaulich werden läßt
(1). Vor der ersten Niederschrift des "Öderland"-Entwur-
fes findet sich dort eine Zeitungsnotiz, die die Mordtat
eines biederen Bankkassierers meldet, der ohne erkennba-
ren Anlaß seine Familie mit einem Beil niedermacht. Die
Absurdität, die scheinbar völlige Sinnlosigkeit und Un-
motiviertheit der Tat hinterläßt bei Frisch eine blei-
bende Beunruhigung, die er nicht hinwegrationalisieren
kann. Aus dieser Beunruhigung heraus stellt er die Frage
nach der Ungesichertheit menschlicher Existenz; die Frage,

----

(1) Horst Steinmetz, op.cit. s.28; Cf. II/403ff.

was dem Menschen alles möglich sei. Es ist dies im
Grunde dieselbe Beunruhigung und dieselbe Frage, die
er sich bereits angesichts des deutschen Sturzes in
die faschistische Barbarei stellte; auch hier bleibt
die Irritation, ob einer solchen Tat nicht letztlich
vielleicht jeder fähig sei. Und mit dieser Grundfrage
wird sogleich wieder in den zeitgeschichtlich-aktuel-
len Bereich übergeleitet, indem der Absatz schließt:
"Warum reden wir so viel über Deutschland?" (II/404)

In der nachfolgenden Reflexion, unmittelbar vor dem
"Öderland"-Entwurf, versucht Frisch im Ansatz eine Erklärung für jene Mordtat. Sie beginnt, und das ist be-
zeichnend, als Betrachtung aus dem autobiographischen
Bereich. Auf dem morgendlichen oder abendlichen Weg
zwischen Wohnung und Büro macht Frisch häufig Rast an
einem Platz am Seeufer; in die Schilderung der umgeben-
den Örtlichkeit werden Gedanken über die Grämlichkeit
steter Wiederholung der immergleichen Arbeit, ihren abstumpfenden Zwang, gemischt. Natur und Landschaft erscheinen so als Fluchtpunkt, als ausgesprochener Gegenpol des Arbeitsalltages. Diese Betrachtung leitet mit
der Frage "(...) warum wir nicht einfach aufbrechen -
Wohin?" (II/405) zu einem zentralen Motiv des "Öderland"-Stückes über. Und ein weiteres zentrales Motiv
des Stückes klingt hier bereits an, wenn Frisch schreibt,
man müsse einmal jede Hoffnung auf Feierabend, Wochenende, Jenseits, auf jegliche Vertröstung abwerfen: groß
wäre das Entsetzen vor der sich dann plötzlich enthül-
lenden Sinnlosigkeit unseres Lebens.

Aufbrechen irgendwohin - das ist ein scheinbar unpo-
litischer und doch zugleich eminent politischer Protest
gegen die Erfahrung der Entfremdung eines bürgerlich
eingerichteten Lebens; hier überlagert sich Frischs
eigene Lebenserfahrung mit dem von ihm beschriebenen

Ausbruchsversuch des Staatsanwaltes, der einen vitalen
und gleichzeitig kriminellen Reflex der Gegenwehr darstellt.

Im letzten Passus dieses Abschnitts entwickelt Frisch
Gedanken über die "gespenstische" Macht des Geldes, das
"(...) unwirklicher als alles (ist), was wir dafür opfern." (II/405). Die so hergestellte Kontextverbindung
der Zeitungsmeldung mit der Reflexion über entfremdete
Arbeit und die verdinglichende Macht des Geldes ergibt
zusammen mit der "Öderland"-Fabel, die sich aus diesen
Ansätzen konsequent entwickelt, allmählich und fast un-
terderhand einen gesellschaftlich relevanten Kommentie-
rungsversuch für die anfänglich so völlig absurd erschei-
nende Tat des Kassierers.

In diesen Abschnitten klangen bereits Elemente auf,
die für das "Öderland"-Stück leitmotivisch werden: Aufbruch und Ausbruch aus einer zwanghaften und lebens-
feindlichen Ordnung, das Aufgeben jeglicher Hoffnung auf
ein besseres Leben, das sich nicht im Hier und Heute bereits zu verwirklichen trachtet. So wird deutlich, daß
der anarchisch-individualistische Ausbruchsversuch Öderlands durchaus seine gesellschaftliche Motivierung hat
und keineswegs nur, wie oft fehlverstanden, absurdes
Theater darstellt. Es zeigt sich an diesem Beispiel auch,
daß der Prozeß der Umsetzung vom Faktum in die Reflexion
darüber, von der Reflexion wiederum ins literarische Modell, über das Tagebuch hinausweist auf das übrige Werk.

Dieser Umsetzungsprozeß, in dem Fakten und Fiktionen
gleichermaßen zur Erhellung und Deutung der Wirklichkeit
dienen, wird von Frisch selbst an verschiedenen Stellen
erklärt; so im Gespräch mit Horst Bienek:

(...), dann das Tagebuch der Nachkriegszeit 1946
- 49, das über ein Logbuch der Zeitereignisse hin-

ausgeht, das die Wirklichkeit nicht nur in den Fakten sucht, sondern gleichwertig in Fiktionen, (...). (1)

Im Gespräch mit Heinz Ludwig Arnold geht Frisch noch ein Stück weiter und verdeutlicht, daß sein Schreiben in einem sehr engen Zusammenhang mit dem direkten Gegenwartsgeschehen steht:

> Das Tagebuch zeigt die permanente Konfrontation erstens von Fiktion und Faktum – Sie erinnern sich, im ersten wie im zweiten Tagebuch kommen fiktionale Erzählungen vor, die stehen aber in einem nicht leicht zu durchschauenden Kontext mit den geschichtlichen Ereignissen des Tages – (...). (2)

Es ist also durchaus angemessen, wenn Kieser feststellt, Faktum wie Fiktion seien bei Max Frisch nur verschiedene "modus dicendi" (3), Wirklichkeit zu beschreiben und zu deuten. Die Stationen des Umsetzungsprozesses hätten also zu lauten: gesellschaftliche Wirklichkeit – Faktum – wird als Dokument, so vor allem im "Tagebuch 1966 – 1971", als Notiz oder Bericht aufgenommen, von denen zu reflexiver Betrachtung übergeleitet wird; diese Reflexion versucht, die Phänomene, aus ihrem konkreten Anlaß heraus, auf den Begriff zu bringen, sie einzuordnen und Zusammenhänge herzustellen; daraus entwickelt sich dann die Problemstruktur der literarischen Modelle, die über das Rezipientenbewußtsein zumindest virtuell wieder auf die gesellschaftliche Realität zurückweisen.

Dabei sind Frischs Modelle und Brechungen der Wirklichkeit keine Mimesis, sondern Verwandlung; sie arbeiten mit bewußten Umwegen, zielen nach der Art der Artillerie in berechneten ballistischen Kurven.

In Wahrheit beruht (...) die scheinbare Nähe zur em-

---

(1) M.F. in: Horst Bienek, op.cit. s.24.

(2) M.F. in: Arnold, Gespräche s.41.

(3) Rolf Kieser, Das lit. Tageb. loc.cit. s.58.

pirischen Wirklichkeit, die alle Werke Frischs kennzeichnet, auf einem genau berechneten Abstand von
ihr. Zwischen beiden herrscht ein Verhältnis nicht
der Ähnlichkeit, sondern des Vergleichs. (...) Auf
das Problem der künstlerischen Darstellung bezogen, kann das nur heißen, daß die stofflichen Daten, die in einer Handlung untergebracht sind, der
Wirklichkeit, die es abzubilden gilt, zwar als Vorwand dienen, etwas Absolutes aber nicht bedeuten.
(1)

Frisch versucht nicht allein zu schildern, was ihn
selbst betroffen macht, wenngleich eigene Betroffenheit
stets ein wesentliches Stimulans seiner Arbeit ist, sondern diese Betroffenheit dem Rezipienten zu vermitteln,
sie in ihm wiederentstehen zu lassen. Seine Werke sind
demnach

(...) dramatische Metaphern, durch die vorhandene
Erlebnisse und Erfahrungen nicht nur gedeutet, sondern auch neu gedichtet werden, vom Leben abgehoben,
in das sie als Realität dann wieder zurückfallen.
(2)

Der Anlaß der Betroffenheit und Beunruhigung des Autors mag für einen anderen vorderhand weitgehend belang-
los, ja unverständlich sein; soll die Erfahrung vermittelt werden, die ein bestimmter Anlaß produzierte, dann
muß sie in eine Geschichte gekleidet werden, in ein Beispiel, das auch dem Unbeteiligten - zumindest annäherungs-
weise - die Sinneinsicht des Autors zugänglich macht.
Die Erfahrung darf nicht einfach ausgesprochen werden,
sie muß sich selbst aussprechen, muß ihren Sinn evident
werden lassen.

Dies gilt in besonderem Maß für ein in der bürgerlichen Gesellschaft allgegenwärtiges und allumfassendes

---

(1) Helmut Krapp, Das Gleichnis vom verfälschten Leben;
in: Über Max Frisch II, hg. von Walter Schmitz,
Frankfurt a.M. 1976, s.299f. Fortan zitiert als ÜMF
II.
(2) Ebd. s.300.

Phänomen wie das der Entfremdung. Obwohl die Individuen
ihr täglich ausgesetzt sind, wird sie ihnen dennoch erst
durch begrifflich-analytische Arbeit erhellt; der Zugang
zu ihrer Erkenntnis wird zudem verstellt durch eine systemstabilisierende ideologische Abriegelung. Literatur,
die diese Blockierung durchlässig machen will, muß versuchen, das Abstrakte zu veranschaulichen, durch Darstellung begreifbar zu machen – in der Art etwa, wie Lessing
von der Fabel nicht Einkleidung oder Verkleidung moralischer Sätze fordert, sondern daß diese Moral der "an-
schauenden Erkenntnis fähig gemacht werde" (1). Deutli-
ches Beispiel für solchen Vorsatz ist bei Frisch die Moritat "Graf Öderland"; dies wird noch vor einer inhaltlichen Interpretation, die später folgen soll, durch Aussagen des Autors kenntlich:

> Wie ist aber Entfremdung, als Begriff abstrakt, dar-
> zustellen, wenn nicht an einer Ich-Person? Graf
> Öderland: ein Staatsanwalt, der auszubrechen sucht
> aus der Gesellschaft, ein naives Unterfangen, das
> ins Kriminelle führt, und das heißt: eine Ich-Ge-
> schichte, aber das Malaise, das die Privatperson
> treibt, als Spiegel der herrschenden Verhältnisse,
> somit als Kritik. (2)

Diese Absicht wurde in der Rezeption des Stückes anfänglich vermutlich nur unvollständig begriffen, aber
durchaus richtig gespürt – nämlich als drohende Kritik.
Im Züricher Theater, als einem Theater, das sein Publikum überwiegend im Bürgertum hatte und hat, wurde "Graf
Öderland" bereits kurz nach der Uraufführung wieder abgesetzt. Auch wenn es bereits bei den Uraufführungen der
"Chinesischen Mauer" und "Als der Krieg zu Ende war" laut-
starke Mißfallskundgebungen gab, so war dies doch der erste
ausgesprochene Bühnenmißerfolg Frischs.

----

(1) Gotthold Ephraim Lessing, Abhandlungen über die Fabel; Stuttgart 1967, s.86.
(2) M.F. in: Dramaturgisches, op.cit. s.40.

Den Arbeitsansatz des bewußten Umweges in der Darstellung beschreibt Frisch auch an einem konkreten Beispiel im "Tagebuch 1946 - 1949". Vom Besuch einer berühmten schweizerischen Uhrenfabrik bleibt ihm ein niederschmetternder Eindruck - offensichtlich ausgelöst durch die dortigen Arbeitsbedingungen; es ist vermutlich keine Fehlspekulation, wenn man unterstellt, daß hier wie in den Passagen vor dem "Öderland"-Entwurf die Konfrontation mit manifester Entfremdung bestimmend war. Frisch schreibt:

> (...), aber noch in keinem Gespräch ist es mir gelungen, gerade dieses Erlebnis, (...), dermaßen wiederzugeben, daß es sich auch im Zuhörer herstellte. Es bleibt, ausgesprochen, stets belanglos oder unwirklich, wirklich nur für den Betroffenen, (...): jedes Erlebnis bleibt im Grunde unsäglich, solange wir hoffen, es ausdrücken zu können mit dem wirklichen Beispiel, das uns betroffen hat. Ausdrücken kann mich nur das Beispiel, das mir so ferne ist wie dem Zuhörer: nämlich das erfundene. Vermitteln kann wesentlich nur das Erdichtete, das Verwandelte, das Umgestaltete, das Gestaltete - (...). (II/703)

Wenn weiter oben von der programmatischen Bedeutung der Zeitgenossenschaft für Frischs Schaffen gesprochen wurde, so liegt in diesem Begriff bereits das, was seine Arbeit sowohl fruchtbar als auch problematisch macht: die unauflösliche Verbindung subjektiver und objektiver Faktoren, wie sie die Tagebücher in ihrem beschriebenen Nacheinander und in ihrer Durchdringung von Faktum und Fiktion demonstrieren. Dies ist bedeutsam sowohl für die Aufrichtigkeit und Glaubwürdigkeit der Positionen Frischs als andererseits auch einschränkend für ihre gesellschaftliche Aussagekraft. Vorgegeben ist ihm Erscheinung und Geschehen der äußeren Welt, die durch das Prisma des Autorenbewußtseins gesammelt und gebrochen wird. Dieses Autorenbewußtsein ist die Instanz, die darüber entscheidet, was als relevant ausgewählt und zur Darstellung gebracht wird. Dabei wird der subjektive Standort stets einschränkend kenntlich gemacht; der Rezipient kann nun diese Positio-

nen, die ihre Umstößlichkeit einkalkulieren, relativie-
ren.

> Ich bin hier, ich bin in New York, ich bin in Mos-
> kau usw. (...), und ich schreibe da und dort
> dies und das, d.h. indem ich die Subjektivität des
> Standorts mit einbeziehe, wird das, was ich zu mel-
> melden habe, objektiver, indem es sich nicht objek-
> tiv und absolut gibt. (1)

Zeitgenossenschaft bedeutet nun für den Autor zuerst
und vor allem die Lebensspanne, in der e r Beobachter
und Chronist der Ereignisse ist - Beobachter einer oft
widersprüchlichen Gleichzeitigkeit von Geschehen, geistigen und politischen Strömungen und Tendenzen, die er sich
zu klären und zu ordnen versuchen muß. Zeitgenossenschaft
bedeutet selbstverständlich auch Auseinandersetzung mit
den Standorten anderer Zeitgenossen, wobei für Frisch die
Begegnung mit Brecht - den er erstmals 1947 traf -
besonders bedeutsam und fruchtbar wurde.

Ausgangspunkt für Aufzeichnung und Reflexion also ist
für den zeitgenössischen Schriftsteller Max Frisch auch
im literarischen Tagebuch das persönliche Interesse am
Geschehen und an Personen, aber dieses Interesse gewinnt
nun eine öffentliche Dimension, ist ausgelöst durch gesellschaftliche Belange und auf sie wieder gerichtet. Daher erscheint eine Behauptung wie die Steinmetz', die er
in seiner vorgenannten Untersuchung aufstellt, überzogen,
daß nämlich ein Gegensatz bestünde zwischen dem Bürger
und dem Tagebuchautoren Frisch; nach seiner Auffassung besteht zwischen beiden prinzipiell der gleiche Unterschied
wie zwischen dem Ich-Erzähler eines Romans und seinem
Verfasser. Er folgert:

> Daraus ist das Mißverständnis entstanden, das "Ta-
> gebuch I" sei ein Buch persönlicher Aufzeichnungen

---

(1) M.F. in: Arnold, Gespräche s.41f.

und nicht ein fiktionales Werk, das seinem Wesen
nach dem Roman bedeutend näher steht als dem authentischen privaten Journal. (1)

Frischs Tagebücher beinhalten keine solche Diskrepanz.
Sie halten die Mitte zwischen persönlich stimulierter
Aufzeichnung - auch gerade dort, wo sie gesellschaftlich
Stellung beziehen - und fiktionalem Werk. Frischs eigene
Einschätzung seiner diaristischen Arbeiten trifft auf je-
den Fall genauer: Wirklichkeit wird in Fakten und Fiktio-
nen gleichermaßen gesucht(2). Darüberhinaus zeigt ein
Vergleich von Tagebucheintragungen mit etwa gleichzeiti-
gen Stellungnahmen und Veröffentlichungen des Staatsbür-
gers Frisch ein erhebliches Maß von Übereinstimmung der
Interessen, Absichten und Bemühungen; sein literarisches
Engagement ist auch sein gesellschaftliches und umgekehrt.
Beide Tagebücher - wieder von den "Blättern" abgesehen -
enthalten Abschnitte, die sich zum Teil identisch in
Zeitungs- und Zeitschriftenbeiträgen finden. Es genügt,
hier auf einige Zusammenhänge zu verweisen; so für das
Nachkriegstagebuch auf die umfangreichen Überlegungen
zum Versagen des rein ästhetischen Kulturbegriffes und
den gleichzeitigen Aufsatz "Kultur als Alibi" von 1949
(3), auf die architektur- und stadtplanungskritischen
Passagen des "Stiller" und die in denselben Jahren erschienenen Schriften "Achtung: Die Schweiz" und "Cum
grano salis" oder das Funkgespräch "Der Laie und die Architektur" (4), so für das "Tagebuch 1966 - 1971" auf
den Abschnitt "Politik durch Mord" (5), der eine Rede

----

(1) Horst Steinmetz, op.cit. s.33.
(2) Cf. oben s.45f.
(3) Cf. oben s.13.
(4) Cf. oben s.34.
(5) VI/119ff; zuerst in: Die Weltwoche vom 26.4.1968.

wiedergibt, die Frisch 1968 im Züricher Schauspielhaus
anläßlich der Ermordung Martin Luther Kings hielt. Die
Reihe der Entsprechungen ließe sich ohne Mühe erweitern.

So begleitet Frisch seine Zeit und kommentiert sie -
als Bürger wie als Schriftsteller gleichermaßen. Dabei
beschränkt das Eingeständnis der Subjektivität der eigenen Perspektive mögliche Ansprüche auf absolute Gültigkeit und Unumstößlichkeit seiner Deutungen. Statt dessen lenkt Frisch seine Zuschauer und Leser argumentativ
in die Richtung einer intendierten Antwort, entbindet
sie aber nie der Mühe eigener Einsicht, der Zustimmung
oder Ablehnung und letztlich daraus erwachsender Konsequenzen. Er fordert von seinen Rezipienten gedankliche
Anstrengung, eigenständiges Schlüsseziehen aus dem von
ihm dargebotenen Material. Man erinnere sich dabei stets
der Antwort aus den Briefentwürfen des Nachkriegstagebuches:

> Eine Deutung, die jemand versucht, ist kein Befehl,
> daß Sie sich dieser Deutung unterwerfen müssen.
> (II/471)

Diese Haltung bleibt bestimmend; in ihr dominiert die
Frage, die sokratische Frage, die Antwort und Konsequenz
dem Rezipienten zuspielt. Das wird besonders deutlich im
"Tagebuch 1966 - 1971", in dem der offene Fragebogen zum
literarischen Formbestandteil avanciert. Auch hier weisen Frageformulierung und Kontext in die Richtung der
Antwort, die nicht mitgeliefert wird. In einer der meist-
zitierten Stellen des Nachkriegstagebuches erläutert
Frisch seine Intentionen:

> Als Stückeschreiber hielte ich meine Aufgabe für
> durchaus erfüllt, wenn es einem Stück jemals gelän-
> ge, eine Frage dermaßen zu stellen, daß die Zuschau-
> er von dieser Stunde an ohne eine Antwort nicht
> mehr leben können - ohne ihre Antwort, ihre eigene,
> die sie nur mit dem Leben selber geben können.
> (II/467)

Hier wird deutlich, daß es Frisch keineswegs nur
um reine Darstellung geht, die sich selbst genug wäre;
seine Hoffnung greift weiter auf die Beeinflussung des
Rezipienten und über diesen Weg auf gesellschaftliche
Praxis. Ohne den didaktischen Zeigefinger bemühen zu
zu wollen, besteht seine Hoffnung dennoch darin, daß
eine Veränderung kritisierter Verhältnisse durch er-
kenntnisfördernde Darstellung vorangetrieben werden
könnte. Dies drückt sich, wenngleich recht skeptisch
und verhalten, in einer Formulierung der Rede "Der Autor und das Theater" aus, die Frisch 1964 zur Eröff-
nung der Dramaturgentagung in Frankfurt am Main hielt:

> Gäbe es die Literatur nicht, liefe die Welt viel-
> leicht nicht anders, aber sie würde anders gese-
> hen, nämlich so, wie die jeweiligen Nutznießer sie
> gesehen haben möchten: nicht in Frage gestellt.
> (V/353)

In dieser Rede erwähnt Frisch kurz ein Gedicht Bert
Brechts, "An die Nachgeborenen", in dem Frischs eigene
Aussage bereits antizipiert ist:

> Ich vermochte nur wenig. Aber die Herrschenden
> Saßen ohne mich sicherer, das hoffte ich. (1)

Frisch nennt diese Hoffnung bescheiden und kühn zugleich (V/342). In seiner Beurteilung äußert er ein erhebliches Maß an Zurückhaltung in der Einschätzung der
Wirkungsmöglichkeiten von Literatur; so verdeutlicht er
gleichermaßen Nähe wie Distanz zu Brechts Standort.

Diese Distanz aber erhellt sich vor allem an einem
für Frisch vorrangigen Problem. Zentrale Schwierigkeit
ist für die Arbeit des Schweizers die Frage nach der
Darstellbarkeit und Abbildbarkeit der Realität schlechthin und mithin auch zeitgenössischer Problematik. Dies

----

(1) Bert Brecht, in: Ausgewählte Gedichte; Frankfurt am
    Main, 8.Aufl. 1974, S.57.

kristallisierte sich theoretisch bereits im Nachkriegstagebuch heraus und wird in der erwähnten Rede vor der
Frankfurter Dramaturgentagung am Problem der ästhetischen
Abbildung von Realität als scheinbarer Aporie brillant
herausgearbeitet - über einen Zeitraum von nahezu zwanzig
Jahren, und darüberhinaus eigentlich bis heute, wurde
diese vermeintliche Aporie gleichermaßen zur Erschwernis
wie zum Stimulans seiner literarischen Arbeit. Im "Tagebuch 1946 - 1949" bezweifelt Frisch, ob die Welt überhaupt noch in einem geschlossenen Weltbild erfahrbar, also auch darstellbar sei und kommt zu dem Schluß:

> Die Haltung der meisten Zeitgenossen aber, glaube
> ich, ist die Frage, und ihre Form, solange eine gan-
> ze Antwort fehlt, kann nur vorläufig sein; für sie
> ist vielleicht das einzige Gesicht, das sich mit An-
> stand tragen läßt, wirklich das Fragment. (II/451)

1964 greift Frisch in seiner Rede auf eine Auseinandersetzung zurück, die Dürrenmatt und Brecht 1955 im
"Darmstädter Gespräch" führten (1). Dürrenmatt stellte
die Frage, ob die moderne Welt auf dem Theater wiederge-
geben werden könne; Brecht, der nicht anwesend war, antwortete in einem Brief, die Welt sei dann wiedergebbar,
wenn sie als gesellschaftlich veränderbare gekennzeichnet werde. Frisch wendet sich nun weniger gegen Brechts
Antwort, als gegen die Implikationen der Dürrenmattschen
Frage:

> Die Frage ist bestürzender als die Antwort, be-
> stürzend durch die Unterstellung, daß die Welt
> einmal abbildbar gewesen sei. Wann? (V/344)

Seine Folgerung daraus ist kennzeichnend für seine
schriftstellerische Haltung der Realität gegenüber; sie

----

(1) Cf. Egon Vietta (Hg.), Darmstädter Gespräch: Theater;
Darmstadt 1955.

lautet:

> Ich vermute, daß das Theater niemals die vorhande-
> ne Welt abgebildet hat; es hat sie immer verändert.
> (V/344)

Hier wird das Grunddilemma für Frischs literarisches
Schaffen umrissen. Literatur muß schon immer die vorge-
fundene Welt auf einen Ausschnitt reduzieren, wenn sie
sich andernfalls nicht zu einem - unmöglichen - gigan-
tisch-enzyklopädischen Unterfangen versteigen will, das
im ausgeschlossenen Idealfall auch nur auf eine Verdopp-
lung der Realität hinausliefe. Das Problem liegt also
für ihn in der Berechtigung und Signifikanz des gewähl-
ten Ausschnitts aus der Welt. Die Reduktion der Reali-
tätsphänomene oder die Wahl einer bestimmten, als maßgeblich betrachteten gesellschaftlichen Entwicklungsten-
denz, die zur Darstellung gebracht werden soll, verlangt - und gerade von einem Autoren, der seine Legitimation aus der Zeitgenossenschaft bezieht und sich in
seiner Arbeit gesellschaftlich in die Pflicht genommen
fühlt - nicht allein ästhetisch-philosophische Kriterien, sondern eher noch gesellschaftlich-historische.
Das aber setzte wiederum ein wenigstens annäherungswei-
se geschlossenes Weltbild voraus, dessen reale Manifestation durch Literatur mitvorangetrieben werden müßte; für
den Marxisten Brecht bedeutet das eine selbstverständli-
che Voraussetzung. In seinem "Kleinen Organon für das
Theater", dessen Manuskript er Frisch als einem der ersten zu lesen gab, schreibt er:

> Ohne Ansichten und Absichten kann man keine Abbil-
> dungen machen. Ohne Wissen kann man nichts zeigen;
> wie soll man da wissen, was wissenswert ist? (1)

----

(1) Bert Brecht, in: Über Politik auf dem Theater; Frankfurt a.M. 1971, s.71.

Diese Position wird von Frisch so nicht übernommen; er
bleibt unentschiedener in seiner Haltung der abzubilden-
den Realität gegenüber, da für ihn die komplexe Realität
der Welt kaum gerecht darstellbar ist. Jeder Versuch ihrer literarischen Bewältigung stellt bestenfalls eine
"Engführung" dar (V/345), ist als reduziertes Spiel-Mo-
dell je schon Veränderung des Vorgefundenen. Frisch zwei-
felt prinzipiell an der gültigen Berechtigung jedweder
Auswahlprinzipien als Beschränkung auf Kosten der Wahrhaftigkeit, des Ganzen der Realität, ja eventuell als Verfäl-
schung des komplexen Erscheinungsbildes der Welt. Die Gefahr verfälschender Vereinfachung ist allerdings im gleichen Maß existent, je unüberschaubarer die Erscheinungen
einer entfremdeten Wirklichkeit sich darbieten. Diese
Problemstellung wird von Theodor W. Adorno noch verschärft:

> Etwas erzählen heißt ja: etwas B e s o n d e r e s
> zu sagen haben, und gerade das wird von der verwalte-
> ten Welt, von Standardisierung und Immergleichheit
> verhindert. Vor jeder inhaltlich ideologischen Aussa-
> ge ist ideologisch schon der Anspruch des Erzählers,
> als wäre der Weltlauf wesentlich noch einer der In-
> dividuation, als reichte das Individuum mit seinen
> Regungen und Gefühlen ans Verhängnis noch heran, als
> vermöchte unmittelbar das Innere des Einzelnen noch
> etwas: (...). (1)

Von diesen Überlegungen her wird Frischs Rückzug auf
die rein subjektive Wahrhaftigkeit seiner Darstellungen,
die er in Tagebüchern und theoretischen Äußerungen postu-
liert, verständlich, ja notwendig. Die Frage bleibt allerdings, ob die Lösungen, die er mit seinen Werken ja
trotz aller Vorbehalte vorlegte, nicht doch über seinen
Skeptizismus hinausgehen und verbindliche Darstellungen
zeitgenössischer Realität und Entwicklung sind. Denn
trotz aller Vorbehalte, ja ihnen entgegen, bewegt sich

----

(1) Theodor W. Adorno, Standort des Erzählers im zeit-
    genössischen Roman; in: Noten zur Literatur I, Frank-
    furt a.M., 34.-36. Tsd. 1975, s.63.

sein Schaffen - gewollt oder ungewollt - im dialektischen Spannungsbogen von vorgefundener Wirklichkeit,
ästhetischer Auswahl und Transponierung und intendier-
ter Rückwirkung auf den gesellschaftlichen Bereich. So
begreift Max Frisch nämlich "Theater als Prüfstand" (V/
341), Literatur überhaupt als Recherche an gesellschaftlichem Bewußtsein (1); darin liege Chance und Aufgabe
des Theaters:

> Zumindest zeigt sich, was die Mitbürger wissen wol-
> len, was nicht, was sie für heilig halten, was sie
> empört und womit sie zu trösten sind. Indem sie bei-
> spielsweise ein Vorgang, den sie in der Wirklichkeit
> jahrein· jahraus hinnehmen, auf dem Theater entrüstet,
> zeigt sich (im Dunkel des Zuschauerraumes deutlicher
> als im hellichten Alltag) ihr Verhältnis zur Wirk-
> lichkeit außerhalb des Theaters. (V/341)

Auch dort, wo Frischs Hoffnungen auf die Wirkung von
Literatur anscheinend viel zurückhaltender sind als die
Brechts, teilt er doch zumindest mit ihm die Auffassung,
daß Literatur eine verantwortliche Erscheinung im gesellschaftlichen Raum zu sein habe. Diese Verantwortung ist
nicht das erste Movens seiner Arbeit, aber, einmal zum
Bewußtsein gekommen, eine nicht mehr abzuschüttelnde In-
anspruchnahme. Keinesfalls darf Kunst für ihn zum Refu-
gium vor schlechter historischer Wirklichkeit geraten.
Verantwortung erwächst dem Autor ex post:

> Ich gestehe: Eine Verantwortung des Schriftstellers
> gegenüber der Gesellschaft war nicht vorgesehen;
> sie pflegt sich einzuschleichen von einem gewissen
> Erfolg an, und einige mögen sie rundweg ablehnen,
> anderen gelingt das nicht. (V/350)

Frisch gehört zu jenen, denen es nicht gelingt. Er
knüpft die deutliche Aussage an, kein ästhetisches Produkt bleibe, wenn auch völlig ohne didaktischen Vorsatz
verfertigt, ohne Folgen für die Gesellschaft (V/351);

----

(1) Cf. M.F. in: Dramaturgisches, op.cit. s.40.

nolens volens ergebe sich also Verantwortung, der Kunst
sich dann allerdings auch zu stellen habe, da sie ja für
Frisch keinen abgehobenen, eigenständigen Bereich außer-
oder überhalb der Zivilisation bilden darf: ästhetische
Kultur ist nie Ersatz für gesellschaftlich-politische
Kultur oder es droht ihr das Absinken in jene sittliche
Schizophrenie, der sie im Faschismus beispielsweise er-
lag.

Die scharfe Ablehnung eines solchen restringierten
Kulturbegriffs macht Frisch auch mißtrauisch gegen Theater als eine Institution weniger der Gesellschaft als
vielmehr **nur der** einer besseren Gesellschaft; sein pro-
vokanter Vorschlag lautet denn:

> (...), die Staatstheater vermoosen zu lassen, damit
> Theater vielleicht anderswo entstehe, (...). (V/343)

Theater, nach Frisch als realitätsbezogene und -ver-
pflichtete Kunstform begriffen, verändert Wirklichkeit,
indem es konzentriert und abstrahiert, die Arbeit der Mo-
dellbildung leistet. Diese Abstraktion, die einen Sinn
zu konstruieren oder zu rekonstruieren sucht, um Welt
durch darstellende Verdeutlichung begreifbar machen zu
können, weckt in Frisch die genannten Skrupel vor möglicher Manipulation - einer Manipulation, die er als
ideologisch bezeichnet. Sein Wahrhaftigkeitsbegriff enthält einen ethischen Rigorismus, der sich eben nur verwirklichen kann, indem er in den poetischen Gestaltungen
auf den Anspruch subjektiver Wahrhaftigkeit reduziert
wird. Dieser Skrupel ist untrennbar verbunden mit dem
Wissen, daß man stets verändern müsse, um nur gestalten
zu können, daß

> (...), jede Szene, indem sie **spielbar** ist, über die
> vorhandene Welt hinausgeht und im glücklichen Fall
> abbildet, was man eine Vision nennt. (V/345)

So werden Frischs Arbeiten von der Überlegung gelei-

tet, daß keine Kunst nur eine Art maßstabsgetreuer Ver-
kleinerung der vorgefundenen Wirklichkeit ist, daß vielmehr jedes Werk aus der Unzahl der Phänomene eine Auswahl trifft und daher nur ein ausgesuchtes Modell unter
möglichen sein kann. Dieser Begriff von künstlerischer
Arbeit impliziert bereits einen Konjunktivismus, der für
den "Gantenbein"-Roman ebenso wie für das Spiel "Biografie" konstitutiv geworden ist; Frisch hat also nicht nur
verstanden, sein gestalterisches Dilemma poetisch fruchtbar zu machen, sondern legt - trotz aller angeführten
Vorbehalte - in den Prozeß von Wirklichkeitsumsetzung,
Gestaltung und Rückwirkung auf die gesellschaftliche
Wirklichkeit eine Hoffnung, die im Grunde nicht weniger
kühn ist als die Brechts:

> (...); allein dadurch, daß wir ein Stück-Leben in ein
> Theater-Stück umzubauen versuchen, kommt Veränder-
> bares zum Vorschein, Veränderbares auch in der ge-
> schichtlichen Welt, die unser Material ist: dies als
> Befund, ungesucht, aber fortan unumgänglich. (V/347)

Veränderbar in der geschichtlichen Welt ist demnach
nur Bestehendes, sind nur jeweils bestimmte gesellschaftliche Verhältnisse. Literarische Eingriffe, die auf eine
Veränderung dieser Verhältnisse - oder doch zumindest unserer Sicht dieser Verhältnisse - zielen, indem sie ideologisch präformierte Denk- und Erklärungsmuster aufbrechen, rufen zumeist schnell den Widerstand derer auf den
Plan, die an keiner Veränderung interessiert sind. Ge-
sellschaftsbezogene Literatur, die keine Apologie des Bestehenden ist, gerät somit in die Schußlinien der gesellschaftlichen Auseinandersetzung; wenngleich nicht nur
Frisch mit den Jahren mehr und mehr auch die nahezu gren-
zenlose Absorptionsfähigkeit des bürgerlichen Kulturbe-
triebs erkennt, der noch Gegensätzlichstes vereinnahmt
und vermarktet und selbst einen Brecht durch die "durch-
schlagende Wirkungslosigkeit eines Klassikers" denatu-
riert (V/342).

Zum Tendenzbegriff.

Ein Autor, dem eine gesellschaftliche Klasse - hier das
Bürgertum - zugleich Zielgruppe und Angriffsobjekt ist
(1), hat sich zwangsläufig mit der doppelten Bedeutung
des Tendenzbegriffes auseinanderzusetzen; in der einen
kommt er auf den Schriftsteller als Vorwurf angeblich
einseitiger und verzerrender Darstellung der Wirklichkeit
zu, in der anderen fordert er von ihm ein prognostisches
Denken und Darstellen der wahrscheinlichen wesentlichen
gesellschaftlichen Entwicklungslinien. Beidem soll hier
kurz nachgegangen werden.

Der Vorwurf der Tendenz will dem Kunstwerk unterstel-
len, daß es sich nicht mehr rein mit seiner ureigensten
Sphäre beschäftige, nicht mit ewig-menschlichen Fragen,
sondern mit bestimmten Fragen und Nöten bestimmter Menschen in historisch und gesellschaftlich benennbaren
Situationen; dieser Vorwurf zielt also auf eine Literatur, die ein falsches gesellschaftliches Harmoniemodell
auflöst und tatsächlich vorhandene Konflikte und Antago-
nismen nicht verschleiert, sondern aufdeckt.

Schon indem sich Frisch in seinen frühen Stücken "Nun
singen sie wieder", "Die Chinesische Mauer" und "Als der
Krieg zu Ende war" den gängigen Vorurteilen und Klischees
der Nachkriegsjahre und des Kalten Krieges verweigerte,
erhielt er in der öffentlichen Auseinandersetzung um sei-

----

(1) M.F. in: Horst Bienek, op.cit. s.30f.:"Das Theater
    (...) ist eine politische Anstalt; es setzt eine Po-
    lis voraus, die sich bekennt (...): Theater ist Aus-
    einandersetzung mit einer Gesellschaft, die ihr Be-
    kenntnis lebt oder korrumpiert, (...)."

    M.F. Die Schweiz ist ein Land ohne Utopie, IV/258f.:
    "Außerdem hat die Schweiz für den Schriftsteller heu-
    te gegenüber Westdeutschland zumindest den einen Vor-
    teil, daß er hier weiß an wen - und das heißt immer
    auch gegen wen - er sich wendet. Sowohl Dürrenmatts
    'Besuch der alten Dame' wie mein 'Biedermann und die
    Brandstifter' hätten nicht entstehen können ohne das
    kompakte Gegenüber eines noch weitgehend intakten
    Bürgertums."

ne Arbeiten hinreichend eigenen Erfahrungshintergrund
zur Formulierung einiger Einsichten in den Tendenzvorwurf.

> In diesen Zusammenhang gehörte auch der literari-
> sche Begriff der Tendenz, die, wie man allenthalben
> hört, mit Dichtung nichts zu tun hat - Tendenz als
> eine Deutung der Verhältnisse, die der Deutung, wel-
> che der Leser hat, nicht entspricht und somit eine
> "Entstellung" genannt werden muß, somit nicht als
> reine Dichtung bezeichnet werden kann - denn von
> reiner Dichtung sprechen wir erst dort, wo die Ten-
> denz uns als solche nicht mehr bewußt ist, wo die
> Deutung, die ja immer vorhanden ist, sich mit der
> unseren deckt, indem sie die unsere geworden ist,
> und wo wir zu jenem reinen Genuß kommen, der darin
> besteht, daß ich meine Ansicht als die einzig mög-
> liche, die wahre, die absolute sehe ... (II/632)

Diese Sätze entstammen einem längeren Abschnitt des
Nachkriegstagebuches, geschrieben im November 1948, zu
einer Zeit, in der Frisch Brechts "Kleines Organon" bereits gekannt haben muß. Frisch erkennt auch die zwangsläufige Verstrickung einer Kunst, die sich von jeglicher
Parteinahme abgehoben glaubt:

> Wer sich nicht mit Politik befaßt, hat die politi-
> sche Parteinahme, die er sich sparen möchte, bereits
> vollzogen: er dient der herrschenden Partei. (II/
> 632) (1)

Bei Brecht lautet diese Einsicht ähnlich und doch anders, indem er nicht abstrakt politisches Engagement fordert, sondern konkret klassenbezogenes. Brecht hätte weniger den Vorwurf tendenziöser Darstellung zu erwarten,
vielmehr den eindeutiger Parteilichkeit; für ihn standen
jedoch Richtigkeit und Notwendigkeit solcher Parteinahme
nie ernstlich in Frage.

> Über den kämpfenden Klassen kann niemand stehen, da
> niemand über den Menschen stehen kann. Die Gesell-

----

(1) 1969 aktualisiert Frisch diese Thesen anhand von Untersuchungen schweizerischer Presseberichterstattung;
cf. VI/227f.

schaft hat kein gemeinsames Sprachrohr, solange sie
in kämpfende Klassen gespalten ist. So heißt u n -
p a r t e i i s c h   s e i n   für die Kunst nur:
z u r   h e r r s c h e n d e n   Partei gehören. (1)

Diese oben umrissene Variante des Begriffs Tendenz meint
eine Art von Unbotmäßigkeit, in der sich die poetische
und politische Deutung zeitgenössischer Vorgänge der herrschenden Beurteilung verschließt. In seiner zweiten Variante ist der Begriff, obwohl ebenfalls in die Alltagsspra-
che eingegangen, nicht gleichermaßen schnell zu fassen.

Die Einlassung aufs Zeitgeschehen verlangt vom Schriftsteller auch die Darstellung von Vorgängen und Auseinandersetzungen, die noch im Prozeß stehen, ihren Abschluß
erst künftig finden werden. Wenn Literatur nicht deskrip-
tiv-deutend stets erst post festum auf den Plan treten
will, so ist von ihr ein prospektives, prognostisches Arbeiten gefordert - umso mehr, wenn Veränderbarkeit des
Gegenwärtigen ihre heimliche Hoffnung ist. Veränderbarkeit
des Gegenwärtigen hat als Pendant die einmal möglich gewesene Verhinderbarkeit des Gewordenen; in den Parabeln
"Biedermann und die Brandstifter" und "Andorra" bleibt dem
Zuschauer - trotz aller geradlinigen Zwangsläufigkeit der
Handlung - das Bewußtsein, daß nichts so hätte kommen müssen, wie es kam, daß Eingriffe bis zu einem bestimmten
Punkt möglich gewesen wären; die Intention ist auch hier,
daß der Rezipient die Fragen, die der Autor aufwirft, in
künftig möglichen Parallelfällen mit eigenem Handeln und
Eingreifen beantworte - ganz so, wie Frisch es im "Tage-
buch 1946 - 1949" sich vorstellte (2).

Aus dem Geschehen jüngster Geschichte wurden in diesen

----

(1) Bert Brecht, Über Politik, loc.cit. s.72.
(2) Cf. oben s.52.

Stücken verkürzte Modelle gewonnen, die kaum die gesellschaftlichen Hintergründe des Antisemitismus oder des
Heraufkommens des Faschismus vor Augen führen, sondern
Verantwortlichkeit und Versagen einzelner Subjekte demonstrieren; gerade damit ruft Frisch seine Rezipienten
in ihre eigene Verantwortung. Wichtig ist ihm, daß die
voraussichtliche Entwicklung eines Geschehens bereits in
seinen Ansätzen erkennbar werde. In einem Gespräch mit
Gody Suter erläutert Frisch im Anschluß an eine der drei
"Uraufführungen" von "Andorra" dieses Interesse (1).

> Nicht die Katastrophe selbst, das Einstürzen, son-
> dern ihre Entstehung, der erste Haarriß in der Wand.
> In der Belletristik wird es immer so dargestellt,
> als ob es einen Augenblick der Entscheidung gebe,
> (...). Der Augenblick stellt sich nicht dar. Der
> Punkt, der einzig richtige Punkt, an dem man "Nein"
> sagen müßte, ist in der Wirklichkeit nicht da. Man
> hat das ja an sich selber erfahren: wie man die er-
> sten peinlichen Anzeichen hinnimmt, vor sich selber
> verharmlost, wie dann spätere Greuel durch die Ge-
> wöhnung gar nicht mehr so grausam wirken, und wie
> dann - langsam und plötzlich - die Katastrophe da
> ist. (2)

Die von Frisch bevorzugte Recherche am allmählichen
Heraufdämmern einer Katastrophe und an ihrer möglichen
Verhinderbarkeit kennzeichnete ja bereits die Skizzen
dieser beiden Stücke im Nachkriegstagebuch. Auch in diesem Arbeitsansatz ging allerdings Bert Brecht voraus; in
einer Besprechung von "Furcht und Elend des Dritten Rei-
ches" schreibt Frisch in den "Schweizer Annalen" 1947:

> Das Ungeheuerliche, zugleich das Wertvolle, liegt
> meines Erachtens darin, daß Brecht zeigt, wo der Ver-
> rat beginnt und wie: immer ganz unscheinbar, fast un-
> faßbar. Ohne den historischen Ausblick, wo man auf
> großer Bühne steht und weiß: Jetzt entscheide ich die
> Geschichte, jetzt muß ich ein Held sein! (II/327)

----

(1) Außergewöhnlicherweise wurden wegen des enormen Publi-
    kumsandrangs die ersten drei, an aufeinanderfolgenden
    Tagen stattfindenden Aufführungen als Uraufführungen
    bezeichnet.

(2) M.F. in: Gody Suter, Max Frisch: "Ich habe Glück ge-
    habt" - Von "Nun singen sie wieder" zu "Andorra",
    Die Weltwoche Nr. 1460/1961.

Frischs Vorliebe für diese dramaturgische Konzeption,
die später vom Permutationstheater - wie er es nennt -
weitergeführt und überholt wird, erklärt sich nicht zuletzt auch daraus, daß hier eben das einzelne Subjekt in
Verantwortung genommen werden kann, daß historisches Geschehen am Bewußtseins- und Erlebnisprozeß des einzelnen
zu demonstrieren ist; ein Ansatz, der einem seit "Nun
singen sie wieder" für den Autor vertraut ist.

Wo sich Literatur nun auf zeitgenössische oder jüngst-
vergangene Problematik zugestandenermaßen einlassen will,
muß sie sich zwangsläufig mit Tendenz in der zweiten Bedeutung des Wortes beschäftigen. Von Literatur ist dann
mehr zu verlangen, als präzise Beobachtung und Beschreibung dessen, was ist, nämlich darüberhinaus Einsichten
in die gesellschaftlichen Triebkräfte: ihre verstehende
und verdeutlichende Rekonstruktion und ihre perspektivi-
sche Vorausdeutung. Als notwendig erweisen sich historische Kausalketten aber immer erst im Nachhinein; als
künftig wahrscheinliche dargestellt, sind sie in der gesellschaftlichen Auseinandersetzung der Gegenwart dem
weiter oben skizzierten Tendenzvorwurf ausgesetzt - hier
also berühren sich dann beide Bedeutungen des Wortes und
in diesem Spannungsfeld ist Frischs zeitgenössisch-kriti-
sche Literatur angesiedelt.

Gesellschaftliche Entwicklungen pflegen sich gesetzmä-
ßig zu gestalten, über Rückschläge hinweg, oft retardie-
rend, sich lange hinziehend. Ihre letztliche Durchsetzung
befreit den einzelnen nicht von der Zukunftsungewißheit
eines jeden Augenblicks; für seine Entscheidungen und
sein Verhalten gilt das Hier und Jetzt, in dem die Zukunft nur als Hoffnung, Befürchtung, Spekulation anwesend
ist. Diese beständige Zukunftsungewißheit umreißt Ernst
Bloch in seinem Essay "Große Augenblicke - unbemerkt".

Es ist leicht zu spüren, wenn vor kurzem etwas geschehen ist. Doch während es geschieht, genau dies
Jetzteben und was darin ist, das wird nicht so
leicht beachtet. Es zuckt vorbei, ja selbst wenn
das Etwas darin sich länger wiederholt, wird es
erst bemerkt, sofern man vorher schon darauf ge-
spannt war. (1)

Wenn Frisch von seiner Literatur erhofft, daß sie Fragen aufwerfe, die der Rezipient mit seinem Verhalten be-
antworten müsse; wenn Brecht fordert, man müsse wissen,
um zeigen zu können - dann beinhalten beide Positionen,
trotz der gezeigten Unterschiede, das Gemeinsame, daß
Kunst in ein Zukünftiges tendiert, ein zu Erreichendes
oder zu Verhinderndes. Für dieses gesellschaftlich Zu-
künftige ist ein Wissen, mindestens ein Gespür notwendig,
das Bloch am Beispiel von Marx' Aufsatz "Der 18. Brumaire
des Louis Bonaparte" als Tendenzkundigkeit beschreibt.

Die Ausnahme ist hier durch das wirkliche Wissen um
die wirklichen Triebkräfte und Tendenzen einer Epoche bewirkt; wodurch zwar nicht der erlebte Augenblick selber, aber jüngste Vergangenheit, die noch
Gegewart ist, als Keimstelle, Umschlagstelle ausge-
zeichnet werden kann. Doch hierzu gehört eine bisher äußerst seltene, eine tendenzkundige Einsicht
ins aktuell wirklich Geschehende und sein Triebwerk;
(...). (2)

Es ist offensichtlich, daß das, was Frisch in einem
Topos der Architektur als Darstellung des ersten Haar-
risses in einer Wand beschreibt, den Keim- und Umschlag-
stellen im Sinne Blochs entspricht - nicht unbedingt allein gesellschaftshistorisch betrachtet, sondern angewen-
det auf die Erlebnis- und Wahrnehmungsfähigkeit der betroffenen Subjekte, die ihrer Betroffenheit durch eben
diese Darstellung innewerden sollen. So zeigt die Dar-
stellungsperspektive eines wesentlichen Teils von Max
Frischs Werk ein gesellschaftlich außerordentlich ver-

---

(1) Ernst Bloch, in: Verfremdungen I; Frankfurt a.M. 1962,
    S.18.
(2) Ebd. S.22f.

pflichtetes Moment, das mindestens gleiches Gewicht besitzt wie das autobiographische.

"ÄSTHETISCHE" KULTUR UND ENGAGEMENT

Der Gegensatz zwischen einer, von Frisch so gekennzeich-
neten, ästhetischen Kultur und einem gesellschaftlich
ausgeweiteten Kulturbegriff, der notwendig eine Verantwortlichkeit der Literatur impliziert, wurde in den vorangegangenen Abschnitten bereits mehrfach angerissen,
bevor er hier zusammenhängend und eingehend erörtert
werden soll. Mit der erstmaligen Darstellung dieser Dichotomie in Frischs Bühnenrequiem "Nun singen sie wieder" von 1945 reißt die Auseinandersetzung damit für den
Autor nicht mehr ab; sie hängt eng mit der offen rekla-
mierten Zeitgenossenschaft zusammen und erweist sich so
als außerordentlich prägend für die Intentionen seines
Schaffens.

Erster Exkurs: Thomas Mann.

In seinem "Kleinen Nachwort zu einer Ansprache von Thomas Mann" (II/319ff. und 769) berichtet Frisch von einer
Lesung des Schriftstellers im Auditorium Maximum der Züricher Eidgenössischen Technischen Hochschule im Juni
1947. Thomas Mann las aus seinem damals noch unveröffent-
lichten Faustus-Roman, der sich in der Figur des Adrian
Leverkühn gerade mit jenem abgehobenen Kulturbegriff
auseinandersetzt, und appellierte zugleich vor einem un-
verständig-schweigenden Publikum an eine neuzuschaffende
Humanität. Dieses kleine Nachwort Frischs bietet Anlaß,
mit der Durchleuchtung der Problematik einer gesellschaftlich verantwortlichen Literatur am sich entwickelnden Er-
kenntnisprozeß jenes Schriftstellers zu beginnen, der für
weite Teile seines Werks den bürgerlichen Wertvorstellun-

gen und kulturellen Normen des ausgehenden 19. Jahrhunderts verpflichtet war und sich mit ihnen sozusagen repräsentativ und prominent auseinandersetzte.

Nimmt man Thomas Manns bereits erwähnte "Betrachtungen eines Unpolitischen" aus den Jahren des Ersten Weltkriegs als Ausgangspunkt, als einen Pol, so erweist sich
der ebenfalls schon erwähnte Aufsatz "Kultur und Politik", der am Vorabend des Zweiten Weltkriegs zuerst mit
"Zwang zur Politik" betitelt war, allein durch diese
Formulierung als ein eigentlicher Gegenpol. Zwischen beiden lag das Heraufkommen des Faschismus und damit einhergehend der offensichtliche Verrat weiter Teile des Bürgertums an den von ihm selbst stets beteuerten kulturell-
humanistischen Werten. Eine Skizzierung der Spannweite,
die zwischen der frühen und der späteren Position Manns
liegt, ermöglicht ebenso wie ein Abriß der sehr ambivalenten Haltung André Gides zum Komplex des persönlichen
Engagements des Schriftstellers und einer Darstellung
der in den Vierziger Jahren herausgearbeiteten Thesen
Jean-Paul Sartres hierzu, den geistesgeschichtlichen
Horizont zu bezeichnen, vor dem Frischs Überlegungen
zum Thema im folgenden zu untersuchen sind.

Thomas Mann rekurriert 1917 noch ganz bewußt auf
klassisch-idealistische Traditionen, wenn er in seinen
"Betrachtungen" eine Äußerung Goethes zur Untermauerung
eigener Thesen anführt, in der es heißt:

> (...) - denn ein gutes Kunstwerk kann und wird zwar
> moralische Folgen haben, aber moralische Zwecke vom
> Künstler fordern, heißt ihm sein Handwerk verderben.
> (1)

Daß es Mann in seiner Schrift auf eine klare Scheidung

----

(1) Thomas Mann, Gesammelte Werke in zwölf Bänden; Frankfurt a.M. 1960, XII/316.

der kulturellen von der politisch-gesellschaftlichen
Sphäre ankommt, wird sehr bald deutlich. In seinem Verständnis sind beide letztlich unvereinbar; Kultur als
geistig-ästhetischer Bereich steht für ihn auf einer anderen - höheren - Stufe und ist von aktuell gesellschaftlichen Forderungen nur um den Preis der Selbstaufgabe ihres Charakters beanspruchbar. Jene, die eine solche
Scheidung der Sphären für unzulässig halten, werden als
angebliche Tagesopportunisten bitter abgekanzelt.

> Am wenigstens aber liebe und achte ich jene Kleinen,
> Nichtigen, Spürnäsigen, die davon leben, daß sie Be-
> scheid wissen und Fährte haben, jenes Bedienten- und
> Läufergeschmeiß der Zeit, das unter unaufhörlichen
> Kundgebungen der Geringschätzung für alle weniger
> Mobilen und Behenden dem Neuen zur Seite trabt; oder
> auch die Stutzer und Zeitkorrekten, jene geistigen
> Swells und Elegants, welche die letzten Ideen und
> Worte tragen, wie sie ihre Monokel tragen: zum Bei-
> spiel "Geist", "Liebe", "Demokratie", so daß es heu-
> te schon schwer ist, diesen Jargon ohne Ekel zu hö-
> ren. (1)

So charakterisiert Thomas Mann seinen Standort in
strikter Ablehnung einer Kultur- und Literaturauffassung,
die sich als in wechselseitiger Abhängigkeit von aktuellen gesellschaftlichen Belangen befindlich definiert. Die
Gültigkeit und Berechtigung seiner Wertvorstellungen setzen sich für Thomas Mann unabhängig von vordergründigen
Tagesauseinandersetzungen durch; sie bilden eine Wert-
sphäre, die über dem Auf und Ab zweckorientierten Handelns ein Reich des Idealen verkörpert. Um diese These
zu stützen, wird eine Ontologisierung angeblicher deutscher Humanität bemüht, in der per definitionem gesellschaftliche und historische Auseinandersetzung und Veränderung ausgeklammert bleiben.

Denn die deutsche Humanität widerstrebt der Politi-

----

(1) Thomas Mann, Ges. Werke XII/20f.

sierung von Grund aus, es fehlt tatsächlich dem
deutschen Bildungsbegriff das politische Element.
(1)

So sehr auch erkennbar ist, daß es Thomas Mann um eine Untermauerung und Rechtfertigung vor allem auch der
eigenen Schaffenspraxis zu tun ist, so sollte doch die
Aufrichtigkeit seiner Überzeugung nicht in Zweifel gezo-
gen werden. Hier kommt noch einmal brillant zur Darstellung, was Herbert Marcuse später als den "affirmativen
Charakter" der Kultur analysieren wird (2). Nur in einer
so verstandenen Kultur finden Humanität und Individualität ihren Platz, die dem einzelnen in der tatsächlichen
Welt weitgehend verweigert bleiben.

> Dieser (...) Kulturbegriff (...) spielt die geisti-
> ge Welt gegen die materielle Welt aus, indem er die
> Kultur als das Reich der eigentlichen Werte und
> Selbst-Zwecke der gesellschaftlichen Nutz- und Mit-
> tel-Welt entgegenhält. Durch ihn wird die Kultur
> von der Zivilisation unterschieden und vom Gesell-
> schaftsprozeß soziologisch und wertmäßig entfernt.
> (2)

In dieser affirmativen Kultur werden die humanen Ideale in doppelter Hinsicht aufgehoben; einmal, indem sie
von der realen Lebenssphäre abgehoben werden, in der allein ihre Durchsetzung und Verwirklichung möglich wäre;
und zum anderen, indem in den Werkmanifestationen dieser Kulturtradition ihre vorerst uneingelöste Sprengkraft
erhalten bleibt, die unter möglichen anderen gesellschaftlichen Kontextverhältnissen jäh freigesetzt werden kann.
Nicht zu übersehen ist jedoch, daß solche Kultur einen
wesentlich systemstabilisierenden - eben affirmativen -
Charakter hat; denn:

> Nur in der Kunst hat die bürgerliche Gesellschaft

---

(1) Thomas Mann, op.cit. XII/111f.
(2) Herbert Marcuse, Über den affirmativen Charakter der
Kultur; in: Kultur und Gesellschaft I, Frankfurt a.M.
9.-12. Tsd. 1965, s.63.

die Verwirklichung ihrer eigenen Ideale geduldet
und sie als allgemeine Forderung ernst genommen.
Was in der Tatsächlichkeit als Utopie, Phantaste-
rei, Umsturz gilt, ist dort gestattet. In der Kunst
hat die affirmative Kultur die vergessenen Wahrhei-
ten gezeigt, über die im Alltag die Realitätsgerech-
tigkeit triumphiert. Das Medium der Schönheit ent-
giftet die Wahrheit und rückt sie ab von der Gegenwart. Was in der Kunst geschieht, verpflichtet zu
nichts. (1)

Der Züricher Literaturstreit.

Es zeigt sich, daß Frisch gerade das von Marcuse beschriebene Kulturverständnis als noch immer virulentes - obwohl
es gleichermaßen theoretisch wie noch unerbittlicher von
der geschichtlichen Erfahrung widerlegt wurde - bekämpft.
Ein prominentes Beispiel für diese Virulenz lieferte der
Züricher Germanist Emil Staiger. In seiner Dankrede zur
Verleihung des Literaturpreises der Stadt Zürich, gehalten am 17. Dezember 1966, bezieht Staiger Positionen, die
den zitierten Thomas Manns zum Verwechseln ähneln.

Und heute? Wir begegnen dem Schlagwort Littérature
engagée. Dabei wird aber niemand wohl, der die Dichtung wirklich als Dichtung liebt. Sie verliert ihre
Freiheit, sie verliert die echte, überzeugende, den
Wandel der Zeit überdauernde Sprache, wo sie allzu
unmittelbar-beflissen zum Anwalt vorgegebener huma-
nitärer, sozialer, politischer Ideen wird. So sehen
wir denn in der Littérature engagée nur eine Entartung jenes Willens zur Gemeinschaft, der Dichter ver-
gangener Tage beseelte. (2)

Frisch, dem Züricher Germanisten lange freundschaftlich
verbunden, veröffentlichte eine scharfe Erwiderung. Um

----

(1) Herbert Marcuse, op.cit. s.82.
(2) Zitiert nach M.F. "Tagebuch 1966 - 1971", VI/55; cf.
hierzu Thomas Mann, op.cit. XII/ 228f.: "(...) die
köstliche Überlegenheit der Kunst über das bloß Intellektuelle in ihrer lebendigen Vieldeutigkeit, ihrer tiefen Unverbindlichkeit, ihrer geistigen
F r e i h e i t (...)."

beider Positionen entspann sich ein germanistischer und
journalistischer Disput, der als "Züricher Literaturstreit" hinlänglich bekannt wurde (1). In einem "Post
scriptum" notierte Frisch an Staigers Adresse:

> (...) unmißverständlich lehrt uns die Geschichte,
> daß immer, wenn Faschismen im Anzug sind, die Lite-
> ratur als "nihilistisch" bezeichnet wird, die eine
> Kloake als Kloake darstellt, und daß die Literatur nur
> zu dulden ist als der Salon für Adel und Würde und
> Hochsinn und Treue, und noch etwas: daß sich dafür
> immer arglos gelehrte Anwälte mißbrauchen lassen.
> (V/463f.) (2)

Interessant ist die Tatsache, daß Frisch schlaglicht-
artige Passagen aus Staigers Rede mit vorangestelltem,
knappem Eigenkommentar in sein "Tagebuch 1966 - 1971"
aufnimmt und damit an exponierter Stelle an seine Überlegungen aus dem Nachkriegstagebuch anknüpft (3). Dort
verzeichnete Frisch eine äußerste Perversion, die jener
Kulturbegriff in letzter Konsequenz gestattete, indem er
Kultur einzig als Manifestation eines abgegrenzten See-
leninnenraumes betrachtete - innere Erhebung, unberührt
von umfassendster äußerer Erniedrigung.

> Ich denke an Heydrich, der Mozart spielte; als Bei-
> spiel einer entscheidenden Erfahrung. Kunst in die-
> sem Sinne, Kunst als sittliche Schizophrenie, wenn
> man so sagen darf, wäre jedenfalls das Gegenteil
> unsrer Aufgabe, und überhaupt bleibt es fraglich,
> ob sich die künstlerische und die menschliche Auf-
> gabe trennen lassen. (II/444f.)
> Zu den entscheidenden Erfahrungen, die unsere Gene-
> ration, geboren in diesem Jahrhundert, aber erzogen
> noch im Geiste des vorigen, besonders während des
> zweiten Weltkrieges hat machen können, gehört wohl
> die, daß Menschen, die voll sind von jener Kultur,

----

(1) Dokumentiert in: Sprache im technischen Zeitalter,
    2/1967.
(2) Zuerst in: Neue Zürcher Zeitung vom 6.1.1967.
(3) Einleitend heißt es 1966: "Morgenfeier im Schauspiel-
    haus, es spricht der Gefeierte - ein Bekenntnis, das
    mit Ehrfurcht angehört wird, dann mit Beifall bestä-
    tigt. Endlich darf man es wieder sagen, daß es eine
    entartete Literatur gibt." (VI/54)

> Kenner, die sich mit Geist und Inbrunst unterhalten
> können über Bach, Händel, Mozart, Beethoven, Bruck-
> ner, ohne weiteres auch als Schlächter auftreten
> können; beides in gleicher Person. Nennen wir es,
> was diese Menschenart auszeichnet, eine ä s t h e -
> t i s c h e K u l t u r. Ihr besonderes, immer
> sichtbares Kennzeichen ist die Unverbindlichkeit,
> die säuberliche Scheidung zwischen Kultur und Poli-
> tik, (...). (II/629; Sperrung M.Sch.)

In diesen Überlegungen sind Kristallisationspunkte von
Frischs Denken zu sehen; von den von ihm beschriebenen
Positionen hebt sich sein eigenes Arbeiten deutlich ab,
wie die Erwiderung auf Staigers Rede belegt. Doch kehren
wir noch einmal kurz zu Thomas Mann zurück. Er, der exemplarisch an die Werte jener Kultur glaubte, revidierte
seine Auffassung noch bevor sie angesichts der geschichtlichen Entwicklung endgültig hätte zerbrechen müssen. Bereits in den Zwanziger Jahren erkennt er die Entwürdigung
und Korrumpierung dessen, was er so hoch hielt und so
hoch gehalten glaubte. Hieß es 1917 in den "Betrachtungen" noch:

> Der Unterschied von Geist und Politik ist, (...),
> der von kosmopolitisch und international. Jener Be-
> griff entstammt der kulturellen Sphäre und ist
> deutsch; dieser entstammt der Sphäre der Zivilisa-
> tion und Demokratie und ist - etwas ganz anderes. (1)

Aus den "Betrachtungen eines Unpolitischen" ließen
sich weitere Belege dieser Art ohne Mühe heranziehen; die
Revision solcher Grundauffassung in den folgenden Jahren
läßt sich beispielhaft durch ein Zitat aus "Kultur und
Politik" demonstrieren:

> Mein persönliches Bekenntnis zur Demokratie geht
> aus einer Einsicht hervor, die gewonnen sein wollte
> und meiner deutsch-bürgerlich-geistigen Herkunft und
> Erziehung ursprünglich fremd war: der Einsicht, daß
> das Politische und Soziale ein Teilgebiet des Mensch-

---

(1) Thomas Mann, op.cit. XII/31.

lichen ausmacht, daß es der Totalität des humanen
Problems angehört, vom Geiste in sie einzubeziehen
ist, und daß diese Totalität eine gefährliche, die
Kultur gefährdende Lücke aufweist, wenn es ihr an
dem politischen, dem sozialen Element gebricht. (1)

Diese von Thomas Mann unter Mühen gewonnene Einsicht
in die unabdingbare Einheit von Kultur und Zivilisation
bildet für Max Frisch, immerhin auch eine Generation
jünger, eine der Prämissen seiner Arbeit.

Zweiter Exkurs: André Gide.

Die besondere Problematik des persönlichen schriftstellerischen Engagements, des Einsatzes der eigenen Person für
die Sache, läßt sich an einem Generationsgenossen Thomas
Manns exemplarisch nachvollziehen - an André Gide.

Als Gide mit über sechzig Jahren erstmals seine Sym-
pathie für den Kommunismus und die Sowjetunion öffentlich bekundete, war dies ein Ereignis, das das kulturel-
le Europa über alle Grenzen hinweg erregte; ein Ereignis,
das allenthalben heftige und zum Teil erbitterte Diskussionen auslöste.

Gide war einer der arrivierten und bedeutendsten geistigen Repräsentanten Frankreichs; er war zudem stets ein
intellektueller Einzelgänger, der sich bewußt jeder Ver-
einnahmung durch eine Kirche, Partei oder Lehre verweigerte. Auf Grund seiner familiären Verhältnisse in der
Lage, ein von jeder ökonomischen Sorge unabhängiges Leben
als Schriftsteller zu führen, blieb er bis zu diesem
Zeitpunkt angesichts der politischen und gesellschaftlichen Auseinandersetzungen mehr ein eigentlich immer außenstehender Beobachter; Zeuge zwar, doch - hauptsächlich am Problem der Individualität interessiert - nur in-

----

(1) Thomas Mann, op.cit. XII/853.

direkt beteiligt. Dies und die Eigenart seines bis dahin
vorgelegten Werkes machten sein Eintreten für den sowjetischen Kommunismus um so erstaunlicher.

Die Geschichte dieses zeitweiligen Engagements der
Jahre 1932 - 1937 erwies sich als die Geschichte eines
Irrtums, auch als die einer gewissen·politischen Naivi-
tät. Das Dokument dieser Phase wurde 1950 in der Sammlung
"Littérature engagée" ohne Retuschen ediert; es enthält
Aufsätze, Reden, Manifeste und Briefe, aber bis auf das
Stück "Robert ou l'intérêt général" kein Werk von lite-
rarisch-fiktionaler Gestaltung. Diese Tatsache ist wich-
tig.

Gides Hinwendung zum Kommunismus wird in seinen Tagebüchern seit 1931 belegt. Wenn er auch mit seinem Kongo-
Buch "Voyage au Congo" bereits 1927 angesichts unverhüll-
ter kolonialer Unterdrückung und Ausbeutung erstmals ein
Dokument seines erwachenden, kämpferischen sozialen Bewußtseins vorlegte, so wurde die Öffentlichkeit doch maß-
los überrascht, als die "Nouvelle Revue Française" 1932
mit dem Abdruck seines vorjährigen Tagebuchs begann.
Klaus Mann beschrieb diese Überraschung in seiner Gide-
Monographie:

> Hatte der alte Individualist und Visionär sich in ei-
> nem Kollektivisten und Materialisten verwandelt?
> Welch verblüffende Metamorphose! Welch sensationelle
> Konversion!
>
> Er, der stets der Evasive, Schwankende gewesen war,
> der niemals Festgelegte, der Einzelgänger, schien
> plötzlich zum aggressiven Parteigänger einer politi-
> schen Doktrin geworden. Seine Äußerungen klangen
> durchaus nicht mehr unverbindlich oder rätselhaft,
> sondern taten sich durch eine schon fast klotzige
> Eindeutigkeit hervor. (1)

----

(1) Klaus Mann, André Gide - Die Geschichte eines Euro-
    päers; Zürich 1948, s.286.

Diese Wandlung schien um so schwerer zu verstehen, als
Gides Werk wie seiner Person ein Merkmal besonders cha-
rakteristisch eignete - eine geradezu proteushafte Wand-
lungsfähigkeit. Einzig dem "Primat der Wahrheit, (der)
Unentbehrlichkeit geistiger Integrität" verpflichtet (1),
umkreiste er, ständig Positionen suchend und sogleich
wieder verwerfend, Probleme von Moral, Ethik und Religi-
on auf dem Weg zu individualistischer Persönlichkeitsbildung. Die Thesen eines Buches schienen ihm immer schon
deren Negation in den darauffolgenden zu beschwören;
"L'immoraliste" hätte er nicht schreiben können, bemerkt
Gide selbst, hätte er in der Folge nicht "La porte étroi-
te" geschrieben - und beide blieben ihm unvollständig ohne die späteren "Caves du Vatican" (2)

Das Spektrum seiner Problemstellungen und ihrer wech-
selnden Lösungen war beträchtlich; sein Werk war dabei
weitgehend autobiographisch stimuliert. Die ganze Spannweite läßt sich allein bereits an den Gegenpolen des pu-
ritanischen Protestantismus seiner Erziehung und eines
unter schweren Konflikten gewonnenen Hedonismus ermes-
sen. Diese Vielfalt wechselnder Blickpunkte auf stets
sehr individualistische Themenstellungen schienen einen
kaum geeigneten Nährboden für eine bewußte und reflektier-
te Bindung an ein gesellschaftliches Dogma abzugeben -
man denke nur an Gides Interesse am "acte gratuit", der
Tat, die an keine Motivation oder Determination gebunden
ist, wie in den "Caves du Vatican" dargestellt.

Vergegenwärtigt man sich dann zusätzlich, welchen au-
ßerordentlichen Rang das unablässige Bemühen um die christ-
lichen Grundwerte des Evangeliums für Gide einnahm, dann
liegen in all dem die Voraussetzungen für das Scheitern

----

(1) Klaus Mann, op.cit. s.289.
(2) Cf. Claude Martin, Gide; Reinbek, 4.Aufl. 1974, s.116.

seines Engagements. Scheinbar paradoxerweise war es gerade jenes christliche Element seines Denkens, das ihm den
Kommunismus nahebrachte.

> Sein neuer Glaube an den Kommunismus - Gide betonte
> dies immer wieder - war nichts als die logische Kon-
> sequenz, um nicht zu sagen die Erfüllung seines ur-
> sprünglichen christlichen Glaubens. (1)
>
> Ich mußte meinen Fehler einsehen und begreifen, daß
> es christliche Tugenden waren, die ich im Kommunis-
> mus zu finden hoffte. (2)

In den Jahren, in denen sich Gide im Sympathisanten-
kreis des Kommunismus befand, trat er als Redner und
Streiter für die Errungenschaften der russischen Revolution und vor allem gegen die bald manifeste Bedrohung
durch den Faschismus auf. Mit seiner Begrüßungsansprache
wurde am 21. Juni 1935 der "I. internationale Kongreß der
Schriftsteller zur Verteidigung der Kultur" in Paris eröff-
net. Der Tatsache, daß der Stalinismus kaum weniger re-
pressiv und kulturrestriktiv war als der westliche Faschismus, stand Gide noch weitgehend gutgläubig-hilflos
gegenüber. Bei seinen Auftritten brachte Gide kaum je neue
und originale Argumentationen vor; was an ihm überzeugte,
war seine unpathetische, in hohem Ernst aufrichtige Haltung - war nicht zuletzt die Reputation seiner Person und
seines Renommees, die er in dieses Wagnis einbrachte.

Nicht unähnlich Thomas Mann - und vielen anderen - vollzog Gide die Wendung von einem exponiert individualisti-
schen zu einem verstärkt gesellschaftsbezogenen Denken unter dem Eindruck der heraufziehenden europäischen Katastrophe. Die Selbstverwirklichung des einzelnen schien ihm nun
nur noch unter veränderten sozialen Bedingungen möglich.
Das Individuum blieb nach wie vor im Mittelpunkt seines

----

(1) Klaus Mann, op.cit. s.287.
(2) André Gide, zit. nach: Klaus Mann, op.cit. s.288.

Interesses, nur die Voraussetzungen, unter denen er sich
eine Verwirklichung seiner Vorstellungen erhoffte, hatten
sich modifiziert. In den "Nouvelles Pages de Journal 1932
- 1935" schrieb Gide:

> Bis vor sehr kurzem glaubte ich, daß von primärer
> Wichtigkeit nur die Verwandlung des einzelnen
> Menschen sei; daß der revolutionäre Prozeß in der
> Sphäre des individuellen Lebens zu beginnen habe.
> Deshalb schrieb ich, daß der moralischen Frage eine
> größere Bedeutung zukomme, als der sozialen. Heute
> bin ich davon überzeugt, daß der einzelne sich nicht
> ändern kann, wenn die sozialen Verhältnisse ihn
> nicht dazu einladen und befähigen: was bedeutet, daß
> s i e es sind - (...) -, womit wir uns zunächst und
> vor allem beschäftigen sollten. (1)

Gide sollte bald erkennen müssen, daß er für dieses An-
liegen die falschen Bundesgenossen gewählt hatte; individualistische Persönlichkeitsbildung, auch wenn sie im gesellschaftlichen Rahmen verfolgt wurde, war nicht das erste Erfordernis der Zeit und geriet überdies in der stalinistischen Ära in Gefahr, als abweichlerischer Nonkon-
formismus gebrandmarkt zu werden.

Bald auch mußte Gide feststellen, daß seine politischen
Einlassungen durchaus nicht folgenlos für sein Denken und
Schreiben blieben. Ihn, der bisher auch jede nur annähernd
dogmatische Fixierung gemieden hatte und keine außenste-
hende Instanz für sein Arbeiten anerkannte, befielen nun
Skrupel, ob seine Haltung und seine Äußerungen mit der
Parteilinie vereinbar seien - Skrupel, die lähmend wirken mußten. Er entdeckte plötzlich einen inneren Kodex,
dem er sich zu verantworten hatte und vor dem er - um
des Dienstes an der Sache willen - selbst seine Kunst
zurückzusetzen hätte (2).

Die Desillusionierung seiner Hoffnungen auf die kommu-

----

(1) André Gide, zit. nach Klaus Mann, op.cit. s.289.
(2) Cf. ebd. s.305f.

nistische Bewegung erfuhr Gide bei seiner Reise in die
Sowjetunion; deren Dokument "Retour de l'U.R.S.S." wollte 1936, trotz aller Enttäuschung, noch als systemimmanente Kritik verstanden werden. Die Reaktion darauf war
jedoch höhnisch oder heuchlerisch-umarmend auf konservativer Seite, zynisch auf der anderen: ihr war Gide vom
hofierten Sympathisanten zum Renegaten verkommen.

Die Erstarrung der sowjetischen Gesellschaft, die Unterdrückung gerade der revolutionären Kunst und des revolutionären Geistes waren Gide unerträglich. Mit seinen
im Jahr darauf veröffentlichten "Retouches à mon Retour
de l'U.R.S.S." war der endgültige Bruch vollzogen. Gides
einziger Versuch, sich einer Bewegung einzuordnen, war
fehlgeschlagen. Literarischen Ertrag hatte er nicht erbracht, der Titel der Sammlung "Littérature engagée"
täuscht darin. Das Stichwort der Auseinandersetzung, die
an erster Stelle nach dem Krieg von Jean-Paul Sartre geführt wurde, hob zuerst auf literarisch-inhaltliches Engagement ab; Gide selbst empfand die Dokumente jener Jahre seines persönlichen Eintretens für den Kommunismus nie
als eigentlich literarisch, denn vielmehr als Journalismus in seinem Verständnis des Begriffes.

> J'appelle journalisme tout ce qui intéressera demain
> moins qu'aujourd'hui. (1)

Gides Engagement erwuchs in einer Zeit außerordentlicher Gefährdung; vielleicht erklärt dies, warum sowohl
dessen Voraussetzungen wie auch seine Konsequenzen nur
höchst unzureichend reflektiert wurden. Zudem bleibt der
Eindruck, daß Gide wesentlich eigene Vorstellungen und
Hoffnungen auf die Ziele der kommunistischen Bewegung pro-

---

(1) André Gide, zit. nach: Lily Salz, André Gide and the
    Problem of Engagement; in: French Review, 30/1956,
    s.132. Lily Salz bemerkt hier auf s.135: "The writings
    contained in 'Littérature engagée' were never regarded
    by him as literature."

jizierte.

Auch wenn Gide bald nicht mehr bereit war, die Kluft
zwischen Anspruch und faktischer Realität kommunistischer
Praxis apologetisch zu überbrücken oder stillschweigend
hinzunehmen, erlebte er doch gleichwohl - und quasi repräsentativ - das Dilemma des engagierten Intellektuellen, der zwischen die auseinanderstrebenden Forderungen
seines eigenen Wahrhaftigkeitsanspruchs und der überge-
ordneten gesellschaftlichen Zielvorstellungen gerät. Die
so gewonnene Erfahrung konzentriert sich in einer Tagebucheintragung wenige Tage vor seinem Tod:

> Ich weigere mich, Ratschläge zu erteilen, und bei ei-
> ner Diskussion trete ich sofort den Rückzug an. Ich
> weiß aber, daß manche heute tastend suchen und nicht
> mehr wissen, worauf sie sich verlassen sollen; denen
> sage ich: glaubt denen, die die Wahrheit suchen,
> zweifelt an denen, die sie finden; zweifelt an allem,
> aber zweifelt nicht an euch selbst. (1)

Dritter Exkurs: Jean-Paul Sartre.

Mit den Beiträgen, die Jean-Paul Sartre gegen Kriegsende
lieferte, wurde die Problematik schriftstellerischen Engagements auf ein neues Niveau gehoben. Thomas Mann und
André Gide, als hier vorgestellte Beispiele, versuchten,
jeder auf seine Weise, unter dem Eindruck geschichtli-
cher Erfahrung eine weitgehend persönliche Lösung, die
sich zuallererst in ihrer Haltung äußerte; Sartre dagegen geht es darüberhinaus um eine prinzipielle theoreti-
sche Durchdringung. Das von ihm geprägte Stichwort künf-
tiger Diskussionen, der Begriff der "littérature engagée", ist nur das reduzierte Kürzel einer existential-
philosophischen Beweisführung. Darin legt er die notwendige Gebundenheit des Schriftstellers - gemäß seiner De-.

----

(1) André Gide, zit. nach: Claude Martin, op.cit. s.147.

finition - an die Realität und die Verantwortlichkeit
seines Handelns dar; Sartre beschreibt dann auch den
Zusammenhang von mittelbar sprachlichem und unmittelbar
gesellschaftlichem Handeln. Die literarische Veränderung
unserer Sicht der Verhältnisse - als Aufgabe des Schreibens - und die konkrete Veränderung der gesellschafli-
chen Verhältnisse sind für ihn zwei Stufen derselben Intention. Sartre selbst hat dabei in seinen theoretischen
Postulaten, seinem literarischen Werk und seiner politischen Praxis stets ein hohes Maß an Kohärenz demonstriert.
Die Entwicklung seines Begriffes der engagierten Literatur, den er in seinem umfangreichen Essay "Qu'est-ce que
la littérature" darlegt, soll nun in einigen wesentlichen
Punkten nachgezeichnet werden (1).

Gleich zu Anfang trifft Sartre hier eine definitori-
sche Unterscheidung zwischen Dichtung und Literatur, wobei Dichtung in die Nähe von Musik und Malerei gerückt
wird. Diese Unterscheidung, die aus der Tradition bis
hin zu Staigers Rede bekannt anmuten könnte, erhält durch
die Umkehrung der Vorzeichen bei Sartre eine völlig andere Wertigkeit. Er betrachtet die Sprache als ein Zeichen-
system zur Benennung realer Sachverhalte; während Dichtung an der Oberfläche der Zeichen verweilt, sie sozusagen als selbstständige Objekte betrachtet wie Malerei
die Farbe und Musik die Töne, durchdringt Literatur diese
Oberfläche, um Wirklichkeit bezeichnen zu können. Der
Schriftsteller bedient sich also des Verweisungscharakters
der Sprache - sie dient ihm zur Erkennung und Bearbeitung
der Welt. Erst von diesem Ansatz her kann er die notwendige Gebundenheit des Schriftstellers und seiner Literatur
an die Realität folgern.

----

(1) Jean-Paul Sartre, Was ist Literatur? Hamburg, 12.Aufl.
    1973. Zuerst in: Situations II, Paris 1948.

(...) die Wörter sind zunächst nicht Objekte, sondern Objektbezeichnungen. Wir brauchen zunächst
nicht zu wissen, ob sie gefallen oder mißfallen,
sondern ob sie ein bestimmtes Ding in der Welt
oder einen bestimmten Begriff korrekt bezeichnen.
(1)

In dieser Bezeichnungsfunktion liegt für ihn stets
auch schon, wie sich zeigen wird, der Versuch einer Deutung; daraus ergibt sich, daß die literarische Sprache
eine Art mittelbarer Handlung darstellt.

Sprechen heißt handeln: jedes Ding, das man be-
nennt, ist schon nicht mehr ganz dasselbe, es hat
seine Unschuld verloren. (2)

Zwar weiß Sartre, daß die Dinge, die benannt werden,
stets schon vor und außer uns existieren; ins Bewußtsein und zur Erkenntnis gehoben werden sie aber erst
durch Benennung. So folgert er, daß dies Sichtbarmachen
notwendig Veränderung impliziere - zuerst und zumindest
eine Veränderung eben unserer Sicht der Dinge. Unter
dieser Prämisse muß der Schriftsteller sich fragen und
fragen lassen, mit welcher konkreten Darstellungs- und
also Veränderungsabsicht er ans Werk gehe; denn:

Indem ich so darüber rede, enthülle ich die Situation eben durch die Absicht, sie zu verändern; ich
enthülle sie mir selbst und den anderen, u m sie
zu verändern; ich treffe sie mitten ins Herz, ich
durchdringe sie, ich fasse sie scharf ins Auge;
während ich so über sie verfüge, binde ich mich
mit jedem Wort, das ich sage, ein wenig mehr an
die Welt, und gleichzeitig trete ich ein wenig
mehr aus ihr hinaus, da ich über sie hinaus auf
die Zukunft zugehe. (3)

Bindung heißt bei Sartre also nicht zuerst, Literatur
in den Dienst einer Sache zu stellen, diese Forderung

----

(1) Jean-Paul Sartre, op.cit. s.15.
(2) Ebd. s.17; es sei hier nur am Rande auf die Parallele zu Frischs Bildnisbegriff verwiesen, wie er im
Nachkriegstagebuch entwickelt wird. Cf. dort II/371.
(3) Ebd. s.17.

ergibt sich erst aus den Prämissen, sondern ist die notwendige Voraussetzung der Wahl, schriftstellerisch zu
arbeiten. Mit dem Veränderungscharakter jeder literarischen Enthüllung der Wirklichkeit geht aber zugleich
die Frage einher, was und wozu enthüllt werden soll;
Literatur erhält somit ein futurisches Element, das Element eines Entwurfs. Sartre fragt dann auch direkt:

> (...): welche Ansicht von der Welt willst du ent-
> hüllen, welche Veränderung willst du durch diese
> Enthüllung auf der Welt herbeiführen? Der "gebun-
> dene" Schriftsteller weiß, daß das Wort Handlung
> ist; er weiß, daß Enthüllen Verändern ist, und daß
> man nur enthüllen kann, wenn man die Absicht hat,
> etwas zu verändern. Er hat den unmöglichen Traum,
> ein unparteiisches Bild von der Gesellschaft und von
> der Situation des Menschen zu entwerfen, aufgegeben. (1)

Damit tritt der Diskurs, der mit abstrakten, kunst-
philosophischen Unterscheidungen begann, in die konkrete
Welt gesellschaftlicher Auseinandersetzung ein. Gleichwohl bleibt die Beweisführung Sartres existentialphilo-
sophischen Intentionen eng verbunden. Heißt es früher
bei ihm, daß die Existenz der Essenz vorausgehe, daß es
kein menschliches Wesen vor seinem Sein gibt und daß
folglich jeder sein Sein zu wählen habe und für diese
freie Wahl dann verantwortlich sei (2), so heißt dies
jetzt: der Schriftsteller hat die Freiheit der Wahl dessen, was er darstellt und enthüllt und wird mit dieser
Entscheidung verantwortlich für sein Tun und den Entwurf der Welt, den er liefert. Zugleich besteht Sartre
darauf, daß es - unter der Voraussetzung bestehender
Klassengesellschaften - kein unparteiisches Bild von
der Gesellschaft und ihren Klassen geben kann. In die
Enthüllung schießt also stets schon ein Entwurf des
Künftigen, ein Vorentwurf, ein; der Schriftsteller hat

---

(1) Jean-Paul Sartre, op.cit. s.17.
(2) Ders., Ist der Existentialismus ein Humanismus? In:
    Drei Essays, Frankfurt a.M./Berlin/Wien 1972; cf. be-
    sonders s.11, 16 und 22.

gemäß seinen Vorstellungen Stellung zu beziehen und zu
verantworten.

> (...): der Schriftsteller hat gewählt, die Welt zu
> enthüllen, insbesondere den Menschen den anderen
> Menschen, damit sie angesichts des so entblößten
> Objekts ihre ganze Verantwortung auf sich nehmen.
> (1)

Seine schriftstellerische Verantwortung besteht also
darin "so zu wirken, daß keiner die Welt ignorieren und
keiner in ihr sich unschuldig nennen kann" (2). Um in
Geltung gesetzt zu werden, bedarf der verantwortlich ge-
wählte Entwurf der Welt und des gesellschaftlichen Seins
eines anderen: des Lesers. Ohne ihn bleibt jede Enthüllung folgenlos, jeder Entwurf stumm. Im Akt des Lesens
vollzieht sich ein Nachschaffen, das Sartre ein "gelenk-
tes Schaffen" nennt (3); auch dies ist prinzipiell auf
Freiheit gegründet: nichts verpflichtet den Leser zur
Lektüre, keine Sanktion kann ihn zwingen, der Enthüllung
und dem Entwurf des Autors zu folgen. Nur in einer Art
freiwilligen Paktes, den Sartre großherzig nennt, entsteht durch den Leser das Buch als Objekt; vorher ist es
nur ein Appell, der in Geltung gesetzt werden will.

> Da das Schaffen seine Erfüllung nur im Lesen finden
> kann, da der Künstler die Sorge, das, was er begon-
> nen hat, zu vollenden, einem anderen überlassen
> muß, da er sich einzig durch das Bewußtsein des Le-
> sers hindurch seinem Werk gegenüber als etwas We-
> sentliches begreifen kann, ist jedes literarische
> Werk ein Appell. Schreiben heißt: einen Appell an
> den Leser richten, er möge der Enthüllung, die ich
> durch das Mittel der Sprache vorgenommen habe, zu
> objektiver Existenz verhelfen. (4)

Die Sinndeutung, die ein Werk anbietet, braucht den
Leser zu ihrer konkreten Erfüllung; aus dem freiwilligen

----

(1) Jean-Paul Sartre, Was ist Literatur; loc.cit.s.18.
(2) Ebd. s.18.
(3) Ebd. s.29.
(4) Ebd. s.30.

Pakt erwächst auch ihm Verantwortung: er kann der ent-
hüllten Welt gegenüber nun nicht mehr gleichgültig
bleiben. Mit diesem Schritt zielt Sartres Theorie bereits
über die reine Rezeption hinaus in den Bereich des direkten, konkreten Handelns, tatsächlicher Veränderung. Seine Ausführungen meinen dabei stets Werke, die die Angelegenheiten der gegebenen historischen Welt behandeln.
Der Schriftsteller müsse zumindest virtuell beanspruchen,
mit seinen Darstellungen recht zu haben; er vermittelt
keine ewigen Botschaften, die eine überhistorische Gültigkeit besitzen können. In dieser je gegebenen, gegenwärtigen und unvollkommenen Welt gilt kein Werk sub specie aeternitatis - selbst wenn es das wollte.

> (...); ob er will oder nicht, und selbst wenn er
> nach ewigen Lorbeeren schielt: der Schriftsteller
> spricht zu seinen Zeitgenossen, zu seinen Lands-
> leuten, zu seinen Rasse- oder Klassen-Genossen. (1)

Jeder, der im Schaffen oder Nachschaffen - das ist
die Konsequenz von Sartres Thesen - am Bestehen einer un-
gerechten Welt festhält, übernimmt dafür die Verantwortung; er kann sich, ob er will oder nicht, nicht mehr
gleichgültig oder unschuldig fühlen.

> Die ganze Kunst des Autors besteht darin, mich dazu
> zu verpflichten, das, was er e n t h ü l l t, zu
> e r s c h a f f e n, mich also zu kompromittieren.
> Wir beide sind für das Universum verantwortlich. (2)

Aus der Freiheit des Schriftstellers und der des Lesers, an den das Werk appelliert, deduziert Sartre, daß
die eigene Freiheit nicht beansprucht werden könne, ohne
daß gleichzeitig die Freiheit aller gewollt werde; die
Zuerkennung eigener Freiheit erkennt die Freiheit des anderen notwendig an - dies ist der eigentliche Zweck des
schriftstellerischen Handelns. Dieser Deduktion wird aber

---

(1) Jean-Paul Sartre, Was ist Literatur; loc.cit. s.43.
(2) Ebd. s.39.

die empirische Gegebenheit der Welt zugeordnet, wie oben
angemerkt; denn Freiheit konkretisiert sich immer nur
gegen bestehende Unfreiheit. So kann Sartre dann formu-
lieren:

> Die Kunst der Prosa ist solidarisch mit dem einzigen
> Regime, in dem die Prosa einen Sinn hat: mit der De-
> mokratie. Ist die eine bedroht, dann ist es auch die
> andere. Und es genügt nicht, beide nur mit der Feder
> zu verteidigen. Es kommt der Tag, da der Feder Ein-
> halt geboten wird; dann muß der Schriftsteller zu
> den Waffen greifen. (1)

In gegebenen gesellschaftlichen Konfliktsituationen
hätte also dem mittelbaren Handeln des Schreibens das
unmittelbare der Tat zu folgen, beide sind nur verschiedene Formen desselben Wollens. Sartre selbst hat sich in
diesem Sinne recht konsequent verhalten - ohne zur Waffe
zu greifen allerdings. Nach den Ereignissen des Pariser
Mai 1968 lehnt er es ab, die Intelligenz als Kraft der
Schöpfung gegen die Gewalt als Kraft der Zerstörung zu
stellen; Gewalt erscheint ihm unter den gegebenen Bedingungen als ebenso intelligentes wie schöpferisches
Mittel zur Erreichung dessen, was der Schriftsteller zuvor intendierte. Was seinen Kritikern als "Ungeheuerlich-
keit" erschien, ist stringent wenigstens vor dem Hintergrund seiner Engagement-Theorie (2). Wenn Schreiben bereits Handeln ist und konkretes Handeln fordert, dann
hebt sich Kunst in dem historischen Augenblick selbst
auf, in dem ihre Postulate real erfüllt werden können:

> Denn entweder will man die Realität, und dann muß
> man konsequent bis zu Ende gehen, da gibt es keine
> andere Lösung - man ruft also wirkliche Gefühle
> durch wirkliche Ereignisse hervor - (...). (3)

----

(1) Jean-Paul Sartre, Was ist Literatur; loc.cit. s.41f.

(2) Heinz F. Schafroth, Narren auf verlorenem Posten -
    der engagierte Schriftsteller; in: André Bloch/Edwin
    Hubacher, op.cit. s.221.

(3) Jean-Paul Sartre, in: Der Intellektuelle und die Re-
    volution; Neuwied 1971, s.139.

Im Stadium der wirklichen Ereignisse, hier sind die
der Pariser Studentenrevolte vom Mai 1968 gemeint, werden für Sartre die Formen des mittelbaren Handelns illu-
sionär, denn in diesem Stadium verwirklichen sich die
Intentionen, für die Autor und Leser - im Idealfalle
wenigstens - sich verantwortlich machten. In solchen
historischen Augenblicken äußert sich für Sartre der gesellschaftliche Erosionsprozeß, hier der Verfallsprozeß
bürgerlicher Herrschaft, den er durch die Enthüllung der
Literatur in Gang gesetzt sehen wollte - in solchen Augenblicken erfüllt sich ihm das kombattante Wesen der
Freiheit.

Inwieweit Literatur aber tatsächlich in der Lage ist,
mehr als allenfalls Irritation von Herrschaft zu erreichen, sei dahingestellt; Max Frisch spricht, obwohl er,
wie sich zeigen wird, einige Positionen Sartres übernimmt, skeptisch von "kombattanter Resignation" als
seiner Grundhaltung (1) - auch, wenn er Sartres Hoffnung
teilt, die in "Was ist Literatur" geäußert wird:

> Wenn die Gesellschaft sich sieht und vor allem sich
> g e s e h e n sieht, so liegt schon darin ein An-
> zweifeln feststehender Werte und des Regimes: der
> Schriftsteller liefert der Gesellschaft ihr Spiegel-
> bild, er fordert sie auf, ihn zur Verantwortung zu
> ziehen oder sich zu verändern. Und sie verändert
> sich auf alle Fälle: sie verliert das Gleichgewicht,
> das die Unwissenheit ihr gab, (...); so verschafft
> der Schriftsteller der Gesellschaft e i n
> s c h l e c h t e s G e w i s s e n, und deshalb
> befindet er sich in einem ewigen Antagonismus zu
> den konservativen Kräften, die das Gleichgewicht
> halten - eben das Gleichgewicht, das er zu stören
> sucht. (2)

Hinter dem ästhetischen Imperativ des schriftstellerischen Tuns steht für Sartre immer auch ein moralischer;
dieser führt von der mittelbaren Handlung konsequent zur

----

(1) Cf. IV/242f.
(2) Jean-Paul Sartre, Was ist Literatur; loc.cit. s.51.

zur unmittelbaren und damit tendenziell zur Aufhebung
der Kunst in der zu verändernden Wirklichkeit. Ein un-
interessiertes, gleichgültiges Enthüllen der Welt kann
es für ihn nicht geben, da in jede Enthüllung der Vorentwurf einer anderen Welt einschießt, für die der Autor und der Leser gleichermaßen verantwortlich werden
- verantwortlich bis zur Einlösung dieser Versprechung.

Mit diesen drei Exkursen zur Frage des notwendigen
und legitimen Anspruchs- und Geltungsbereichs der Kultur und daraus folgend zur Frage des schriftstellerischen Engagements und dem des Literaten wurde in einigen groben Zügen der Problemhorizont bis zu den Nachkriegsjahren abgesteckt; vor diesem Hintergrund werden
die Umrißlinien der Position Frischs kenntlicher.

Die Entwicklung des Engagementgedankens bei Max Frisch.

Kehren wir zunächst noch einmal zu Frischs öffentlicher
Entgegnung auf die Rede Emil Staigers zurück. Frisch
griff hier erneut an, was er seit seinem Requiem "Nun
singen sie wieder" nicht müde wurde zu bekämpfen: einen
rein ästhetisch restringierten Kulturbegriff, der, gerade weil er sich dem Gesellschaftlich-Politischen un-
verpflichtet glaubt, auf fatale Weise politisch ist.
Staigers Thesen stellten einen neo-klassizistischen
Rekurs (1) auf eine Traditionslinie dar, für die die
Aussagen Thomas Manns aus der Zeit des Ersten Weltkriegs
paradigmatisch waren; mit Staigers Forderung, den gedie-
genen Grundriß wieder zu ziehen, auf dem stets noch große Kultur entstanden sei, weist Frisch jenen ästhetischen Kulturbegriff zurück, der historisch versagen mußte, weil er Kultur und Zivilisation sonderte:

----

(1) Cf. Hans Heinz Holz, Grundsätzliche Aspekte einer Li-
    teraturfehde; in: Sprache im technischen Zeitalter
    22/1967, s.148.

> So einfach, obschon doch auf diesem Grundriß immer
> wieder das Ungeheuerlichste möglich geworden ist,
> Menschenschändung jeder Art und jeden Ausmaßes; (...)
> - so einfach: den Grundriß nachziehen, schlicht und
> gediegen, um wieder einmal Kultur zu haben eine Wei-
> le lang, behütet von einer Sprache, die, um überzeu-
> gend zu sein, den Wandel der Zeit ignoriert. (V/460f.)

Und wie bereits im Nachkriegstagebuch weist Frisch auch

bei Staiger wieder darauf hin, daß gerade Literatur, die

sich vermeintlich aller politischen Stellungnahme zu ent-

halten scheint, allemal der herrschenden Partei dient -

möglicherweise unbewußt und ungewollt, meist aber doch im

stillschweigend-fraglosen Einverständnis mit dem Bestehen-

den; Frischs Definition des literarischen Tendenzbegriffs

erweist sich hier als äußerst griffig (1). Dessen Abwand-

lung lautet nun:

> Vor allem gefiele der Gedanke, daß es die Aufgabe
> der Literatur ist, der jeweils herrschenden Gesell-
> schaft ein heiles Leitbild zu dichten, und daß im
> übrigen die jeweils herrschende Gesellschaft ent-
> scheidet, was sittlich sei. (V/460)

Wenn sich auch Frischs Einschätzung der tatsächlichen

Wirkungs- und Einflußmöglichkeiten der Literatur änderte

- Skepsis überwiegt bei ihm -, so änderte sich doch nie

die Ablehnung einer Literaturkonzeption, in der bestehen-

de Konflikte in einem scheinhaften Harmoniemodell ver-

schleiert werden und das so letztlich nichts anderes ist,

als Ausfluß herrschender Ideologie; Frisch fordert ein-

deutig Erklärung statt Verklärung der Gegenwart. In der

strikten Ablehnung eines bürgerlich-affirmativen Kultur-

verständnisses erhellt sich Max Frischs Standort sozusa-

gen ex negativo; die Verantwortung des Autors vor den

Fragen der Gegenwart ist im Bewußtsein der gesellschaft-

lichen Bedingtheit jeder Literatur das notwendige Impli-

---

(1) Cf. II/632 und oben s.60 ff.

kat angenommener, ja reklamierter Zeitgenossenschaft.
Die Nähe zu Sartres Thesen von der Verantwortlichkeit
der Literatur und der des Literaten ist hier unverkennbar.

Frischs Argumentation gegen Emil Staiger lautet 1967
kaum anders als die seines Aufsatzes "Kultur als Alibi"
oder korrespondierender Tagebuchnotizen 1949:

> Im Grunde ist es die harmlos-gräßliche Vorstellung,
> ein Volk habe Kultur, wenn es Symphonien habe, und
> in den gleichen Zirkel gehört natürlich jene hehre
> Vorstellung vom Künstler, der, ledig aller Zeitge-
> nossenschaft, ganz und gar in den Sphären reinen
> Geistes lebt, so daß er im übrigen durchaus ein
> Schurke sein darf, beispielsweise als Staatsbürger,
> überhaupt als Glied der menschlichen Gesellschaft.
> Er ist einfach ein Priester des Ewigen, das seinen
> täglichen Verrat schon überdauern wird. (II/341)

In diesen Einsichten liegt die Grunddisposition für
Frischs gesellschaftlich-literarische Reflexion und für
seine eigene Haltung. Vor diesem gegebenen Hintergrund
- gegeben seit 1945 - entwickelt er seine Einschätzung
der literarischen Wirkungsmöglichkeiten, wobei es dem
Betrachter scheinen mag, als ob in einem weiten Bogen
zum Ausgangspunkt zurückgegangen werde. Denn seit Erscheinen des "Gantenbein" wurde in den Feuilletons, und
nicht nur dort, immer wieder von einer Entgesellschaft-
lichung und Reprivatisierung des neueren Werks von Max
Frisch gesprochen - dabei übersah man geflissentlich
das "Tagebuch 1966 - 1971", den "Wilhelm Tell" und das
"Dienstbüchlein". Dennoch gab es für eine solche Beurteilung einige Gründe, denn in der Tat scheint es eine
auf den ersten Blick erstaunliche Nähe zwischen Frischs
Standort vor seiner - im beschriebenen Sinn - literarischen Zeitgenossenschaft, der Zeit der "Schwierigen" also und ihrer betonten Ahistorizität, und Äußerungen der
letzten Jahre zu geben.

Vor 1945 gibt es kaum Zeugnisse für eine theoretisch

reflektierende Begleitung des literarischen Schaffens
bei Frisch, ebensowenig für eine beobachtende und wer-
tende Registration der Ereignisse. Eine Ausnahme macht
die Betrachtung "Von der guten Laune und vom Ernst der
Zeit", die er 1943 für die "Neue Zürcher Zeitung" schrieb;
hier stellt er allerdings die

> (...) heikle, immer wieder empfundene und aufgespar-
> te Frage der zeitgenössischen Teilnahme. (I/220)

Diese Frage stellt sich aber noch sehr verschieden von
der des Nachkriegstagebuchs und seines Antikriegsstücks
"Nun singen sie wieder"; sie meint hier noch die ganz
persönliche Anteilnahme aus Betroffenheit - dann allenfalls erst die Möglichkeit eines literarischen Reflexes
darauf. Hier waltet noch eine weitgehend hilflose Bestürzung über das Geschehen im Wissen, daß Tod und Vernichtung in der Anonymität ihrer Zahllosigkeit - und zwar
trotz und gerade trotz der Berichterstattung darüber -
unfaßbar bleiben, sinnlos, nicht einmal erinnerbar als
je persönliches Schicksal. Die Frage ist also eine äu-
ßerster Betroffenheit und moralischer Irritation, ist
eine nach Haltungsmöglichkeit; aber sie entfaltet sich
noch nicht, bleibt unaufgearbeitet und wird nicht als
Herausforderung angenommen, oder besser: noch nicht.
Statt dessen versucht Frisch das umfassende Bild der Wirklichkeit zu zeichnen, indem er sagt, daß ja dennoch allenthalben das Leben in scheinbar heiler Alltäglichkeit
weitergehe und selbst auf den Schlachtfeldern von heute
schon morgen oder übermorgen weitergehen werde. Aus dieser schwer zu ertragenden und zu verstehenden Widersprüchlichkeit der Gegenwart heraus verweist Frisch auf
die verbleibenden Dinge, die tröstlichen, kleinen - der
Freude eines sonnigen Herbsttages etwa. Für ihn scheint
jedes Bewußtsein, das eine der beiden Seiten der Wirklichkeit - der grauenvollen wie der lebendig-überdauernden -
leugnete, unwahr, weil unvollständig.

Im Nachkriegstagebuch beschreibt Frisch wenige Jahre
später diese Haltung, indem er auch auf ihre Gefährdet-
heit hinweist:

> Wer in jenen Jahren schrieb und zu den Ereignissen
> schwieg, (...), am Ende gab natürlich auch er eine
> deutliche und durchaus entschiedene Antwort dazu;
> er begegnete der Zeit nicht mit Verwünschungen,
> nicht mit Sprüchen eines Richters, sondern mit
> friedlicher Arbeit, die versucht, das Vorhandensein
> einer a n d e r n W e l t darzustellen, ihre
> Dauer aufzuzeigen. Er äußerte sich zum Zeitereignis,
> indem er es nicht, wie andere fordern, als das
> einzig Wirkliche hinnahm, sondern im Gegenteil, in-
> dem er ihm alles entgegenstellte, was a u c h
> n o c h L e b e n heißt. Vielleicht wäre das, so-
> fern es n i c h t z u r b l o ß e n A u s -
> f l u c h t wird, sogar die dringendere Tat. (II/
> 474; Sperrung M.Sch.) (1)

Wenn es ihm auch bedenklich schien, daß in solcher
Zeit überhaupt Kunst geschaffen würde (I/220f.), so
entstanden doch in jenen Jahren gerade die Arbeiten,
die Frisch später selbst als Fluchtliteratur bezeichnet:
"Die Schwierigen", "Bin oder die Reise nach Peking",
"Santa Cruz", die in ihrer so offensichtlich subjektiven,
persönlichen Thematik der gegenwärtigen und gesellschaftlichen Aktualität – zumindest an der Oberfläche – ent-
behren.

Über dreißig Jahre später schreibt Frisch in "Montauk",
einer Erzählung auf der Scheidelinie zwischen autobiographischer Bestandsaufnahme und Fiktion, er genieße es,
einmal "lauter Gegenteil" zu reden (VI/635); dieses Gegenteil, das einen allerdings recht überzeugenden Unter-
ton für ihn besitzt, wie er anmerkt, lautet:

> Politik kümmert mich überhaupt nicht. Verantwortung
> des Schriftstellers gegenüber der Gesellschaft und
> das ganze Gerede, die Wahrheit ist, daß ich schrei-
> be, um mich auszudrücken. Ich schreibe für mich. Die

---

(1) Cf. auch: Max Gassmann, Max Frisch - Leitmotive der
Jugend; Diss. Zürich 1966, s.12.

Gesellschaft, welche auch immer, ist nicht mein
Dienstherr, (...). Öffentlichkeit als Partner?
Ich finde glaubwürdigere Partner. Also nicht weil
ich meine, die Öffentlichkeit belehren oder bekeh-
ren zu müssen, sondern weil man, um sich überhaupt
zu erkennen, ein imaginäres Publikum braucht, ver-
öffentliche ich. Im Grunde schreibe ich aber für
mich selbst ... Lynn protestiert gar nicht; es
klingt überzeugender (auch für mich) als erwartet.
(VI/635f.)

Vielleicht sollte man von diesen beiden Positionen
nicht sagen, daß hier ein Bogen zu seinem Ausgangspunkt
zurückführe, sondern daß sie, die des Artikels von 1943
und die des überraschend glaubwürdigen "Gegenteils",
gleichweit von der Mitte entfernt sind, die man legiti-
merweise für die des Werkes von Max Frisch ansehen durf-
te; außerdem darf ja nicht übersehen werden, daß die Aussage in "Montauk" bewußt in der unentschiedenen Schwebe
zwischen Gültigkeit und Ungültigkeit gehalten ist. Die
Wahrheit mag dazwischen liegen, denn selbst wenn man akzeptiert, daß Frisch vornehmlich aus Ich-Bezogenheit
schriebe - man erinnert sich seiner Selbstbezichtigung
als "Egomane" (1) -, seine Arbeiten also autobiographischen Problemkonstellationen entwachsen, hat man doch zu
berücksichtigen, daß er als sozusagen privates ego stets
ein politisch interessierter und engagierter Bürger war
und ist. Frisch hat den Einsatz der eigenen Person und
seines Rufs nie gescheut; dieses ganz direkte Engagement
im Sinne des vorgestellten Beispiels von André Gide ist
hinreichend bekannt und allein schon aus den Tagebüchern
nachzuweisen. Einiges allerdings unterscheidet Frisch jedoch auch von Gides Beispiel: sein Engagement war nicht
auf einen relativ kurzen Zeitraum begrenzt, um dann re-
signiert und desillusioniert aufgegeben zu werden; und:
er hat sich nie dogmatisch von einer Partei vereinnahmen
lassen. Auch dort, wo er parteipolitisch Stellung bezog,

----

(1) Cf. oben s.37.

wie etwa 1971 für die eidgenössische Sozialdemokratie (1),
hält er auf eine kritische Distanz. Daß er sich bis in
die jüngste Zeit skeptisch über die tatsächliche Effekti-
vität solidarischer Adressen, Petitionen, Aufrufe und
öffentlicher Manifestationen geäußert hat, stellt nicht
sein Engagement in toto in Frage, sondern belegt viel eher,
daß er stets dessen Konkretisierungsmöglichkeiten nach-
denkt. In der ersten Tagebucheintragung des Jahres 1968
beschließt er, keinen Aufruf mehr zu unterzeichnen, da
Moral der Macht gegenüber keinen Faktor darstelle (VI/
98f.) (2); im darauffolgenden April nimmt er dann bereits
wieder öffentlich Stellung zum Ende der amerikanischen
Bombardierung Nordvietnams, kurz später zur Ermordung des
farbigen Bürgerrechtlers Martin Luther King (VI/117f. und
119ff.). Daß er sich wenig Illusionen über die Wirkung
intellektuellen Protestes macht, spricht für einen er-
probten Realitätssinn:

> Ich glaube es immer noch, immer wieder. Ich glaube,
> daß bestimmte Maßnahmen ergriffen werden, um eine
> wirkliche Ordnung herzustellen, um den Frieden zu er-
> reichen, um den Hunger zu bekämpfen, um Bildungs-
> chancen einzuräumen. Und deshalb hat alles, was ich
> politisch gemacht habe, immer den Charakter der
> Donquichotterie. Sie müssen mir nur eine Windmühle
> aufstellen, und ich reite. Die eigentliche Sache aber
> findet anderswo statt. (3)

Die Angelegenheiten, für die Frisch sich einsetzte, und
zwar auch nach dieser Aussage, haben mit Windmühlenreite-
rei kaum etwas gemein. Zwei Beispiele aus jüngster Zeit
seien hier zur Verdeutlichung genannt: seine Intervention beim schweizerischen Bundesrat zur Frage der Asylge-
währung für politische Gefangene aus Chile - wobei Frisch
auch auf die fragwürdige Haltung der Schweiz in ihrer
Asylpolitik während des Nationalsozialismus als erschrek-

----

(1) M.F. So wie jetzt, geht es nicht; VI/503ff.
(2) In der Gesamtausgabe steht diese Passage im Gegensatz
    zu früheren Ausgaben erst als zweiter Eintrag.
(3) M.F. in: Rückzug auf die Poesie; loc.cit. s.490.

kende Parallele verweist; zum anderen auf seine Mitar-
beit im Berliner Komitee zur Unterstützung des aus der
DDR ausgewiesenen Wolf Biermann und weiterer dort in
Schwierigkeit geratener Künstler.

Nimmt man diese Fakten, so scheint es zumindest un-
wahrscheinlich, daß all dies - gerade bei Betonung des
stets vorhandenen autobiographischen Aspektes in Frischs
Werk - keine Spuren hinterlassen haben sollte.

Allerdings wird das mittelbar-literarische Engagement
zwangsläufig und selbstverständlich anders aussehen
als das unmittelbar-direkte, persönliche; das Medium des
fiktionalen Schreibens verlangt allemal eigene Strategien,
um in mögliche Handlungsdispositionen übersetzt werden zu
können. Literarische Rezeption vollzieht sich eben in einer anderen als der pragmatischen Kommunikationssituation.
Dies hat der Autor zu reflektieren, will er durch sein
Werk dennoch wenigstens virtuell Einfluß auf die Praxis
nehmen:

> (...) wenn es einem Werk zum Beispiel gelänge, eine
> zwischenmenschliche Situation wieder darzustellen,
> so wie sie sich heute abzeichnet, (...), als Krank-
> heitserscheinung, als Leidensgeschichte, so liegt da-
> rin eine explosive Kritik an dem aktuellen Zustand.
> Der Leser macht das viel eher mit, weil er nicht so-
> fort weiß, daß es Kritik ist. Er kommt erst einmal
> zur Anteilnahme. Das ist eben die Leistung der er-
> zählenden Literatur; sie kann Anteilnahme herstel-
> len und den Leser dahin führen, daß nicht derjenige,
> der spricht, empört ist, sondern der, der mitmacht
> und liest, empört ist über diese Zustände, über die-
> se Unmöglichkeit zu leben. (1)

Dies zeigt Frischs Arbeitsansatz recht deutlich; wenn
im selben Interview, aus dem soeben zitiert wurde, das Di-
daktische - wie vor dem schon so oft - als Hauptanliegen
verneint wird, so liegt das auch in der obigen Argumenta-

---

(1) M.F. in: Rückzug auf die Poesie; loc.cit. s.490f.

tion begründet: Kritik - als verborgene - enthält mehr
Sprengkraft, weil nur sie den Blick auf Verhältnisse
freimachen könne, die in ideologischer Abriegelung als
selbstverständlich und gerechtfertigt gelten. Zudem trifft
nach wie vor für das literarische Engagement jenes Paradox zu, das Theodor W. Adorno umriß:

> Engagement als solches, sei's auch politisch gemeint,
> bleibt politisch vieldeutig, solange es nicht auf
> eine Propaganda sich reduziert, deren willfährige
> Gestalt alles Engagement des Subjekts verhöhnt. (1)

Und Frischs Argumentation wird deckungsgleich mit der
Adornos, wo dieser schreibt:

> Am schwersten fällt wider das Engagement ins Gewicht,
> daß selbst die richtige Absicht verstimmt, wenn man
> sie merkt, und mehr noch, wenn sie eben darum sich
> maskiert. (2)

So ist es denn kaum verwunderlich, wenn Max Frisch für
sich heute keine präzise Standortdefinition literarischen
Engagements für möglich hält. In einem Gespräch über die
Rolle des schweizerischen Schriftstellers in der Gesellschaft bemerkt er:

> Was ist der Effekt des politischen Engagements? Oder
> schlicht gesagt: Bewirkt es etwas, oder bewirkt es
> nichts? Dazu müßte ich, nachdem ich schon lange Zeit
> geschrieben habe, sagen, daß ich schon alle möglichen
> Standpunkte eingenommen habe, ohne heute bei einem
> definitiven angelangt zu sein. (3)

Im Gesprächsverlauf geht Frisch auch hier erneut auf
das - für ihn - negative Beispiel Brecht ein, der bei allem intendierten Wollen heute ohne Gefahr für die bürgerliche Gesellschaft in deren öffentlich subventionierten
Schauspielhäusern aufgeführt werde. Der springende Punkt

---

(1) Theodor W. Adorno, Engagement; in: Noten zur Litera-
    tur III, Frankfurt a.M., 10.-12.Tsd. 1969, s.110.
(2) Ebd. s.124.
(3) M.F. in: Bloch/Hubacher, op.cit. s.18.

bei Frischs Engagementzweifel ist immer wieder der, wie
intendierte gesellschaftliche Veränderung über das Medium Literatur sich tatsächlich verwirklichen ließe; es
geht ihm keinesfalls darum, das unterstellt er auch
Brecht selbstverständlich nicht, die eigene gesellschaftliche Zielvorstellung oder die eigene Weltsicht nur dar-
zubieten. Da seine Überlegungen – trotz aller Vorbehalte – letztlich auf Umsetzbarkeit in Handlung als wesent-
lichstes Kriterium hinauslaufen, muß Frischs Strategie
sich an den gegebenen gesellschaftlichen Bedingungen und
vor allem an dem durch diese geprägten Bewußtseinsstand
orientieren. Sich aber auf den Erfolg einer Schreibstrategie zu verlassen, hieße von vornherein, der Enttäuschung
gewiß zu sein.

> Daß Kunstwerke politisch eingreifen, ist zu bezwei-
> feln; geschieht es einmal, so ist es ihnen meist pe-
> ripher; streben sie danach, so pflegen sie unter ih-
> ren Begriff zu gehen. Ihre wahre gesellschaftliche
> Wirkung ist höchst mittelbar, Teilhabe an dem Geist,
> der zur Veränderung der Gesellschaft in unterirdi-
> schen Prozessen beiträgt und in Kunstwerken sich
> konzentriert. (1)

Das ideologiekritische Engagement.

In diesem Wissen um die beschränkten Wirkungsmöglichkeiten der Literatur muß der Autor versuchen, einem Publikum, das von der Kritikwürdigkeit und notwendigen Veränderung des Bestehenden nicht im gleichen Maß wie er selbst
überzeugt ist, zuerst einmal kritische Ansätze zur Einsicht in die Notwendigkeit der Veränderung zu demonstrieren; allein dadurch würde plane Didaktik, ein Anbieten
von Vorschlägen, die nur in Praxis umzusetzen wären, ver-
messen und absurd:

----

(1) Theodor W. Adorno, Ästhetische Theorie; in: Ges.
    Schriften Bd. VII, Frankfurt a.M. 1970, s.359.

Was ich geschrieben habe, ist zwar, um das Wort einmal zu benutzen, engagiertes Theater, aber es erwartet nicht, daß es eine revolutionäre Wirkung habe.
(1)

Um in Adornos Sinn am unterirdischen Prozeß der Veränderung teilzuhaben, ist ein sozusagen indirektes Engagement verlangt, das ein ideologisch vorgeprägtes Rezipientenbewußtsein aufzubrechen versucht, Widersprüche vor ihrer möglichen Aufhebung zunächst einmal aufweist:

> (...), bin ich der Meinung (...), daß es ein Engage-
> ment auch dann gibt, wenn es nicht direkt politisch,
> wohl aber bewußtseinsverändernd ist, also einen Um-
> weg macht. (...) Dadurch, daß die Literatur die Din-
> ge darstellt, wie sie erlebt werden, verunsichert
> sie die Sprache. Damit wäre ich bei dem, was ich das
> indirekt politische, bewußtseinsbildende Engagement
> der Literatur nenne. Ich selber bin der Meinung,
> (...), daß diese Art Engagement die viel größere Wir-
> kung hat als das direkte, also das Agitprop. (2)

Diesem spezifischen Engagementbegriff soll weiter nachgegangen werden. Bereits 1958, also in der Zeit zwischen
"Biedermann" und "Andorra", führte Frisch in seiner programmatischen Rede "Öffentlichkeit als Partner" die dann
stets wiederholte These aus, eine Verantwortlichkeit des
Autors der Gesellschaft gegenüber erwachse nachträglich,
sei - wenngleich nicht von vornherein vom Autor vorgese-
hen - dann aber unabweisbar (3); dies ist eine Absage an
ein Engagement, das sich an der Oberfläche des Textes
festmacht, an ein konkretes, bestimmbar zielgerichtetes
Engagement, das ein Projekt im gesellschaftlichen Hier
und Jetzt verwirklichen will. Es ist auch die Absage an
das Engagement des "Stiller", in dem die Äußerungen der
architekturkritischen Essays und Pamphlete dem Protagonisten vom Autor in den Mund gelegt werden (4). Mit jener

----

(1) M.F. in: Arnold, Gespräche s.36.
(2) M.F. in: Bloch/Hubacher, op.cit. s.19.
(3) Cf. oben s.57f; IV/244ff.
(4) Cf. oben s.34.

These Frischs wird jedoch dem Engagement nicht insgesamt
aufgekündigt, vielmehr wird dessen Ziel verlagert; die
Veränderung bestimmter gesellschaftlicher Verhältnisse,
konkreter Zustände oder Mißstände, wird nicht mehr direkt, sondern über den weiter ausholenden Umweg der Veränderung des Rezipientenbewußtseins angegangen, damit
die zu verändernden Verhältnisse in der gegenwärtigen
Realität überhaupt erst als veränderbare und zu verändernde erfahren werden können. Frischs Ansatz des literarischen Engagements wird so wesentlich fundamentaler:
es geht fortan um das Aufbrechen ideologischen Bewußtseins als eines, das die Oberfläche der gesellschaftlichen Wirklichkeit ungeprüft als selbstverständlich und
als ganze Wirklichkeit hinnimmt; er fordert nun ein "Engagement an die Wahrhaftigkeit" (IV/243), den Versuch,

> (...), Kunst zu machen, die nicht national und nicht
> international, sondern mehr ist, nämlich ein immer
> wieder zu leistender Bann gegen die Abstraktion, ge-
> gen die Ideologie und ihre tödlichen Fronten, (...).
> (VI/243) (1)

Der Kern der obigen Aussage kehrt in ähnlichen Formulierungen bis in die jüngste Zeit wieder; im Briefwechsel
mit Walter Höllerer liest sich das 1969 beispielsweise
folgendermaßen:

> (...), hingegen habe ich Zweifel an der Wirksamkeit
> eines direkt-politischen Engagements der Literatur.
> Das bedeutet nicht, daß ich als Staatsbürger (über
> die Staatszugehörigkeit hinaus) ohne politisches En-
> gagement bin. Dieses äußert sich in unsrer Publizi-
> stik, und was mehr wäre: in der direkt-politischen
> Aktivität. Und zweitens bedeutet es nicht, daß Lite-
> ratur überhaupt ohne Wirkung auf die Gesellschaft sei.
> Nur ist sie schwierig zu erfassen. Es gibt keine Lite-
> ratur, die nicht engagiert ist. Wenn wir heute von En-
> gagement sprechen, meinen wir allerdings immer das di-
> rekt-politische Engagement: Literatur als Propaganda

---

(1) Es ist nützlich für eine Untersuchung des Ideologie-
   begriffes bei Frisch, auch diese allgemeinste Fassung,
   Ideologie als Abstraktion von konkreter Realität,
   im Gedächtnis zu behalten.

für eine Ideologie. Es ist aber schon ein Engagement, wenn Literatur die gebräuchliche Sprache auf
ihren Wirklichkeitsgehalt hin testet; ein Engagement an die Realität, somit Kritik an der Ideologie.
Wir kommen ohne Ideologie nicht aus, aber sie
braucht immerzu eine Kontrolle. Diese leistet die
Literatur - auch dann, wenn sie nicht mit einem di-
rekt-politischen Engagement auftritt, gerade dann.
(1)

Und ähnlich lautet die These auch im Interview 1974:

Literatur hat von vornherein eine politische Funktion, weil sie immer versucht, die Sprache auf den
Stand der Wirklichkeit zu bringen oder, sagen wir
einmal, sie mit der Wirklichkeit zu konfrontieren.
(2)

Läßt man einmal außer acht, daß durchaus nicht jede Literatur diesen Anspruch hat, so kann man aus diesen Aussagen doch einen Kern herausschälen: Ziel der Literatur ist in Frischs Verständnis, Wirklichkeit zu überprüfen - darin liege ihre emanzipatorische Aufgabe. Das
setzt voraus, daß zwischen die Wirklichkeit und ihren
Schein im Bewußtsein des Subjekts eine wesensmäßige Dif-
ferenz getreten sei. Frischs allgemeinste Fassung von
Ideologie meint ein Abweichen oder Verstellen dessen, was
er als eigentlich wirklich begreift. Das verlangt nun
zweierlei Klärung: des Ideologie- und des Wirklichkeits-
begriffs, denn die vorgestellten Zitate belegen kein
scharfes und einheitliches Konzept beider. Allerdings ist
gerade der Ideologiebegriff auch innerhalb der Sozialwis-
senschaften und allemal zwischen politisch kontrahenten
Standorten seit je umstritten, seine Verwendung vielfältig schillernd. Darum sollen einige Positionen hier kurz
dargestellt werden.

Fast immer haftet Ideologie das Odium der Realitäts-
verzeichnung oder -verkennung an, die falsches Bewußt-

---

(1) M.F. in: Dramaturgisches, loc.cit. s.38f.
(2) M.F. in: Rückzug auf die Poesie, loc.cit. s.490.

sein im Gefolge haben oder hervorrufen wollen; sie bezeichnet eine "Verselbständigung des Geistes gegenüber
der Wirklichkeit" (1). Der wohl fruchtbarste und sicher-
lich folgenreichste Ansatz zur kritischen Erhellung des
Entstehens und der Funktion von Ideologie wurde von
Marx und Engels beigetragen (2). Auch bei ihnen gibt es
keinen einheitlichen Definitionsansatz; Ideologie bedeutet hier allgemein und umfassend den außerökonomischen
Bereich, den "Überbau"; zum anderen meint er die Illusionen, Denkhaltungen und Selbsteinschätzungen gesellschaftlicher Gruppen und Klassen; und zum dritten, das
ist der elementarste Ansatz, sei Ideologie ein falsches
Bewußtsein, das mit der bürgerlich-kapitalistischen Gesellschaft notwendig einhergehe.

Unter der historisch-materialistischen Prämisse, daß
das gesellschaftliche Sein der Menschen ihr Bewußtsein
bestimmt (3), entsteht diese Form der Ideologie dann,

> (...), wenn die Gesellschaft den Individuen anders
> erscheint, als sie in Wahrheit ist, wenn bestimmte
> Oberflächenphänomene ihre innere Organisation ver-
> decken; der ideologische Schein ist ein objektiver
> Schein, weil die Divergenz von Wesen und Erschei-
> nung der Gesellschaft genetisch auf den Widerstreit
> zwischen Produktivkräften und Produktionsverhält-
> nissen zurückverweist. (4)

Dies hat nach der materialistischen Geschichtstheorie
spezifische historische Voraussetzungen; erst wenn fort-
schreitende Arbeitsteilung die Tätigkeiten von Hand und
Kopf geschieden hat, kann diese Form des Widerspruchs
von Anschein und Wirklichkeit menschlicher Praxis auftreten.

----

(1) Herbert Schnädelbach, Was ist Ideologie? In: Kritik
    der bürgerlichen Sozialwissenschaften; Das Argument
    50/1969, s.73.
(2) Karl Marx und Friedrich Engels, Feuerbach - I. Teil
    der "Deutschen Ideologie"; in: Marx-Engels Studien-
    ausgabe, Bd.I; hg. von Iring Fetscher, Frankfurt a.M.
    1966, s.82ff.
(3) Ebd. s.91f.   (4) Herbert Schnädelbach, op.cit. s.83f.

> Von diesem Augenblicke an k a n n sich das Be-
> wußtsein wirklich einbilden, etwas Anderes als
> das Bewußtsein der bestehenden Praxis zu sein,
> w i r k l i c h etwas vorzustellen, ohne etwas
> Wirkliches vorzustellen - (...). (1)

Aber noch ein weiteres muß hinzukommen, damit dieser
notwendige Schein entstehen kann. Die sozialen, kulturellen, juristischen und politischen Organisationsformen -
kurz, das was als Überbau über der ökonomischen Basis
der gesellschaftlichen Entwicklung bezeichnet wird -
entwickeln sich asynchron zu den Produktivkräften; während diese zu möglicher humaner Emanzipation tendieren,
bewirkt die überkommene Verfügungsform über sie, die
Produktionsverhältnisse, Herrschaft mithin, das Gegenteil. Die Gegenüberstellung von Ideologie und Utopie,
wie sie von Max Horkheimer getroffen wird, bezeichnet
eben diese emanzipationssperrende Funktion der Ideologie:

> Bewirkt die Ideologie den Schein, so ist dagegen
> Utopie der Traum von der "wahren" und gerechten
> Lebensordnung. (2)

Ideologie ist ein quasi naturwüchsiges Produkt der
bürgerlich-kapitalistischen Gesellschaft, das nur noch
durch kritische gesellschaftliche Reflexion durchschaubar zu machen ist. Zudem gibt es den Einfluß derer, die
über die Produktionsmittel verfügen, auf das Bewußtsein
jener, die nicht auf den Gedanken verfallen sollen, daß
diese Verfügung eine Form unrechter und überholter Herrschaft darstelle. So verzahnen sich Ideologie als Ausfluß gesellschaftlicher Entfremdung und Verdinglichung
und Ideologie als manipuliertes Derivat jener. Diese
Wechselwirkung wird von Marx und Engels in dem Satz beschrieben, daß die herrschenden Gedanken einer Epoche

----

(1) Marx/Engels, op.cit. s.96.
(2) Max Horkheimer, Anfänge der bürgerlichen Geschichts-
     philosophie; Raubdruck o.O.u.J. s.3.

stets die Gedanken der Herrschenden seien (1). Der
Schein einer gerechten Lebensordnung, den Ideologie
hervorruft, erwies sich als zählebiger, als die theoretischen Prognosen des letzte Jahrhunderts es annahmen.
Mit der Fortexistenz des kapitalistischen Widerspruchs
schien sich dieser durch eine Art geradezu naturgesetz-
licher Selbstverständlichkeit zu legitimieren. Alternative Möglichkeiten fielen immer weiter aus dem Bereich
des auch nur Vorstellbaren; zumindest trifft dieser Befund auf den Mehrteil der noch bürgerlichen Gesellschaften zu. Allerdings entwickelte sich dieser Zustand
auch parallel zu der vor Augen geführten Alternative
eines Kommunismus, der seinerseits viele seiner emanzi-
patorischen Versprechen brach und die Fesseln des Kapitalismus mit anderen, nicht minder üblen vertauschte.
In der Weiterführung des marxistischen Ansatzes stellt
sich dann die Wirkung der Ideologie für die spätbürger-
liche Gesellschaft so dar:

> Nicht mehr der verselbständigte Geist, sondern die
> vollkommene Anpassung des Bewußtseins und seine ob-
> jektive Unfähigkeit, sich Alternativen zum Beste-
> henden auch nur vorzustellen, ist die Ideologie
> der Gegenwart. (2)

Die hier umrissenen Formen und Bedeutungen von Ideologie sind der bürgerlichen Gesellschaft zugeordnet; einmal ist damit der Oberflächenschein gemeint, der die
wirklichen Organisations- und Herrschaftsstrukturen verschleiert; und zum anderen auch der bewußt in Umlauf
gesetzte Schein, der gerade diese Strukturen verschlei-
ern soll.

Nicht wenig zur Begriffsverwirrung trägt auch die
doppelte Bewertung bei, die Ideologie gemeinhin im kom-

----

(1) Marx/Engels, op.cit. s.110.
(2) Herbert Schnädelbach, op.cit. s.91.

munistischen Sprachgebrauch erfährt. Negativen Charakter
hat sie hier als Kritik an der bürgerlichen Gesellschaft,
positiven als Apologie des eigenen Wertsystems und als
Richtschnur der Weltanschauung; dieser letzte Aspekt erhebt vielfach einen hermetisch-absoluten Anspruch, so daß
gerade auch hier Realitätsverleugnung eintritt, wenn es
darum geht, innere Widersprüche, die der Theorie zum Trotz
fortexistieren, zu eskamotieren.

> Wo die Ideologien durch den Ukas der approbierten
> Weltanschauung ersetzt wurden, ist in der Tat die
> Ideologiekritik zu ersetzen durch die Analyse des
> cui bono. (...) Die Kritik der totalitären Ideolo-
> gien hat nicht diese zu widerlegen, denn sie erhe-
> ben den Anspruch von Autonomie und Konsistenz über-
> haupt nicht oder nur ganz schattenhaft. Angezeigt
> ist es ihnen gegenüber vielmehr, zu analysieren,
> auf welche Dispositionen in den Menschen sie spe-
> kulieren, was sie in diesen hervorzurufen trachten,
> und das ist höllenweit verschieden von den offi-
> ziellen Deklamationen. (1)

Frisch setzt sich, diese Behauptung sei hier im Vorgriff aufgestellt, mit jeder der skizzierten Erscheinungsformen von Ideologie auseinander; dabei ist er seinerseits bemüht, weltanschauliche Präfixierungen auf die
Dogmen des Ostens oder des Westens auszuschalten (2).
Seine eigenen politisch-gesellschaftlichen Überzeugungen werden von ihm ständig als persönlicher und so notwendig subjektiv gefärbter Standort gekennzeichnet, aber
dessen ungeachtet bis zum zu erbringenden Beweis des Gegenteils für richtig gehalten. So könnten Frischs ideologiekritische Bemühungen um die Enthüllung der Wirklichkeit - im Sinne Sartres nicht weniger als im marxistischen - ein dialektisches Moment einbringen, das Ideolo-

----

(1) Frankfurter Beiträge zur Soziologie IV, hg. von Th.W.
    Adorno und W.Dirks; Soziologische Exkurse - Ideologie
    (ohne Autorenangabe), Frankfurt a.M. 4.Aufl.1968,
    s.169f.
(2) Cf. IV/236.

gie in ihr Gegenteil aufzulösen vermöchte:

> Die kritische Anwendung des Ideologiebegriffs fin-
> det im Zeichen der Utopie statt. Die strikte Entge-
> gensetzung von Ideologie und Utopie folgt utopi-
> schen Intentionen; sie ist eine der historischen
> Manifestationen utopischen Denkens, die an die Stel-
> le der naiven Entwürfe einer besseren Gesellschaft
> die kritische Analyse der gegenwärtigen setzt. (1)

Es scheint für eine Befragung von Frischs Werk unter
dem Gesichtspunkt der Ideologiekritik hermeneutisch sinnvoll, zuerst einmal den vereinfachenden Generalnenner der
"verstellten Wirklichkeit" in Erinnerung zu rufen; unter
der Hypothese einer sich aus diesen Ansätzen ins konkret-
gegenwärtig Gesellschaftliche entfaltenden Ideologiekritik lassen sich dann auch verschiedene Begriffe der
Frisch-Forschung wie Bildnis, Rolle, Ordnung und wirkliches Leben oder Suche nach Authentizität herauspräparie-
ren, subsumieren und neu bewerten.

Im folgenden Verlauf der Untersuchung geht es also um
die Herausarbeitung der ideologiekritischen Konzepte in
Frischs Werk; es geht um die Frage, in welchen vielfäl-
tigen Erscheinungsformen Ideologie sich nach Auffassung
Frischs vor die tatsächliche menschliche, gesellschaftliche Realität schiebt und so deren kritische Erkenntnis
verhindert.

Ideologie ist ein Phänomen des gesellschaftlichen
Bereichs, Max Frisch ein Schriftsteller, der mit dem eigenen Anspruch und der Forderung nach Zeitgenossenschaft
auf eben diesen Bereich wesentlich abhebt. Es wird also
über den Aufweis allgemein-ideologiekritischer Intentionen hinaus, wie er in den vorgestellten Äußerungen bereits
erkennbar wurde, darum gehen müssen, Kritik an k o n -

---

(1) Arnhelm Neusüß (Hg.), Utopie (Einleitung A.N.); Neu-
wied/Berlin 1968, s.30.

k r e t e n Erscheinungsformen von Ideologie zu belegen (1). Der soziale und historisch-aktuelle Bezug, der
die Mehrzahl von Frischs Arbeiten auszeichnet, legt zuerst einmal arbeitshypothetisch die Annahme nahe, daß
der Autor das selbsterlebte und selbsterfahrene gesellschaftliche Umfeld durchleuchten wird - das hieße also
in erster Linie die Schweiz, aber auch das übrige spät-
bürgerlich-kapitalistische Westeuropa sowie Nordamerika.
Sein erklärter Antidogmatismus legt natürlich ebensosehr
eine kritische Überprüfung von Anspruch und Realität
kommunistischer Gesellschaften als der Antipoden der
westlichen nahe; da Frisch sich aber wie gesagt in seinen
Darstellungen zumeist auf den eigenen Erfahrungsbereich
bezieht, nimmt dieser Aspekt nur einen vergleichsweise
marginalen Rang ein - er tritt vor allem in den Tagebüchern auf, in denen der Autor seine Reiseeindrücke aus
sozialistischen Ländern schildert. Der Anspruch der Ideologiezersetzung, wie er sich in allgemeiner Form etwa in
seiner Bildnistheorie findet oder in der "Andorra"-Para-
bel, zielt dadurch, daß er sich nicht allein gegen einzelne, konkrete Erscheinungen richtet - auch wenn er gerade
in "Andorra" durch solche stimuliert wurde -, auch gegen
Ideologiephänomene außerhalb des Bereichs bürgerlicher
Gesellschaften; dies wird am Beispiel "Andorra" noch ver-

----

(1) Darin unterscheidet sich der vorliegende Ansatz von
    dem einer jüngeren Arbeit, in der der Rückbezug auf
    die je konkret zugrundeliegenden gesellschaftlichen
    Erscheinungen als Anlässe der Ideologiekritik Frischs
    weitgehend vernachlässigt wird; cf. Volker Zehetbauer,
    Darstellung von Wirklichkeit als dramaturgisches Pro-
    blem bei Max Frisch - Der Versuch einer Erhellung mit
    Hilfe der Unterscheidung von griechischem und hebräi-
    schem Denken; Diss. München 1975. Hier heißt es im
    Vorwort, s.I: "Das dramatische Werk von Max Frisch
    geht, so viel Ähnlichkeit es mit Bert Brecht hat, in
    der Radikalität der Ideologiekritik über Brecht hin-
    aus: (...)." Wenig später konstatiert der Verfasser,
    seine Ergebnisse vorwegnehmend: "Theorie und Praxis
    des Theaters von Max Frisch können im Grunde nur von
    Sören Kierkegaard und von einem letztlich auf die
    Schrift zurückgehenden Realismus in Menschenverständ-
    nis und Kunststil her begriffen werden."

deutlicht werden.

Die getroffene Unterscheidung zwischen Ideologie als
einem quasi naturwüchsigen Produkt kapitalistischer Gesellschaften, bedingt vor allem durch Entfremdung und
die Verdinglichung der menschlichen Beziehungen, und
Ideologie als bewußt in Umlauf gesetzte manipulative
Verschleierung der gesellschaftlichen Wirklichkeit zur
Herrschaftsabsicherung, gibt im folgenden eine erste und
noch grobe methodische Leitlinie; damit soll natürlich
nicht behauptet sein, daß in einzelnen Werken Frischs je
nur die eine oder die andere Form von Ideologie abgehan-
delt würde. Auch wo zwei wesentliche Entwicklungslinien
gemäß dieser Unterscheidung bei Frisch gezeigt werden
sollen, kommt es selbstverständlich immer wieder zu Über-
lagerungen und Durchdringungen.

Daß bei der Untersuchung unter solchem Gesichtspunkt
andere interpretatorische Ansätze zu einzelnen Werken
notwendigerweise von Fall zu Fall nur kurz gestreift werden, findet seine Berechtigung darin, daß bereits eine
sehr erhebliche Zahl von Aufsätzen, Einzeluntersuchungen,
Monographien und Gesamtdarstellungen vorliegt.

Mit dem so umrissenen methodischen Ansatz läßt sich zugleich jene Selbstinterpretation Frischs untersuchen und
gegebenenfalls inhaltlich verifizieren, die er in einem
Gespräch als den geschichtlichen und gesellschaftlichen
Rahmen seiner Romane "Stiller" und "Homo faber" absteck-
te und die als stellvertretend für seine schriftstellerischen Intentionen verstanden werden darf:

> Nehmen wir den "Stiller"; der ist zeitlich ziemlich
> bestimmt, örtlich bestimmt: Das ist die Schweiz nach
> dem Krieg, die bürgerliche Schweiz, etwa zur Zeit
> des Kalten Krieges, was ein zentrales Thema wird –
> der Roman spielt also nicht ortlos in einem Irgend-
> wann und Irgendwo; aber selbstverständlich ist die-
> se geschichtliche Situation nicht das zentrale The-
> ma dieses Romans. Beim "Homo faber" ist es auch ge-
> schichtlich und örtlich fixierbar - es ist der ver-

meintliche Technikertyp aus einer Zeit, in der das
Wort "American way of life" ganz positiv und gläu-
big ausgesprochen worden ist; und heute ist der
"American dream" vorbei. (1)

Dieser Hinweis ist in zweierlei Hinsicht interessant;
einmal, weil er nachgerade dazu auffordert, zu überprüfen, unter welchen Aspekten Frisch die angesprochene gesellschaftliche Wirklichkeit jeweils begreift; und zum
anderen, weil er sich gegen die immer wieder laut werden-
de These richtet, sein im eigentlichen Sinne gesellschafts-
kritisches, politisches Werk sei das theatralische.

---

(1) M.F. in: Arnold, Gespräche s.50.

KRITIK AN DER IDEOLOGIE DER BÜRGERLICHEN GESELL-

SCHAFT - KRITIK DER ENTFREMDUNG

Wir wollen nun mit der eigentlichen Untersuchung unter
ideologiekritischen Aspekten in jenen Jahren einsetzen,
deren Arbeiten bislang zumeist als im gesellschaftlichen
Sinn uninteressiert und gegenwartsabgehoben galten (1),
mit "Die Schwierigen oder J'adore ce qui me brûle", "Bin
oder Die Reise nach Peking" und der Romanze "Santa Cruz"
der Jahre 1943 und 1944.

Die Welt der "Schwierigen" - Schwierigkeiten mit der Welt.

Der Roman "Die Schwierigen oder J'adore ce qui me brûle"
nahm 1943 als seinen ersten Teil Auszüge des Jugendromans
"Jürg Reinhart" von 1934 auf; bei der Umarbeitung wurde
dieser Teil dann 1957 gestrichen. Der etwas archaisierende Doppeltitel gibt den Schlüssel zum Verständnis des Romans bereits an die Hand. Mit dem Helden Jürg Reinhart,
der im Vergleich zur Tradition des Entwicklungsromans ein
rechter Anti-Held ist, sind eigentlich alle Protagonisten
Schwierige, Unangepasste, im Konflikt mit sich selbst und
den gesellschaftlichen Forderungen Befindliche; hier
schon wird das Paradigma für die Befindlichkeit vieler
Figuren im Werk Max Frischs vorgezeichnet.

Das französische Wappenmotto "J'adore ce qui me brûle"
nennt das Spannungsfeld, in dem die Hauptfiguren des Romans stehen: die wechselseitige Anziehung und Irritation
durch verschiedene gesellschaftliche Sphären und der jeweils durch sie geprägten Lebensführung und Wertvorstel-

----

(1) Cf. oben die Ausführungen Heissenbüttels und Durzaks,
    s.4ff.

lungen. Zu fragen wäre also nach Art und Ursache der
Schwierigkeiten, in die die Protagonisten geraten.

Rufen wir noch einmal eine Aussage Frischs über "Die
Schwierigen" in Erinnerung, in der er die ursprüngliche
Intention des Romans beschreibt:

> Der Roman (...) ist noch der Versuch, die bürgerli-
> che Welt zu lobpreisen, sie ernst zu nehmen, sie zu
> bejahen; der Versuch, diese Welt affirmativ darzu-
> stellen. (1)

Ein Versuch, der, wie Frisch feststellt und wie der
Roman selbst belegt, scheitert; wie aber kommt es zum
Scheitern der Einordnung in eine bürgerliche Gesellschaft
und warum? Zunächst will es scheinen, als liege es am
Versagen, an der Unangepaßtheit der Protagonisten; schon
die Selbstmorde Hinckelmanns und Jürg Reinharts legen
diesen Schluß nahe; aber die ganze Atmosphäre des Erzäh-
lens ist von einer entscheidenden Melancholie durchzogen,
die sich immer wieder in Bildern herbstlicher Vergängnis
artikuliert, ohne sich jedoch im Trost ewig-natürlicher
Ordnung auflösen zu können. Kaum einer der Romanfiguren
gelingt eine vollgültige, befriedigende Lösung ihrer Le-
bensentwürfe und -probleme; ihnen bleiben allenfalls Kompromisse, Verzichte, die einen Bodensatz ungestillter
Sehnsucht hinterlassen - einer Sehnsucht, die in langwie-
riger Anpassung verdrängt werden muß. Am Ende befinden
sie sich weit entfernt von dem, was sie einst an Lebensentwürfen besassen.

Nicht nur Jürg Reinhart selbst empfindet sein Leben
nicht als das eigentliche; immer steht dem die Hoffnung,
eine - wie auch immer vage - Alternative eines wirklicheren Lebens gegenüber. In seiner Untersuchung über Frischs
Frühwerk stellt Max Gassmann fest, die meisten der schwie-

----

(1) M.F. in: Arnold, Gespräche s.18; cf. oben s.32.

rigen Helden Frischs

> (...) haben die menschliche Mitte verloren. Der zwi-
> schenmenschliche Bezug ist gelockert. Damit verliert
> die Wirklichkeit ihre Konsistenz. Mit dem Verlust
> der Dialektik von Ich-und-Du löst sich auch die Ge-
> genständlichkeit der Welt auf. Sie verflüchtigt sich
> zu einem Spuk. (...) Das Ich zerfällt, mit Zielstre-
> bigkeit und Dauerhaftigkeit geht auch die Identität
> verloren. (1)

Als Befund ist dies richtig und trifft durchaus auch
den Roman von 1943; es erklärt allerdings nicht, woraus
dieser Identitätsverlust resultiert. Vielmehr wird hier
wiederum nahegelegt, daß es ich nur um ein je individuel-
les, persönliches Scheitern handele - dem ist aber nicht
ganz so.

Der erste, dessen Leben in diesem Buch scheitert, ist
kein eigentlich Schwieriger. Für den Archäologen Hinckelmann scheint alles in klaren Bahnen vorgezeichnet: sein
Beruf, seine Karierre, seine damit verbundene gesellschaftliche Anerkennung, seine Ehe schließlich. Sein Leben erscheint ihm fraglos und selbstverständlich; er kennt die
Sehnsucht Jürg Reinharts nach einem wirklicheren Leben,
vor dem das seine als täuschende Fassade sich offenbaren
müßte, nicht. In Hinckelmanns Erzählungen von seiner Arbeit kommen keine Menschen vor, nicht einmal von Tieren
oder Bäumen redet er; das Natürliche, Kreative bleibt ihm
das völlig Fremde - seine Gedanken bewegen sich um die
klassischen Maßverhältnisse der Antike, zu Stein geronnen:
ein Homo faber als Altertumswissenschaftler.

Dieser Mann zerbricht, als die Fassade seiner erstarrten, aber geordneten Welt einstürzt. Daß in solcher Ordnung alle Maßstäbe nur übernommene, konventionelle sind,
die nicht von innen heraus erfüllt sind, erkennt zuerst
Yvonne, seine Frau. In diesem scheinhaften Lebensgefüge

----

(1) Max Gassmann, op.cit. s. 121f.

wurde ihr von Hinckelmann die Rolle der Mutter zugewie-
sen - der Mutter des eigenen Gatten. Sie trennt sich von
ihm, als sie ein Kind erwartet: "Siehst du", sagte sie
beiläufig, "man bekommt kein Kind von seinem Sohn." (I/
402).

Für Hinckelmann, dem nichts mißlang, was seine Konven-
tionalität ihm vorzeichnete, tut sich der Abgrund eines
nie Gekannten auf. Nicht so sehr der Verlust Yvonnes, als
eher die jäh geahnte Brüchigkeit seiner Existenz treiben
ihn zum Selbstmord; er, der sein Leben nie als uneigent-
liches erkannte, kann nun keine Alternative mehr entwik-
keln.

Jahre später begegnen sich Yvonne und Jürg in Zürich,
ein Verhältnis entspinnt sich zwischen ihnen. Wie Yvonne
es ihm bei ihrer ersten Begegnung in Griechenland vorher-
sagte, ist Jürg inzwischen Maler geworden; kein überragen-
der, auch kein schlechter, mit einem Erfolg, der ihn leben läßt. Aber er wird, wie später Anatol Ludwig Stiller,
dieses Künstlertum als nur halbes aufgeben. Yvonne lebt
zunächst von ihrer allmählich sich verzehrenden Erbschaft
ein nach außen scheinbar gesichertes und unabhängiges Leben. Als ihre Mittel zur Neige gehen, nimmt sie eine Stellung bei Hauswirt an, einem Fabrikanten mit achthundert
Arbeitern, wie es heißt. Sie hat ein inzwischen anderes
Bedürfnis nach einer geborgenen, gesicherten Existenz, ge-
sichert auch im Materiellen, als Jürg Reinhart, der sich
in einer vorab unbekümmert bohèmehaften Antibürgerlichkeit
durchschlägt. Er strebt nach einer existentiellen Unbe-
dingtheit, die ihre Grenzen aber in bürgerlichen Konven-
tionen vorgezeichnet findet, die ihm - anders als Hinckelmann - stets verdächtig, trügerisch, unwirklich vorkommen:

> Man weiß eigentlich nur, daß es so nicht weitergeht
> ... diese erbärmliche Einsicht, die nichts ändert!
> Man weiß, daß es noch ganz anderes geben muß auf die-

ser Erde, ganz anderes als nur das Schöne. Das
heißt, man weiß es eben nicht! (I/434)
Es gibt kein Zurück! kein Vergessen hinter erloge-
nen Tröstungen!
Alles, was man so Erziehung nennt, ist eine Schule
der Verheimlichung, Angst ist unser Erbe, Angst, geboren aus der Verheimlichung alles Wirklichen, alles
Ungemütlichen, alles Ungeheuren, das da ist! (I/435)

Hier klingt der Wunsch nach individueller Erfüllung
der Existenz an, aber die Versagung solcher Existenz soll
im Roman noch gesellschaftlich hergeleitet werden. Jedenfalls bietet auch das Schöne weder Trost noch Ausflucht
aus einem schalen Dasein, das sinnlos vergeudet wird angesichts der unabweisbaren Tatsache, daß jedes Leben nur
kurz währt, um in Vergängnis, Dunkelheit, Nichts zurück-
zufallen.

Yvonne beschäftigt anderes; ihr, die sich ein Kind von
Jürg wünscht, kann der Maler nicht die sichere Geborgen-
heit bieten, derer sie bedarf. Sie fragt nicht nach unbe-
dingter Existenz, sondern nach einer möglichen. War ihre
Ehe mit Hinckelmann das eine Extrem, so ist ihre Beziehung zu Jürg das entgegengesetzte - j'adore ce qui me
brûle. Für sie wird es unerträglich, daß Jürg sie und
sich selbst aushalten läßt vom Geld eines anderen, von
Hauswirt, dem Mann, der fest und erfolgreich in seiner
Arbeit steht, oder genauer, über der seiner achthundert
Arbeiter. Hauswirt, der durchaus nicht unsympathisch ge-
zeichnet wird, ist das Gegenbild zu Jürg Reinhart:

(...) kaufmännisch, tätig, unschwärmerisch, erfolgreich durch das Fraglose seines ganzen Wollens, ein
Mensch, der nicht anders als in Taten und Unterneh-
mungen dachte, männlich auf eine augenfällige Weise.
(I/472)

An ihn, der Yvonne als erster nach ihrer Miete fragte,
weil es ihm selbstverständlich ist, daß alles seinen
Preis habe, wird Jürg die Freundin verlieren. Dem Maler

bedeutet Geld nicht viel; es stört ihn auch kaum, daß er
mit einem Bild, wie es sich vielleicht zweimal im Jahr
verkaufen läßt, allenfalls soviel verdient, wie Hauswirt
beim Kaffee im Gespräch mit Kunden; ja nicht einmal das
braucht es, denn "irgendwo gibt es das Mysterium der Zin-
sen" (I/462). Der Gedanke daran, daß sich mit Geld Zunei-
gung einhandeln ließe, irritiert Jürg nicht - zu weit
fällt er aus dem Bereich eigenen Denkens und Handelns.

Yvonne heiratet Hauswirt, als sie ein Kind von Jürg erwartet; es wird eine gute, eine konventionelle Ehe, man
gewöhnt sich aneinander. Ursprüngliche Lebenshoffnung
verblaßt im Kompromiß - für Yvonne eine äußerst subtile
Art von Prostitution:

> Man wohnt zusammen, man verträgt sich, (...). Es
> gibt reizende Abende. Er liest. Man zerstört sich
> nicht, das ist der Grund worauf man geht, man ist
> nicht verliebt, man ist sich gewogen, man verträgt
> den Geruch des andern, und das ist viel. Ohne die
> schwärmerische Anmaßung, man müsse verstanden sein
> und das andere verstehen, öffnet sich ein Gefilde
> voll schöner Erträglichkeit. (...)
> Sie ist möglich (die Ehe, M.Sch.), sobald man nicht
> Unmögliches von ihr fordert, sobald man über den
> Wahn hinauswächst, man könne sich verstehen, müsse
> sich verstehen. (...) Sobald man ein Gefühl davon
> gewinnt, daß die Ehe einfach ein Dienst ist, ein
> Verfahren fürs tägliche Leben. Einfach zwar nicht,
> oh, gar nicht! Wehmut muß fallen, und man darf kei-
> ne Brücken bauen über das Schmerzliche, die Trug
> sind. Es geht auch ohne das; nur ohne das geht es.
> (I/551)

Dies ist ein Kompromiß, aus Verzicht geboren; aber er
trägt, er läßt nicht in Abgründe stürzen, er ist ein Aushalten durch Gewöhnung und Verdrängung.

Bald nach Yvonnes Bruch mit ihm gibt Jürg die Malerei
auf; wie wenige Jahre zuvor Max Frisch selbst seine Ma-
nuskripte verbrannte (1), schnürt er alles zusammen und

----

(1) Cf. oben s.3.

wirft es ins Feuer:

> Etwas stimmt in meinem Leben nicht ... Da hilft
> auch keine Begabung darüber hinweg, kein Fleiß,
> kein Krampf. Am Ende steckt doch in allem, was
> wir tun, unser eigenes Gesicht. Es ist entsetzlich.
> Ich gefiel mir darin, begabt zu sein; ein ganzes
> Jahrzehnt habe ich so verplempert! Begabung ist
> selbstverständlich, an sich noch keinerlei Sieg,
> Kunst ist eine Sache des ganzen Menschen, und das
> bin ich noch nie gewesen ... (I/531)

Hier zeichnet sich bereits ab, welche Problemlösung
dem Protagonisten Jürg Reinhart beschieden sein wird; die
Schuld für sein Scheitern wird nicht etwa außen gesucht,
sondern - obgleich er gerade unter dem unversöhnlichem
Zwiespalt von eigener Lebensvorstellung und gesellschaftlichen Forderungen leidet - nach innen genommen.

Noch vor kurzem verteidigte er seine Kunst gegen den
vermeintlichen Dünkel des Bürgers - er unterstellt diese
Gedanken Amman, einem jungen Leutnant, der sich von ihm
porträtieren läßt -, einem Dünkel, der Kunst allenfalls
als Schnörkel, als Verzierung des geschäftig-tätigen Lebens gelten läßt, als im Zweifelsfall entbehrliche Spie-
lerei; Kunst sei nicht gültiges Abbild oder interpretie-
rende Erhellung des Lebens, sondern allenfalls brauchbar
als Ausweis bürgerlichen Wohlstands. Diese Auffassung
schlägt notwendigerweise auch auf die gesellschaftliche
Achtung des Künstlers durch:

> Unser Verhältnis zu ihm: Achtung für das Talent, so
> es wirklich vorhanden ist, Distanz von seiner Per-
> son auf jeden Fall, ein bißchen Neid um seine zigeu-
> nerhaften Freiheiten, ein bißchen Verachtung, ein
> bißchen Gönnertum und Herablassung, ein bißchen Un-
> behagen ringsum, man duldet ihn durchaus als eine
> Schrulle der Natur, ein großes Kind, eine Art Hof-
> narr für den bürgerlichen Feierabend ... (I/451)

Wenige Jahre später, 1946, schreibt Frisch im "Tagebuch" über die Rolle des Künstlers in der Gesellschaft:

> Ziel ist eine Gesellschaft, die den Geist nicht zum

Außenseiter macht, nicht zum Märtyrer und nicht zum
Hofnarren, und nur darum müssen wir Außenseiter unsrer Gesellschaft sein, insofern es keine ist - (II/
397)

Der Bruch Yvonnes mit Jürg bedeutet für ihn weit mehr
als nur die Beendigung eines Verhältnisses, es ist der
Anlaß zum Wechsel ins andere Lager - von der Antibürgerlichkeit zum Bürgerlichen. Das verursacht ihm eine blei-
bende Verunsicherung; Jürg beginnt nun, an seinen bisherigen Wertvorstellungen zu zweifeln, um sie letztlich zu
verwerfen. Er begreift bei all dem nicht, daß in einer
Gesellschaftsordnung, in der alles zur Ware gerinnt, die
Position des Künstlers zwangsläufig die eines Außenseiters sein muß; nicht, weil seine Kunst nicht auch zur Ware würde - auch sie, obwohl als Gebrauchswert konzipiert,
muß sich als Tauschwert realisieren -, sondern weil sie
weitgehend außerhalb der Zweck-Mittelrelation üblicher
Verwertung bleibt. Er, der bisher nicht in entfremdeter
Arbeitsteiligkeit geschaffen hat, dem Arbeit und Leben
noch eine Einheit bilden konnten - und das ist wohl einzig nur noch dem Künstler möglich -, beginnt nun die
Normen bürgerlichen Arbeits- und Leistungsdenkens zu ver-
innerlichen. Er zieht Konsequenzen: der Künstler wird An-
gestellter in einem Büro. Die Arbeit wird ihm so zu einem
Äußerlichen, Fremden; im Rückblick auf seine frühere Tä-
tigkeit stellt er fest:

> Ich habe noch nie in meinem Leben wirklich gearbei-
> tet. Ich habe mehr getan als viele, die ihre acht
> Stunden haben und einen Dünkel, dem nichts ent-
> spricht. Aber ich habe stets nur getan, was mir ge-
> fiel, was mich lockte. Das ist es! In allen Dingen
> meines Lebens. Eines Tages begreift man: Ich habe
> mein Leben genossen, aber nicht gelebt. (I/497)

Hier leuchtet der gesellschaftliche Widerspruch auf,
ohne daß er begriffen würde; denn Leben heißt nun nicht
mehr die individuell-utopische Hoffnung auf unbedingte
und sinnerfüllte Entfaltung, sondern das, was gemeinhin

als Leben gilt, das der meisten, des Alltags, der norma-
len Durchschnittlichkeit. Der Versuch der Einordnung in
das bürgerliche Tätigsein aber muß fehlschlagen, weil die
Eigenerfahrung eines nichtentfremdeten Lebens - auch noch
dort, wo es als Außenseitertum empfunden wurde - den
Blick freimacht für die Scheinhaftigkeit einer Ordnung,
in der jeder Arbeit die individuelle Sinnerfüllung weitgehend verweigert bleibt; das Sichabfinden mit der Faktizität verdinglichter Beziehungen und entfremdeter Tätig-
keit stiftet allein noch keinen Sinn und keinen Trost.
Ernst Fischer sieht darin die zentrale Thematik spätbürgerlicher Literatur:

> Für ein Zentralproblem der Literatur in der nieder-
> gehenden kapitalistischen Welt halte ich ich das Phä-
> nomen, das der deutsche Romantiker Ludwig Tieck den
> "Verlust der Wirklichkeit" genannt hat. Dieser "Ver-
> lust der Wirklichkeit" ergibt sich aus der Entfrem-
> dung des Menschen vom Produkt seiner Arbeit und von
> sich selbst im Arbeitsprozeß, aus dem Hinauswachsen
> des Produkts über den Produzenten, aus der Verdunke-
> lung menschlicher Beziehungen durch Sachzusammenhän-
> ge. Die Wirklichkeit als Fülle der Wechselwirkung
> des Menschen mit seiner Umwelt, als erlebtes und be-
> griffenes Sein, als unzerstückelte Gesamtheit, zer-
> bricht in eine "Außenwelt", in der dem Menschen sein
> eigenes Werk als etwas Fremdes, Starres, "Entäußer-
> tes" entgegentritt, und eine "Innerlichkeit", die
> sich mehr und mehr als auf sich selbst zurückgewor-
> fen empfindet. (1)

Fast zwangsläufig also schlägt Jürg Reinharts Versuch
der Einordnung fehl; seine präzise Beobachtung des all-
täglich Gewohnten, Üblichen dekuvriert dies aber als ideologische Verschleierung - die Verhältnisse offenbaren
sich als lebensfeindlich, als solche, die das Verhalten
der Menschen in ihrer Abhängigkeit deformieren:

> Morgen bei Lampenlicht, (...); Schlag acht Uhr kamen

---

(1) Ernst Fischer, Entfremdung, Dekadenz, Realismus; in:
Sinn und Form 5/6 1962, s.823f.

sie jedesmal aus dem Lift, hängten ihre Mäntel an
den Haken, knisterten einen Imbiß aus der Tasche
und setzten sich wieder an ihre Arbeit, an ihre
Reißbretter oder Schreibmaschinen, gehorsam, gewis-
senhaft wie ein Milchwagenroß, das seine tägliche
Strecke kennt, noch wenn man ihm den Kopf abschla-
gen würde! Einer rupft jedesmal den Kalender ab.
"Freitag!" sagte er. "In einer Woche gibt es Zahl-
tag." Es ist das Dasein der meisten: ein Dasein von
Sklaven, die sich freuen, daß schon wieder ein Monat ihres Lebens vorüber ist. Man könnte sie grau-
samerweise fragen, wozu sie denn leben? Sie tun es
aus purer Angst vor dem Sterben, nichts weiter. Sommer mit zitternder Bläue, Wind in den Gräsern, Wäl-
der in rauschendem Regen: all das verkaufen sie, um
leben zu können. Was bleibt ihnen anderes übrig?
Was jeder kann: seine Freiheit verpfänden. (...)
Und eben darum sitzen sie an diesen Tischen, bücken
sich über eine Schreibmaschine oder einen Rechen-
schieber, während draußen ihr eigenes Leben ver-
geht. Das ist die große Galeere. Sie sehen, daß alle es müssen, fast alle; sie tragen es fast ohne
Anflug von Verzweiflung. Ein anderes Dasein ist ihnen nicht möglich; so muß es wohl das wahre sein.
Sie können sich ein anderes schon nicht mehr denken - (Um nicht wahnsinnig zu werden.) (I/494)

Wirklicher Eifer zur Arbeit, Leidenschaft, wie ihr
der Maler mit dem schlechten Gewissen anfänglich
verfallen war, wurde hier durchaus nicht verlangt,
nicht einmal erwartet, galt eher als Heuchelei und
gefährdete eigentlich bloß die Kameradschaft zu den
andern. (I/495)

Wir haben diese Passage nicht nur deshalb zitiert,
weil wir sie für wesentlich für das Verständnis des Romans und darüberhinaus, wie sich zeigen soll, für weitere Werke Frischs halten, sondern weil an ihr die spezifische artistische Technik des Autors deutlich wird. Wie
schon mehrfach angesprochen, gibt Frisch keine verallge-
meinernden Abstraktionen, die zur Thesenhaftigkeit erstarrten, sondern gerade alltägliche Erfahrungen, die
erhellend wirken durch die Präzision ihrer Beobachtung;
er bewegt sich im Bereich des individuell und subjektiv
Erfahrbaren und Erfahrenen - dies ist aber keine bloße
Verdoppelung der Wirklichkeit. Wenn weiter oben Schnädel-

bachs Definition heutiger Ideologie als der Unmöglichkeit,
sich anderes als das Bestehende auch nur vorstellen zu
können, zitiert wurde (1), so hat Frischs Darstellung die
Chance, den ideologischen Schleier, der über den kapitalistischen Arbeits- und Lebensbedingungen liegt, zu zerreißen, indem er sie in ihrer Absurdität genau aufzeichnet.

Ein Vergleich mit einem Abschnitt aus "Lohnarbeit und
Kapital" von Karl Marx, der dasselbe Phänomen thematisiert
wie der oben zitierte Passus aus den "Schwierigen", verdeutlicht zugleich Frischs Unterscheidung von schriftstellerischer und anderer intellektueller Arbeit.

> (...) was den Dichter von den Intellektuellen unter-
> scheidet, ist nicht Mangel an Intellektualität, son-
> dern die Bildkraft seiner Intellektualität. (2)

Bildhaftigkeit und Konkretheit sind also entscheidende
Kriterien schriftstellerischer Arbeit; diese Charakteri-
stika erlauben Frisch quasi marxistische Einsichten in die
Struktur des dargestellten gesellschaftlichen Zusammenhangs, ohne daß er sich für die "Schwierigen" bereits
selbst als von marxistischem Denken beeinflußt empfunden
haben dürfte. So gelingt es ihm, Entfremdung in der Ange-
stelltentätigkeit, die er als Architekt in einem Baubüro
selbst kannte (3), ebenso scharf zu erfassen, wie Marx

----

(1) Cf. oben s.103.

(2) M.F., Vom Umgang mit dem Einfall; in: Süddeutsche Zeitung vom 23.10.1971.

(3) Völker-Hezel machte als erster darauf aufmerksam, daß
Frisch, aus eigener Erfahrung heraus, Deformation
durch Arbeitsbedingungen nicht am Beispiel des Fließ-
bandakkords darstellt, sondern an der Bürotätigkeit.
Er stellt weiter fest, Frisch gebe eine "(...) Demonstration gesellschaftlicher Prozesse am Beispiel individueller Fälle, in denen sich meist auf bedrückend
ausweglose Weise die Verkettung von sozialen Mechanismen mit privaten Schicksalen zeigt." B. Völker-Hezel,
Fron und Erfüllung - Zum Problem der Arbeit bei Max
Frisch; in: Revue des langues vivantes, 37/1971, s.7.
Das obige Urteil trifft in hohem Maß gerade für Jürg
Reinhart und die "Schwierigen" zu.

dies theoretisch-abstrakt und verallgemeinernd tat:

> Die Betätigung der Arbeitskraft, die Arbeit, ist
> aber die eigne Lebenstätigkeit des Arbeiters, seine
> eigne Lebensäußerung. Und diese L e b e n s t ä -
> t i g k e i t verkauft er an einen Dritten, um sich
> die nötigen L e b e n s m i t t e l zu sichern.
> Seine Lebenstätigkeit ist für ihn also nur ein Mit-
> tel, um existieren zu können. Er arbeitet, um zu le-
> ben. Er rechnet die Arbeit nicht selbst in sein Le-
> ben ein, sie ist vielmehr ein Opfer seines Lebens.
> Sie ist eine Ware, die er an einen Dritten zugeschla-
> gen hat. Das Produkt seiner Tätigkeit ist daher auch
> nicht der Zweck seiner Tätigkeit. (...) Umgekehrt.
> Das Leben fängt da für ihn an, wo diese Tätigkeit
> aufhört, am Tisch, auf der Wirtshausbank, im Bett.
> (1)

Doch zurück zur Handlung des Romans. Gegenläufig zur
Beziehung Jürg - Yvonne entwickelt sich nun mit seinem
Versuch einer bürgerlichen Existenz in geregelter, aber
abhängiger Arbeit ein Verhältnis zu Hortense. Diese, Tochter aus großbürgerlicher Familie - wie Frischs erste Ehe-
frau -, war fasziniert von Jürgs ungebundenem, selbständi-
gem Leben, das so weit entfernt schien von dem, was ihr
Elternhaus ihr vorzeichnete - j'adore ce qui me brûle. Es
ist übrigens ihr Vater, Oberst und Gutsbesitzer, der sich
dieses Motto erkoren hat, mehr zur Warnung als zur Befol-
gung allerdings. Für Hortense bedeutet es eine große Enttäuschung, zu sehen, wie sehr Jürg sich in Richtung der
Maßstäbe zu verändern sucht, aus denen auszubrechen sie
sich gerade tastend bemüht. Ihr Vater ist gegen eine Verbindung zwischen den beiden, was sie anfänglich nur in
ihren Absichten bestärkt; es ist nicht allein der soziale Unterschied, der ihren Vater vor der Beziehung zu Jürg
warnen läßt, denn der Oberst wird als Vertreter der Ober-
schicht durchaus sympathisch, patriarchalisch-human ge-
schildert. Es ist vielmehr die Tatsache, daß Jürg das il-

---

(1) Karl Marx, Lohnarbeit und Kapital; Berlin/DDR, 16.Auf-
    lage 1973, s.25f.

legitime Kind einer ehemaligen Gouvernante der Familie
mit einem Metzgerburschen ist.

Auch diese Beziehung wird also scheitern: aus Horten-
ses Enttäuschung über Jürgs Wandlung, am hinhaltenden
Widerstand ihrer Familie, an Jürgs völliger Verstörung
über seine ihm plötzlich offenbarte Herkunft.

Dabei darf aber nicht gänzlich unterschlagen werden,
daß für die allmähliche Lösung des Verhältnisses zwischen
Jürg und Hortense noch ein anderes Moment ausschlaggebend
ist. Für Jürg soll die Bewährung in einem Beruf wie in
der dauerhaften Bindung einer Partnerschaft den Beweis
eigener Reife darstellen, ein Erwachsenwerden, das bewußt
die jugendlichen Illusionen der Ungebundenheit aufgibt -
hierin findet sich noch ein Rudiment des herkömmlichen
Entwicklungsromans, Kellers "Grünem Heinrich" etwa.

Mehr aus Ratlosigkeit denn aus Überzeugung macht Jürg
Hortense einen Heiratsantrag; aber im selben Augenblick
fühlt er, daß damit das Leben für ihn alles "Unabsehbare"
verlöre (I/516). Sehnsucht, Hoffnung, das Unerwartbare
jedes neuen Tages verflüchtigt sich ins Absehbare des
Alltags: "Eines von uns beiden, fiel ihm ein, wird das andere begraben ..." durchfährt es ihn (I/516). Dennoch
versucht er seinem gegenwärtigen Leben einen Sinn zu geben durch diese selbstauferlegte Bewährung - wobei zugleich klar wird, daß seine Handlungsweise keinem gefühls-
mäßig unbedingten Wollen entspricht. Hier überlagert die
subjektiv-existentielle Problemstellung die gesellschaftliche entscheidend; nur ganz im Hintergrund spielt der
Gedanke eine Rolle, daß es Zwänge eines konventionellen,
gesellschaftlich vorgezeichneten Lebens sind, die Jürgs
Selbstentfaltung vereiteln. Bindung und Ungebundenheit,
das eine als Aufgabe, das andere als ununterdrückbare
Sehnsucht, lassen sich nicht vermitteln, weil sie eine
falsche Alternative sind, weil hier der Widerspruch zwi-

schen Erfüllung und Beschränkung nicht gesellschaftlich
gesehen und als Konflikt ausgetragen wird, sondern sich
ins Innere des Subjekts und so gegen es selbst wendet.

Hortense wird Amman heiraten, jenen jungen Leutnant,
den Jürg einst porträtierte und der inzwischen Architekt
geworden ist - man mag in all dem immerhin einige Bezüge
zur Biographie des Autors entdecken. Auch diese Heirat
ist ein Kompromiß gegen ursprüngliche Hoffnungen; aber
anders als bei Yvonnes Ehe mit Hauswirt erweist sich dieser als glücklicher.

Auch Jürgs zweiter Lebensentwurf und -versuch ist somit gescheitert; eine Problemlösung im Sinne des Entwicklungsromans findet nicht mehr statt. Jürg gibt seine Arbeit auf, an die frühere Malerei ist längst nicht mehr zu
denken; seine Desintegration schreitet voran - ohne Halt
verödet er innerlich und sinkt sozial ab. Nach der Intention des Autors, der eine affirmative Darstellung bürgerlicher Lebensordnung vorhatte, ist eine Lösung jetzt nur
noch möglich, indem die Schuld für dieses Scheitern radi-
kal aus dem Subjekt selbst, seiner Persönlichkeit hergeleitet wird.

Jürg begibt sich auf die Suche nach seinem wirklichen
Vater und mietet sich unerkannt in dessen Haushalt ein;
Milieu und Familienverhältnisse widern ihn an. Er versucht
erfolglos, seinen Vater zu erschießen, weil er Schuld und
Verantwortung für sein verfehltes Leben seiner Abkunft zu-
schreibt und auf den Vater projiziert.

Sein Außenseitertum als Künstler schien ihm keine verantwortliche Form der Lebensführung, die bürgerliche Existenz durchschaut er als nur trügerische Fassade einer
möglichen, wahrhaft menschlichen Existenz; nun ist er ab-
gestoßen und enttäuscht auch von der sozialen Unterschicht;
auch hier gibt es kein Aufbegehren, nur ein dumpfes Sichabfinden oder das Bemühen um Aufstieg ins Kleinbürgertum:

die Misere perpetuiert sich.

> In jener Zeit fing Reinhart an, sich zu schämen.
> (...) Er schämte sich seines Übermutes von früher.
> Das Dasein der allermeisten, er hatte das nicht ge-
> wußt, es war durchaus nicht entsetzlich, nur un-
> fruchtbar. Es erbarmte ihn. Es war nicht Leid, nicht
> Not, wie er früher befürchtet hatte; es war nur die
> Leere, und das war schlimmer, es war ein Dasein von
> Teppichklopfern. Sie wissen nicht einmal, was Leben
> sein könnte; sie sehnen sich nicht einmal nach ei-
> nem andern. (...) Er hatte gedacht: Und irgendwo
> gibt es die Provinz der Armut, die Insel der Hablo-
> sen, die Würde der Sehnsucht, die Größe der reinen
> Empörung ... (I/578) (1)

Nach dem Mordversuch an seinem Vater wird Jürg Reinhart, der, weil er quasi symbolisch seinen Vater töten
wollte, kein rational nachvollziehbares Motiv angeben
kann, in eine Heilanstalt eingewiesen. Hier vollzieht er
die völlige Zurücknahme seiner selbst; er gibt jede Hoffnung auf einen Lebensentwurf auf, indem er Diener wird,
Gärtner. Das wirkliche Leben, das ihm nach seiner Anstalts-
entlassung bleibt, ist das einer Existenzfristung, freiwilliger Bescheidung, Selbstentäußerung - die so freiwil-
lig natürlich nicht ist als Konsequenz bisheriger Le-
benserfahrungen und Enttäuschungen. Jürg wird zu Anton,
dem Diener; er wird kein Entsagender in Goethes Sinn, kein
Josef Knecht, der in Hesses "Glasperlenspiel" sich hinter
den demütig-bescheidenen Dienst am humanen Geist zurück-
nimmt und gerade dadurch auch zur eigenen Individuation
gelangt; Anton dient nichts und niemandem, schon gar nicht
der Bildung der eigenen Persönlichkeit. Diese Problemlösung ist für Frisch nicht mehr möglich; ein höherer Sinn,
in dessen Dienst die Selbstzurücknahme vollzogen würde,
existiert hier nicht.

----

(1) Es sei hier ganz am Rande auf eine Parallele zu Bert
    Brechts poetischem Vermächtnis "An die Nachgeborenen"
    verwiesen: "(...), verzweifelt, wenn da nur Unrecht
    war und keine Empörung." B.B., Ausgew.Ged., op.cit.
    s.58.

Am ehesten könnte Jürgs Dienertum psychoanalytisch
als Selbstbestrafung gedeutet werden; er scheitert an
den Ansprüchen und Normen einer Gesellschaft, die die
schweizerische der Dreißiger Jahre repräsentiert. Diese
Normen werden von ihm nicht durchschaut, jedenfalls
nicht in ihrer gesellschaftlichen Abhängigkeit, sondern
stehen als verdinglichte drohend über ihm. Er nimmt sie
jedoch, das bewiesen seine Anläufe zur Einordnung in Beruf und Ehe, als unbedingte und gültige und verinner-
licht sie zu einer Art Über-Ich, an dessen sanktions-
mächtiger Kraft er in seinem Scheitern seelisch zerbricht.

Das kritische Potential, das selbst in solch äußer-
ster Resignation steckt, weil in ihr die Unmöglichkeit
demonstriert wird, in dieser Gesellschaft zu gültiger,
befriedigender Existenz zu gelangen, wird aber aufgefan-
gen durch eine mystifizierende Lebenstheorie, die der
Autor seinem Anti-Helden zurechtlegt. Drei Kategorien
von Menschen gebe es: die Ausnahmen, Gestalter des Lebens, die wenigen Genies, die es vermögen, sich der Fesseln und Schranken zu entledigen, weil sie die promethei-
sche Kraft besitzen, ihr Außenseitertum auf sich zu nehmen - sie setzen sich ihre Sinngebung selbst; die anderen
sind die Gesunden, Durchschnittlichen, die das Leben fraglos weitertragen, sie übernehmen die vorgegebene Sinn-
setzung, leiden nicht an der Beschränkung - was der Roman
allerdings selbst widerlegt -, ihnen ist die bürgerliche
Ehe zugemessen (I/587). Dies waren Jürgs eigene Lebens-
entwürfe. Es bleibt die letzte Möglichkeit, der er sich
nun als Anton gebeugt hat:

> Das Dritte, (...), man hat sein Leben so versehrt
> empfangen, daß man sich selber damit auszulöschen
> hat. Eine weitere Möglichkeit sehe ich nicht, kann
> ich nicht denken. (I/587)

Nur mit dieser Volte ist der Anspruch der Affirmation

der bürgerlichen Gesellschaft zu retten, den der Roman
sich zum Ziel setzte. Die Selbstentäußerung der Protagonisten, ihre Kompromisse, ihr Scheitern, die präzise
Beobachtung und Beschreibung der Scheinhaftigkeit dieser
Gesellschaft hinter ihrem ideologischen Schleier einer
vorgeblich vernünftigen und lebbaren Ordnung - dies alles steht dazu im Widerspruch; Realismus und Anspruch
des Autors konterkarieren sich gegenseitig. So läßt sich
mit einigem Recht eine These Georg Lukàcs' auf diesen ersten großen Roman Frischs anwenden:

> Selbst wenn sie (die Schriftsteller, M.Sch.) dabei
> zu der Erkenntnis der objektiven, wirklichen trei-
> benden Kräften der gesellschaftlichen Entwicklung
> kommen, so kommen sie dazu mit "falschem Bewußt-
> sein", ohne klare Absicht, oft sogar wider Willen,
> Bewußtsein und Absicht. So hebt Engels über Balzac
> (...) hervor, daß seine bewußte Absicht eine Ver-
> herrlichung der untergehenden Klasse des französi-
> schen ancien régime gewesen ist, daß er aber "ge-
> zwungen war, gegen seine eigenen Klassensympathien
> und politischen Vorurteile" ein richtiges und er-
> schöpfendes Bild der Gesellschaft seiner Zeit zu
> geben. Seine "Tendenz" steht also in Widerspruch zu
> seiner Gestaltung, seine Gestaltung ist trotz ihrer
> "Tendenz", nicht infolge ihrer "Tendenz" bedeutend.
> (1)

Wenn allgemein festgestellt wurde, daß in diesem Roman noch kein direktes Zeitereignis, vornehmlich etwa
der Weltkrieg, Eingang fand, so artikuliert sich dennoch
eine Zeitgenossenschaft darin, daß Frisch hier am individuellen Exempel Symptome und Konflikte seiner Gesellschaft
demonstriert; dabei werden die ideologiekritischen Aspekte - als Aspekte der Kritik an bürgerlicher Ideologie -
weitergetragen auch in nachfolgende Werke.

----

(1) Georg Lukàcs, Tendenz oder Parteilichkeit; in: Mar-
xismus und Literatur II, hg. von Fritz J. Raddatz,
Reinbek 1969, s.146. Es beleuchtet Frischs Denkent-
wicklung, wenn er Jürg Reinharts Scheitern 1975 selbst
aus verinnerlichten, bürgerlichen Normen heraus erklärt; statt dessen müßte eine explizite Gesellschaftskritik gestanden haben. Cf. oben s.32.

Der Betrachtung der "Schwierigen" wurde hier relativ
breiter Raum gewährt, weil in ihnen der realistische Be-
zugsrahmen deutlicher ist als in den nachfolgenden Werken "Bin oder Die Reise nach Peking" und "Santa Cruz";
zugleich ließ sich hier zeigen, daß die Antithese von
Ordnung und wirklichem Leben, die sich in Frischs Werken
immer wieder stellt, ein antithetisches Symbol ist, in
dem auf der einen Seite der Befund der Entfremdung und
Verdinglichung der bürgerlichen Gesellschaft steht und
auf der anderen der vorerst noch utopisch-individualisti-
sche Anspruch auf ein sinnerfülltes, lebbares Leben.
Auch wo die Unmöglichkeit solcher Utopie, heiße ihr Ort
Peking, Santa Cruz, Santorin oder einfach eben wirkliches Leben, vor Augen geführt wird, gewinnt sie doch Überzeugung ex negativo durch die Kritik der Verhältnisse; einer Kritik, die vom impliziten, wie in den "Schwierigen",
zum expliziten, wie etwa in "Graf Öderland" oder "Homo faber" fortschreitet, um in der Städtebaudiskussion von 1953
und 1954 und im "Stiller", dem "Tagebuch 1966 - 1971" und
im "Dienstbüchlein" in ihren Bezügen direkt auf die Realität transponierbar zu werden. Insofern reicht auch die
ansonsten in sich stimmige Unterscheidung von Ordnung und
wirklichem Leben des Oxforder Germanisten Derrick Barlow
nicht weit genug, wenn er schreibt:

> The concept of "das wirkliche Leben" signifies for
> Frisch a state of being in which man is able to rea-
> lize his true self, to attain, that is, to the full
> and harmonious evolution of all aspects of his persona-
> lity in order that he may develop into a thoroughly
> integrated human being. "Ordnung" on the other hand
> implies all those forces in modern civilization, and
> particularly in middle-class society, which in
> Frisch's view hinder such a development by imposing
> upon the individual a restrictive and artificial
> pattern of behaviour leading to the suppression of
> his essential humanity. (1)

----

(1) Derrick Barlow, "Ordnung" and "Das wirkliche Leben"
in the work of Max Frisch; in: German Life and Letters, 19/1965, s.52.

Der Traum als Fluchtraum - "Bin oder Die Reise nach Peking" und "Santa Cruz".

Man kennt die Werke Max Frischs und man kennt ihre Chro-
nologie; wüßte man all das nicht, ließe sich die Frage
stellen, in welche der beiden in den "Schwierigen" ange-
deuteten Richtungen Problemstellungen und -lösungen nun
tendierten: in Richtung einer Gesellschaftskritik durch
Ideologiekritik oder in Richtung einer subjektiven Ver-
innerlichung durch betont individuell-existentielle Problematik. Frisch wählte zunächst den zweiten Weg; nur als
Hintergrund, als Folie spielt das erste Moment in "Bin"
und "Santa Cruz" hinein. Die Spannung zwischen diesen
beiden Polen wird künftig nicht mehr völlig weichen; wo
in einem Werk die Problematik individualistisch angegangen wird, bleiben deren gesellschaftliche Ursachen als
konstitutives Element anwesend, wie sehr sie auch ins Im-
plizite gerückt sein mögen. Und umgekehrt, wo die Problematik augenscheinlich aus der gegebenen gesellschaftlichen Organisation resultiert, bleibt die Möglichkeit individuell verursachten Scheiterns und Versagens stets gegeben.

Für den Handlungsraum von "Bin" und "Santa Cruz" muß
zunächst im Vergleich mit den "Schwierigen" eine Entwicklung ins Modellhafte festgestellt werden, eine Entwirkli-
chung der Realität: hier wird nicht mehr in einer benennbaren Gesellschaft einer bestimmten Epoche gehandelt. Die
Protagonisten sind auch keine mehr, die daran leiden oder
zerbrechen, daß ihre Integration scheitert. Ihr Problem
ist nicht mangelhafte gesellschaftliche Anpassung, sondern eher eine Überangepaßtheit, aus der sie auszubrechen versuchen; ihre Sehnsucht zieht sie zentrifugal aus
einem Alltag, der allein das ganze Leben nicht sein kann.
Sie beklagen ihre verpaßten oder nicht wahrgenommenen und
nicht wahrnehmbaren Lebensalternativen, die "Weite alles

Möglichen" (II/43), die in der Enge ihres wirklichen Daseins verkümmert; ihr wirkliches Leben ist nicht das,
was Leben wirklich sein könnte. Sie besitzen ein fast
romantisch zu nennendes Unendlichkeits- und Unbegrenzt-
heitsstreben; jede Verwirklichung ihrer Idealvorstellun-
gen leidet aber von vornherein an einem entscheidenden
Mangel: Ideal und Realität stehen sich entgegen und jede
Verwirklichung schlösse zwangsläufig die Weite anderer
Möglichkeiten aus.

Kilian ist immer wieder und somit zeitlos auf dem Weg
seiner Sehnsucht, die sich in Peking erfüllen könnte;
sein alter ego Bin, ihm stets "um eine Gnade voraus" (I/
609), begleitet ihn durch wechselnde Jahreszeiten und
wechselnde Orte, die Zeiten und Orte des eigenen Herzens
sind, der Hoffnung, der Wünsche, der Imagination und der
Versagung. Immer dabei auf Kilians Weg ist auch seine
Rolle, die er, der Architekt, bei sich trägt; sie signa-
lisiert nicht nur die Rollenhaftigkeit seiner Existenz,
sondern vor allem den Alltag - Mühen und Pflichten, die
keine Erfüllung gewähren. Auch der Rittmeister in "Santa
Cruz" trägt an seiner Rolle, wenn auch nicht im Wortsinn;
er ist ein Mann der Ordnung, der sein ganzes Leben wie das
seiner Angehörigen und Bedienten einem strengen, geregel-
ten Ablauf unterwirft. Schon sein Schloß und der ständig
höher wachsende Schnee symbolisieren die Abgeschlossen-
heit und die bedrohliche Starre und Kälte seiner Existenz
(1); sein alter ego ist Pelegrin, der ewige Vagant, der
Ungebundene, Unverantwortliche, der jeder Regung seines
ungezügelten Lebenswillens nachgibt, der aber auch nirgends, an keinem Ort und bei keinem Menschen heimisch wer-

---

(1) Auf die leitmotivische Symbolik in beiden Werken haben bereits Max Gassmann, op.cit. und Manfred Jurgensen, Leitmotivischer Sprachsymbolismus in den Dramen
Max Frischs; in: ÜMF I, s.274ff. hingewiesen.

den kann. Hier stehen das Schloß und die Ehe - beide haben etwas von einem Gefängnis - dem Meer gegenüber, das die Weite eines möglichen, erfüllenden Lebens repräsentiert. Der Widerspruch, der bereits in den Figuren wohnt, wird von Frisch zu einem ontologischen verabsolutiert; in einer späteren Nachbemerkung zum Stück verdeutlicht er, wie sehr der Rittmeister und der Vagant nur als gegenläufige Existenzmöglichkeiten angelegt sind, als subjektive Dichotomie:

> Dabei war die Geschichte so einfach, nichts anderes als die Erfahrung, die jedermann macht: daß wir ein Wunschleben haben, das uns begleitet, ein Angstleben, und daß eben dieses Leben, daß wir nur ersehnen und erfürchten, aber nicht äußerlich leben, unser täglicher Gegenspieler ist. Wir nannten ihn Pelegrin, eine Gestalt, die in dem Sinne wirklich ist, als sie unsere täglichen Entschlüsse bestimmt, ob wir es wissen oder nicht, und Wirkung hat auf unser sogenannt wirkliches Leben. (II/217)

Dennoch kennzeichnet Frisch gerade in "Bin" auch den Leerlauf alltäglicher und somit auch zukünftig absehbarer Monotonie:

> "(...), wir leben wie die Ameisen, drüben im Abendland. Und wir könnten Menschen sein, so herrlich wie ihr ... (...) Wir hatten Zeit! Ich weiß nicht, wer sie uns genommen hat. Ich weiß nicht, wessen Sklaven wir sind. (...)."
> Ich erzählte von drüben.
> "Wir nennen es die Wochentage. Das heißt, jeder Tag hat seine Nummer und seinen Namen, und am siebenten Tage, plötzlich, läuten die Glocken; dann muß man spazieren und ausruhen, damit man wieder von vorne beginnen kann, denn immer wieder ist es Montag - "
> (I/640)

Darüber hinweghelfen kann nur die abstumpfende Gewöhnung, das Sichabfinden mit dem Faktischen; aber die Seele läßt sich nicht betrügen. In ihr lagert sich Sehnsucht ab, die mit der Zeit in Schwermut umschlägt, eine Schwermut, die nahe am Selbstmord wohnt; dafür ist die Geschichte des Beinaheselbstmörders in "Bin" ein Beispiel, die

mit der Schilderung trister Alltäglichkeit anhebt (I/
625ff.).

Mit seiner Arbeitskraft tauscht man nicht nur die nö-
tigen Existenzmittel ein, sondern man verkauft zugleich
alles, was Leben heißen könnte. Selbst die Freizeit ist
integraler Bestandteil dieses traurigen Trotts: man muß
sich erholen, um die eigene Arbeitsfähigkeit zu regenie-
ren - nichts bleibt von freier Verfügung, von Freude. Die
Fremdbestimmung determiniert alle Lebensbereiche.

Die Beschränkung und Beschneidung des Lebens, die in
der Erzählung wie im Bühnenstück noch selbst den privaten
Raum dominieren, haben als die andere Seite derselben Mün-
ze die vage und flirrende Hoffnung, die Ahnung eines besseren Lebens; viele der Figuren, nicht nur die Protagonisten, besitzen sie - meist im melancholischen Wissen, daß
es ihnen nicht erreichbar sein wird. Die exotisch-plakati-
ven Ziele dieser Sehnsucht erklären sich selbst: sie sind
nicht konkret gemeint, sondern als symbolische Negation
des Bestehenden. Vor diesem Hintergrund wird schon ein Leben beneidenswert, das nur für wenige Tage ein wirkliches
wäre:

> DOKTOR Fast beneide ich ihn.
> WIRTIN Daß er nur noch eine Woche lang lebt?
> DOKTOR Sagen wir: daß er eine Woche lang lebt ...
> (II/15)

Dieses geahnte Leben wird zur Aufgabe des Subjekts.
Das Subjekt lehnt sich aber nicht auf - noch nicht, noch
greift es nicht zur Axt -, sondern sucht individualistische Lösungen - Siddharta als Bürger oder vice versa.

> Auf einmal, nach Jahren des Wartens, sieht man sich
> von der Frage betroffen, was wir an diesem Ort ei-
> gentlich erwarten. Mindestens die Hälfte des Lebens
> ist nun vorüber, und insgeheim fangen wir an, uns
> vor dem Jüngling zu schämen, dessen Erwartungen sich
> nicht erfüllen. (I/604)

> Wann, fragt man sich, wann werden wir denn reif und
> frei? (I/632)

In ihrer aufgezwungenen Selbstentäußerung, die dazu
nötigt, anderen, eigentlich gleichermaßen Betroffenen,
die Rolle einer Intaktheit vorzuspielen, der keine psychische Realität mehr entspricht, haben die meisten, wie
Kilian feststellt, einen "Knacks" (I/632). Aber die Ursachen dieser Deformation werden eher zu- als aufgedeckt,
indem sie ins Existentielle überhöht werden; Leben - das
tatsächliche wie sein Widerpart, das wirkliche - wird
mystifiziert:

> RITTMEISTER (...) wie fühle ich auf einmal, daß wir
> sterblich sind! Vor uns die Unzeit, das finstere Un-
> wissen der Dinge; nach uns die Unzeit, das finstere
> Unwissen der Dinge, die Leere eines Gottes, der in
> Vulkanen versprüht, in Meeren verdunstet, in Urwäl-
> dern blüht und verwelkt, (...), wir, dieser unwahr-
> scheinliche Augenblick, den man die Menschheit
> nennt, wir, dieser Sonderfall eines einzelnen, eines
> langsam erkaltenden Gestirnes ... (II/43)

So, aufgehoben in den ewigen Lauf der Schöpfung und
der Vergängnis entgegengestellt, bleibt kaum ein Blick
für die Art und die Ursachen der bornierten Unordnung,
die die bestehende ist und sich Ordnung nennt. Ganz blind
aber kann sich der Autor den wahren Gründen der Zerrissen-
heit seiner Figuren gegenüber nicht stellen; das wird
wohl nicht offenkundig, aber es scheint durch. Es scheint
durch in der nur vordergründigen Versöhnung am Schluß des
"Bin", indem alles als Traumspiel relativiert wird; es
scheint durch am Ende von "Santa Cruz" in der ebenso vordergründigen Versöhnung des Rittmeisters und Elviras,
die ihre Sehnsucht nun nicht mehr verbergen voreinander,
sondern gemeinsam hintanstellen. Und dennoch - in Viola,
der Tochter Pelegrins und Elviras, wird sich alles wieder-
holen. Nichts ist gelöst, die Harmonisierung bleibt eine
scheinbare: ein ganzer Mensch sein mit einem wirklichen
Leben, das geht nicht zusammen mit der Notwendigkeit
einer bürgerlichen Existenz. Wo das wirkliche Leben geopfert werden muß, flüchtet sich die Sehnsucht danach in

den Traum.

Man darf Manfred Durzak· zustimmen, wenn er über "Santa Cruz" urteilt, es handele sich um

> (...) das erste Umkreisen eines Themas in dramatischer Form, das Thema des verfehlten Lebens, der Suche nach dem eigentlichen Sinn, das sich konstant durch die meisten von Frischs schriftstellerischen Arbeiten zieht. (1)

Und auch seine folgende These wäre zu unterschreiben, mit der nicht unwesentlichen Einschränkung allerdings, daß sie hauptsächlich auf die beiden hier besprochenen Werke zutrifft, keineswegs aber auf die Gesamtheit des Oeuvres:

> Nicht die Gesellschaft ist für Frisch der Katalysator seiner künstlerischen Reflexion, sondern die Frage nach dem eigenen Ich: die existentielle Erkundung des eigenen Selbst. (2)

Erst im Anschluß an seine Romanze und mit der Einlassung auf das unmittelbare Zeitgeschehen und die gesellschaftliche Entwicklung kehrt Frisch auf den Weg zurück, der als der der Kritik in den "Schwierigen" bereits angelegt war; dieser Weg wurde in den ersten Abschnitten unserer Untersuchung bereits im Vorgriff abgesteckt.

"Marion und die Marionetten".

Am Anfang des Nachkriegstagebuches und an seinem Ende finden sich zwei Skizzen, die gleichermaßen, wenn auch auf verschiedene Weise, das Grundproblem der "Schwierigen" aufnehmen: das des Scheiterns, der Verzweiflung an einer absurden, aber scheinbar fraglosen Umwelt, ein Unangepaßtsein, das zum Selbstmord oder zum Ertauben und

---

(1) Manfred Durzak, op.cit. s.165.
(2) Ebd. s.152.

zum Verstummen führt - "Marion" und "Schinz". Beide gehen unter, weil die Welt, in der zu leben sie gezwungen
sind, von ihnen als trügerisch durchschaut wird; ihre
Auflehnung aber muß als individuelle, vereinzelte ohnmächtig bleiben und endet konsequent in Selbstzerstörung.

Der erste Abschnitt des "Tagebuchs 1946 - 1949" handelt von Marion, dem Marionettenspieler; er artikuliert
- auch an späteren Stellen noch, nachdem schon längst
sein Selbstmord gemeldet wurde - in Gespräch und Selbst-
gespräch die Reflexionen des Autors. So wird in einer
der Geschichten zum erstenmal Frischs Bildnisgedanke
entwickelt, noch bevor er, wenige Seiten später, allgemein expliziert wird.

Der junge Marion wird von Cesario, der personifizier-
ten andorranischen Kulturinstanz, in die Stadt geholt,
in der sein naiv-unbekümmertes und frisches Spiel einen
exotisch-farbigen Tupfer in den eingeschliffenen Kunst-
betrieb und seine Côterien bringen soll. In diesem fiktionalen Andorra kann man durchaus auch, aber keineswegs ausschließlich, ein Modell des Kleinstaates Schweiz
sehen; der Gültigkeitsbereich von Frischs Beobachtungen
reicht hier ebensosehr weiter wie später im gleichnami-
gen Bühnenstück (1). Vor dem Blick des Fremden, dem au-
ßenstehenden Marion, wird der Vorhang des Gewohnten bei-
seitegezogen. Marions Blick verfremdet die entfremdete
Wirklichkeit der Andorraner; so nur kann sie wieder erfahrbar und durchschaubar werden. Durch diesen keineswegs neuen literarischen Kniff verliert das gewohnt Übliche seine Selbstverständlichkeit und wird kritikwür-
dig - vor allem für den Rezipienten. Der Blick wird frei

---

(1) Cf. dagegen: Karl Schmid, Unbehagen im Kleinstaat;
    Zürich/Stuttgart 1963.

für den aktuellen Zustand "andorranischer" Gesellschaft
und ihrer Kultur.

Marion ist noch nicht zerfallen in Wesen und äußeres
Erscheinen, Person und oktroyierte Rolle. Indem er ehr-
lich und aufrichtig ausspricht, was er denkt, und be-
nennt, was er sieht, eckt er an, gerät er in Konflikt
mit der kleinen, alltäglichen Verlogenheit dieser Gesellschaft, die nur Ausfluß der allgemeinen Verlogenheit ist.
Marion ist ein letzter Nachfahr des reinen Toren, dem
der Ausflug in die bürgerliche Gesellschaft zur tödlichen
Erfahrung wird. Vor seiner natürlichen Einheit und Unzer-
fallenheit, die noch nicht deformiert ist von gesellschaftlichen Regeln und Zwängen, die uneinsehbar geworden sind,
vor seiner Ungebrochenheit von Schauen, Denken, Wollen und
Tun, wird das andorranische Treiben zu einem Spiel von
Charaktermasken. Marion wird zum Spiegel für die Andorraner; und das m u ß über kurz oder lang Anstoß erregen,
denn in diesen Spiegel wird nicht gern geblickt - er enthüllt zu sehr die bloße Scheinhaftigkeit der eigenen Existenz der Andorraner. Marion selbst durchschaut diese Gesellschaft, ohne sie wirklich durchschauen zu können; er
stellt sie nicht in toto in Frage, sondern sieht nur ihre
Widersprüchlichkeit - er begegnet ihr emotional, nicht -
und das ist in der Figur auch gar nicht angelegt - kri-
tisch-analytisch. Die Kritikwürdigkeit ergibt sich jedoch
für den Rezipienten, und gerade auch durch Marions tödli-
ches Scheitern; denn er sieht die Ursachen dieses Scheiterns mit ihrem Resultat zusammen - die Figur wird quasi
diesem Zweck geopfert.

Für Marion hat das andorranische Leben jene Einheit
verloren, die er selbst früher besaß, als er noch aus reiner Freude für die Armen seines Dorfes spielte, ohne je
zu fragen, warum es Arme und Reiche gebe (II/353); nur,
die andorranische Gesellschaft hat diese Einheit nie be-

sessen. Sie ist zerfallen in undurchschaubare Beziehungen, unverständliche Abhängigkeiten; Marion, der Fremde, ist in ihr schutzlos. Die Lebenslüge, die Gewöhnung
ist ihm keine zweite Natur:

> Sein wachsender Drang, nicht länger mitzumachen; er
> will den Menschen sagen, was er denkt, so offen als
> möglich, gleichviel, wer am Tische sitzt. Sein Irr-
> tum besteht darin, zu meinen, daß er damit die an-
> deren zwinge, ein gleiches zu tun ... (II/354)

Auch Marion übernimmt wohl Verhaltensformen der Andorraner; er lästert über andere, die er nicht kennt, weil
man gerade über sie lästert. Lernt er sie dann kennen,
verzweifelt er über sich. Mit seiner Verstrickung in die
Gesellschaft wächst nicht seine Abstumpfung, sondern
seine Verwirrung. Aufrichtigkeit und Sensibilität sind
ein selbstzerstörerisches Rüstzeug für das andorranische
Leben:

> Anfang Februar zeigen sich die ersten Spuren von
> Irrsinn: die Menschen, die Marion sah, bewegten
> sich nicht mehr von innen heraus, wie ihn dünkte,
> sondern ihre Gebärden hingen an Fäden, ihr ganzes
> Verhalten, und alle bewegten sich nach dem Zufall,
> wer an diese Fäden rührte; Marion sah eine Welt von
> Fäden. (II/357)

In diesem Bild steckt ein schlüssiges Symbol gesellschaftlicher Entfremdung, in der Individualität nur mehr
hohler Name ist und jedes Individuum, das diesen Namen
verdiente, dem Scheitern geweiht ist. Marion erhängt
sich. Seine Geschichte war die "eines vermeidbaren Irrtums" (II/358), wie Cesario ebenso betroffen wie distanziert bemerkt, eines Irrtums

> (...), der darin bestand, daß Marion offenbar mein-
> te, die Wahrheit irgendeines Mannes liege auf sei-
> nen Lippen oder in seiner Feder; er hielt es für Lü-
> ge, wenn die Menschen bald so, bald anders redeten;
> eines von beiden, meinte er, müsse Lüge sein.
> Das verwirrte ihn.
> Er erhängte sich aus Verwirrung - (II/358)

Gerade ohne bereits selbstentfremdet zu sein und zu
handeln, wird Marion das Opfer der durchgängigen Selbstentfremdung der Andorraner; wie vorher angemerkt: Andorra meint als Modell keineswegs nur die Schweiz, es gilt
für alle ähnlich strukturierten Gesellschaften.

Der Ausbruch in die Revolte - Entwurf und Bühnenfassung
von "Graf Öderland".

Das nächste Beispiel in dieser thematischen Reihe findet
sich im Nachkriegstagebuch bald nach den "Marion"-Skizzen;
es stammt ebenfalls aus dem Jahr 1946: "Der Graf von Öderland". Vor diesem Entwurf stehen Notizen und Reflexionen,
die die Exposition entfalten (1). Es geht um das nun schon
bekannte Thema: Überdruß und Ekel vor immergleicher, gräm-
licher Arbeit, dem abstumpfenden Zwang bestehender Ordnung,
dem Leben der meisten Lohnabhängigen, das sich nur von der
vagen Hoffnung auf Feierabend, Wochenende, Urlaub, Jenseits
nährt. Diese Vertröstung gilt es als Selbsttäuschung zu
entlarven:

> (...) - es genügte, den Hunderttausend versklavter
> Seelen, die jetzt an ihren Pültchen hocken, diese
> Art von Hoffnung auszublasen: groß wäre das Entset-
> zen, groß und wirklich die Verwandlung. (II/405)

Angesichts der normativen Kraft des Faktischen scheint
diese Spekulation Frischs doch etwas voreilig, ein wenig
naiv auch; jedenfalls resultiert aus ihr aber ein Bedürfnis nach Aufbruch und Ausbruch. Auch das ist schon aus
"Bin" und "Santa Cruz" geläufig, es vereinigt sich jetzt
aber mit dem Moment der Kritik aus den "Schwierigen".
Frisch beschreibt den täglichen Selbstbetrug, der davor
schützen soll und tatsächlich weitgehend schützt, die wi-

----

(1) Cf. oben s.43ff.

dersinnige Organisation des Lebens und der Arbeit zu
durchschauen:

> (...) Arbeit als Tugend, (...). Tugend als Ersatz
> für die Freude. Der andere Ersatz, da die Tugend
> selten ausreicht, ist das Vergnügen, das ebenfalls
> eine Industrie ist, ebenfalls in den Kreislauf ge-
> hört. (II/406)

Soweit ist der Befund durchaus stimmig; Frisch ver-
zeichnet ihn erst durch die Folgerung, die er anschlie-
ßend zieht:

> Das Ganze mit dem Zweck, der Lebensangst beizukom-
> men durch pausenlose Beschäftigung, und das einzig
> Natürliche an diesem babylonischen Unterfangen,
> das wir Zivilisation nennen: daß es sich immer wie-
> der rächt. (II/406)

Die Folgen einer bestimmten - und also bestimmbaren -
gesellschaftlichen Organisation werden tendenziell wieder ins Existentielle umgebogen in diesem Erklärungsver-
such: die Folge wird so zur Ursache. Es kann ja nicht allein um die zu kaschierende Lebensangst und Leere gehen,
die die umfassende Entfremdung des Kapitalismus allenthalben auslöst; es kann auch nicht um eine allgemeine Zi-
vilisationskritik gehen. Vielmehr wäre eine Kritik der
Mächte und Bedingungen vonnöten, in der die beschriebenen
Symptome zwangsläufig auftreten. Das forderte eine konkrete, polit-ökonomische Analyse; damit stößt man - vorerst jedenfalls noch - an die Grenzen der Gesellschaftskritik Frischs, denn:

> Ohne Ansichten und Absichten kann man keine Abbil-
> dungen machen. Ohne Wissen kann man nichts zeigen;
> wie soll man da wissen, was wissenswert ist? (1)

Für die nun folgenden Überlegungen zum Stück werden
nur der Tagebuchentwurf und die letzte Fassung herange-
zogen; denn die Exposition der Problematik ist im "Tage-

----

(1) Bert Brecht, in: Über Politik, loc.cit. s.71.

buch 1946 - 1949" bereits vollständig enthalten; die
Kreisbewegung des Ausbruchversuchs, der immer wieder in
die Macht des Bestehenden einmündet, ist im Prinzip in
allen Bühnenfassungen ähnlich.

Einen ersten Ansatz zur Betrachtung des Stücks liefert der Untertitel: "Eine Moritat in zwölf Bildern".
Moritat, Bänkelsang, das bedeutet eine jahrmarkthafte,
grelle Nachricht von einer Schauergeschichte, einer Sen-
sation; es bedeutet hier eine bewußte Überzeichnung, einen Extremfall. Die Parabelform des Stücks hebt es aber
gleichzeitig heraus aus dem zufällig Extremen, gibt ihm
eine Signifikanz, die für die außerliterarische Realität repräsentativ sein will.

> Sie macht die Lehre zur Kunst und das Künstlerische
> lehrhaft; die Parabel ist eine ästhetische Form des
> Didaktischen. (...) Indem sie aus der Realität nur
> ihre Strukturen, nicht ihr Außen übernimmt, genau-
> er: indem sie eine bestimmte gesellschaftliche
> Wirklichkeit nicht in sklavischer Bestandsaufnahme
> abschildert, sondern an einem Gleichnisfall demon-
> striert, ermöglicht sie die poetische Umschreibung.
> Sie wird zur Dichtung, ohne der Realität zu entsa-
> gen; sie vermag zeitgeschichtliche Wirklichkeit zu
> verkleiden und zu erfassen. (1)

Diese Intention und Wirkungsweise der Parabel wird
für dieses Stück durch zwei zeitlich weit auseinander-
liegende Aussagen des Autors ebenfalls bestätigt; in
diesen Aussagen umreißt Frisch den eigentlichen Bedeu-
tungsrahmen der "Moritat". Er will, daß man das Stück
als Ganzes mit der Wirklichkeit konfrontiere:

> (...): die Figuren halten diese Welt, die ihnen
> alltäglich ist, für selbstverständlich und natür-
> lich - auch wo es im Stück darum geht, das Wider-

---

(1) Walter Hinck, Von der Parabel zum Straßentheater -
Notizen zum Drama der Gegenwart; in: Poesie und Politik. Zur Situation der Literatur in Deutschland;
hg. von Wolfgang Kuttenkeuler, Stuttgart 1973, s.70.

natürliche zu zeigen, das dann, natürlicherweise,
immer wieder zur Explosion führt - (...) und ist
unsere Welt, die wirkliche, minder verrückt? (III/
839) (1)
Graf Öderland, ein Stück von früher, ist natürlich
in der Kritik an der bürgerlichen Gesellschaft viel
radikaler, indem es die Selbstzerstörung dieser Gesellschaft vorführt, ohne jede Hoffnung für diese
Gesellschaft, die dargestellt wird als eine Ordnung,
die sich selbst sterilisiert, so daß Vitalkräfte
nur noch ins Kriminelle, ins Faschistische oder in
die Gewalt ausarten können. (2)

Daß die Widernatürlichkeit dieser Gesellschaft und
ihrer scheinbaren Ordnung, die zur Revolte zwingt - und
es ist aufschlußreich genug für die Tragweite der angemeldeten Kritik, daß es überhaupt nur zu individueller
Revolte kommt -, begründet ist in der Entfremdung, machte
Frisch ebenfalls klar; wir zitierten diese Aussage bereits (3).

"Ein Staatsanwalt hat es satt" ist das erste Bild der
letzten Bühnenfassung betitelt; es ist der Staatsanwalt,
der die Anklage gegen jenen Bankkassierer führt, der ohne
erkennbares, herkömmlich-kriminelles Motiv den Hauswart
eben seiner Bank erschlug. Während alle Welt sich ebenso
ratlos wie vergeblich bemüht, ein Motiv zu konstruieren,
begreift ausgerechnet der Staatsanwalt die Tat mehr und
mehr; er begreift sie als einen, wenngleich sinnlos-zufäl-
ligen, symbolischen Akt gegen die Erstarrung eines nicht
wirklichen Lebens, wie es die öderländische Gesellschaft
dominiert. Er selbst verspürt den Zwang zum Ausbruch aus
dieser Ordnung, die in seinem Arbeitszimmer durch Schrän-
ke pedantisch aufgereihter und beschrifteter Akten
kenntlich wird. Seine vorbildliche Karriere, seine Ehe,

---

(1) Anmerkung zur Zürcher Inszenierung 1951.
(2) M.F. in: Bloch/Hubacher, op.cit. s.26.
(3) In: Dramaturgisches, loc.cit. s.40; cf. oben s.48.

eine gute und übliche mit zeitweiligem Seitensprung,
seine stets korrekte Pflichterfüllung - die Mordtat als
ein Akt der Revolte enthüllt ihm dies alles plötzlich
als trügerischen Schein, als Spuk. Der Staatsanwalt erkennt: nie war er wirklich jung, nie lebte er wirklich,
denn das öderländische Leben verdient nicht, so zu heißen. Der scheinbar so absurde Mord wird als verzweifelte
Antwort auf die Absurdität dieser Lebensordnung, die eine gesellschaftliche Ordnung ist, verstanden:

> Es gibt Augenblicke, wo man sich wundert über
> alle, die keine Axt ergreifen. Alle finden
> sich damit ab, obschon es ein Spuk ist. Arbeit
> als Tugend. Tugend als Ersatz für die Freude.
> (III/9) (1)

Der Staatsanwalt läßt seine Akten in Flammen aufgehen,
verschwindet in der Nacht vor der entscheidenden Verhand-
lung spurlos. Er greift selbst zur Axt - er vollzieht
die Metamorphose zum Grafen Öderland, der mythischen Figur des Aufstandes gegen dieses öde Land.

Unterdessen müht sich Dr. Hahn, ein freundlich-be-
schränkter, unbeirrter Repräsentant der Ordnung, Haus-
freund der Staatsanwaltsgattin und Verteidiger des Mörders, hilflos und vergebens um ein Verständnis der Tat,
das ihm ein Plädoyer ermöglichte. Wie in "Stiller" sind
die Rollen vertauscht: der Verteidiger versteht den Angeklagten nicht, der Staatsanwalt, als eigentlicher Wahrer der Ordnung, um so besser. Und dieses Verständnis
veranlaßte den Mörder, zu Dr. Hahns Bestürzung, zu einem
vollen Geständnis.

Auch der Mörder führte bis zur Tat ein untadeliges
Leben in einem alles in allem vorbildlichen Betrieb; alles ging seinen vorgezeichneten Gang, in wenigen Jahren

---

(1) Zur besseren Unterscheidung: der Tagebuchentwurf fin-
    det sich in Band II, die Bühnenfassung in Band III.

wäre er Prokurist geworden. Aber "(...), auch das hätte
nichts verändert" (III/15). Wie der Staatsanwalt das Gefühl hat, nie jung gewesen zu sein und nie gelebt zu haben, so hat der Angeklagte das Gefühl, sein ganzes Leben
gewissermaßen auf dem Abort verbracht zu haben (III/15).
Bank oder Gefängniszelle, ihm kommt es auf's Gleiche heraus:

> Sie haben keine Ahnung, lieber Doktor, wie vertraut
> mir der Anblick ist, wenn ich durch dieses Gitter
> schaue - Schnee ... und immer diese fünf Stäbe da-
> vor! (...) So war es auch auf der Bank, jeden Mor-
> gen -. (II/415)

Der Mörder versteht nicht, warum sich plötzlich alle
Welt um den erschlagenen Hauswart kümmert, den man nie
zur Kenntnis nahm, solange er wohlfunktionierend seinen
Dienst versah:

> Mensch ist Mensch.
> (...) - gehen Sie hinaus und sagen Sie das der Welt:
> Mensch ist Mensch. Nichts weiter! Aber tragen Sie
> sich Sorge, daß Sie nicht verzweifeln, lieber Dok-
> tor, und daß Sie in der Verzweiflung nicht zur er-
> sten besten Axt greifen ... (II/414)

Dies wird in beiden hier behandelten Fassungen nahezu
identisch in der sechsten Szene wiederaufgenommen. In der
Zelle sinniert der Mörder über sein Leben; das Beste, was
ihm außer einer Liebschaft zu erleben vergönnt war, war
jeweils der Freitag, die Vorfreude auf den halben Samstag,
den kommenden Sonntag. Aber schon am Sonntagmittag be-
schlich in regelmäßig Furcht und Überdruß vor dem Montag-
morgen, an dem der sinnlose Trott immer und immer wieder
beginnt - bis zur Pensionierung, der Frist vor dem Tod.
So sinnlos auch seine Tat war, Reue empfindet er darüber
nicht.

> Auch ein Hauswart ist ein Mensch; wer zweifelte da-
> ran? Aber wieviel wert ist der Mensch? Zeitweise im
> Gericht, wenn ich die vielen Leute sehe, (...), em-
> pfinde ich es wie einen Trost: daß ihnen der Mensch

so viel wert ist, wenn er erschlagen ist. Es war
nicht zu erwarten, solange er die Türe bediente.
Es war nicht zu sehen ... (II/432) (1)

Dies ist eine sehr wichtige Textstelle; in ihr enthüllt sich durch den absurd erscheinenden Mord an einem
zufälligen Opfer unerbittlich die absurde Logik einer
Gesellschaft, die die eigentliche Motivationsfolie für
das Verbrechen liefert. Frisch nimmt die Tat nicht als
demonstrative Geste zum Aufweis einer insgesamt absurden Welt, denn die Logik dieser öderländischen Welt ist
nicht absurd in irgendeinem umfassend philosophischen
Sinn, sie ist es nur auf Grund ihrer historisch gewordenen politischen und ökonomischen Organisation. Erst
hier macht es keinen Unterschied mehr für den, der diese Welt nicht mehr erträgt und ausbricht, ob er hinter
den Gitterstäben seines Arbeitsplatzes sitzt oder hinter
denen des Gefängnisses. In diesem Bild wird

(...), die Verkehrung des Menschen, nicht ein Alo-
gisch-Irreales, sondern ein logischer, in der Wirklichkeit anzutreffender Widerspruch. (2)

beschrieben. Der einzelne ist austauschbar in seiner Funktion, er zählt nicht, oder doch nur als Funktion: ein Objekt der verdinglichten gesellschaftlichen Beziehungen.
Ein solches Leben wird zu Recht als sinn- und wertlos empfunden; die nicht weniger sinnlose und hilflose Probe
auf's Exempel dieser Gesetzmäßigkeit ist das, was in
dieser verkehrten Welt nun als Verbrechen rechnet. Sinnlos ist sie, weil sie die entmenschlichende Verkehrtheit
vermehrt; hilflos, weil sie, indem sie nur Reflex ist,
nicht die Ursachen zu Tage fördert. Allerdings, die allgemeine Austauschbarkeit und Verfügbarkeit des einzelnen
wird noch pervertiert durch das Verbrechen, dadurch zu-

----

(1) Cf. auch III/43.
(2) Arnold Heidsieck, Das Groteske und das Absurde im mo-
    dernen Drama; Stuttgart 1969, s.31.

gleich aber auch offenbar. Ein zufällig einzelner wurde
erschlagen: jetzt erst erhebt die bürgerliche Gesellschaft pathetisch den Anspruch auf Unversehrtheit des Individuums - eine böse Ironie angesichts der von Frisch
demonstrierten allgemeinen Versehrtheit der Menschen. Das
Gesetz schlägt den Mörder - will es scheinen, denn als
die Machtverhältnisse sich zu ändern drohen durch die um
sich greifende Revolte Öderlands, wird er präventiv amnestiert.

Der Mörder konstatierte verwundert, daß sich alle um
den toten Hauswart kümmern, um den sich zu Lebzeiten niemand scherte; hier überführt Frisch den bürgerlichen Anspruch auf Individualität als Heuchelei, als Derivat bürgerlicher Ideologie. Und noch einmal wird diese doppelte
Moral belegt, als ein General den Mörder, den man nun für
das heimliche Haupt der Revolte im Zeichen der Axt hält,
fragt, warum er ausgerechnet zum Beil gegriffen habe; der
antwortet: " - unsereins hat keine Kanonen" (III/60). Und
entlarvend für diese Gesellschaft ist auch des Mörders
Überlegung, die er auf die Frage anstellt, wieso er als
Kassierer behaupten könne, er verstehe nichts vom Geld:

> Das Geld - überhaupt ... Woher das kommt, wohin das
> geht. Die einen bringen es, die andern holen es. So
> Tag für Tag. Die einen zum Beispiel arbeiten, weil
> sie Geld brauchen, und die andern verdienen es,
> weil das Geld für sie arbeitet. (III/59)

Eine bessere Erklärung für den Reichtum einiger seiner ständigen Bankkunden hatte er nie bekommen, als die,
daß das Geld für sie arbeite:

> Es überzeugte mich durchaus, aber mit Augen gesehen
> habe ich es nie, wie das Geld arbeitet. Entweder
> habe ich Geld gesehen oder Arbeiter - (III/59)

In dieser brillant-ironischen Pointe wird mit einem
Schlaglicht der Schleier der gesellschaftlichen Verhältnisse deutlich und damit durchschaubar; scheinbare Sach-

zusammenhänge werden erkennbar als Herrschaftszusammen-
hänge.

Dem nur noch ideologischen Anspruch der Gesellschaft
auf die Individualität des Menschen und auf seine Freiheit, die tagtäglich verkauft wird, tritt das subjektivistische Ausbruchspathos des Staatsanwalts, der zum
mordenden Grafen Öderland geworden ist, mit seiner Hoff-
nungsutopie des wirklichen Lebens, die nun nicht Peking
oder Santa Cruz, sondern Santorin heißt, entgegen.

> Im Aufbegehren gegen diese Entindividualisierung,
> die den Einzelmenschen zum Objekt verdinglicht, se-
> hen Frischs Helden den eigentlichen Sinn ihrer
> Selbstverwirklichung. So erklärt sich ihr beharr-
> liches Bemühen um den Nachweis der unverwechselbaren
> Originalität ihres Seins; auf falsches Bewußtsein
> wird mit falschem Selbstbewußtsein reagiert. (1)

Der verschwundene Staatsanwalt gelangte zu einer Holz-
fällerhütte im tiefverschneiten Wald; hier kommt er zu
seiner Axt, wie die Szene überschrieben ist. In Inge, der
Tochter, trifft er auf eine Leidensgenossin. Das Leben in
dem einsamen Häuschen, der immer gleiche Tagesablauf, die
Absehbarkeit alles Künftigen - das öderländische Leben
wird in dieser Hütte noch einmal im Mikrokosmos vorgeführt. Für Inge ist mit dem Staatsanwalt ihr lang erwar-
teter Graf Öderland gekommen, jene legendäre Gestalt, die
sie herausführen wird aus ihrer Erbärmlichkeit - mit der
Axt in der Hand, niederhauend, was sich in den Weg stellt.
Der Staatsanwalt nimmt die Rolle seiner neuen Identität
an, mit Inge zusammen zieht er in die Richtung seiner Hoffnung, nach Santorin. Früher schon war er einmal Kapitän
eines Segelschiffes, das die Meere befuhr - ein anderer
Pelegrin. Das Schiff seines Traumes hieß Esperanza, Hoff-

---

(1) Klaus Schimanski, Max Frisch - Heldengestaltung und
    Wirklichkeitsdarstellung. Eine Untersuchung zu Proble-
    men und Möglichkeiten unter den gesellschaftlichen Be-
    dingungen des staatsmonopolistischen Kapitalismus;
    Diss. Leipzig 1972, s.42.

nung. Und immer, wenn er erwachte, war es nur ein Modell, ein Spielzeugschiffchen auf seinem Schrank. Dies-
mal soll es kein Spielzeug sein; das Leben, das wirkliche,
nicht mehr nur Traum.

Elsa, die Staatsanwaltsgattin, und Dr. Hahn haben unterdessen, weil alle polizeilichen Nachforschungen erfolglos blieben, einen Hellseher engagiert, um den Verschollenen ausfindig zu machen. Zwar weiß der Hellseher
nicht, wo sich der Staatsanwalt gerade befindet, aber
er ist auf andere Weise um so hellsichtiger: er sieht
ihn mit einer Axt in der Hand und erkennt das Motiv des
Ausbruchs in der Wand sauber gereihter schwarzer Ordner
mit weißen Etiketten im Arbeitszimmer:

> MARIO Meine Tournee führt mich durch alle großen
> Städte von Europa, überall sehe ich schwarze Ordner
> mit weißer Etikette, überall, und dahinter: - Angst.
>
> DR. HAHN Was wollen Sie damit sagen?
>
> MARIO Angst, Rauch, Blut ... Ich sage es in jeder
> Vorstellung, die Leute werden blaß, aber zum Schluß
> klatschen sie. Was soll man tun.
>
> DR. HAHN Krieg? meinen Sie.
>
> MARIO Zivilisation. (III/37)

Aus dem Radio kommt unterdessen die Nachricht von der
Ermordung dreier Grenzbeamter: Öderland hat zur Axt gegriffen, seine Opfer waren die ersten, zufälligen Repräsentanten der verhaßten Ordnung. Aus Paris wird von um-
sichgreifenden Aufständen berichtet, Santorin ist fest
in der Hand von Rebellen. Überall wird der gesellschaftliche Zerfall sichtbar, entpuppt sich die scheinbar sta-
bile Fassade der Ordnung als dürftig geleimte Kulisse.

Die ersten, die Öderland mit seiner eigenen anarchi-
schen Freiheitsrevolte beglückt, sind Köhler, Tagelöhner
und Handlanger. Gläubig und voll Hoffnung folgen sie seiner Parole:

Lang ist die Nacht, kurz ist das Leben, verflucht

ist die Hoffnung, heilig der Tag, und es lebe ein
jeder, wie er will, herrlich sind wir und frei.
(III/41)

Das sind Worte eines Pelegrin, nicht die eines Revo-
lutionärs. In einem einzigen großen Bacchanal werden
alle mühsam ersparten Vorräte vergeudet, aller Schnaps
getrunken; im Rausch erleben die Tagelöhner, wie ihre
Hütten in Flammen aufgehen - Öderland verbrennt die
Schiffe hinter ihnen, es soll kein Zurück in die trügerische Hoffnung geben. Aber sie bleiben, als Öderland
weiterzieht und löschen ihre Hütten; ärmer und elender
sind sie als zuvor. Dieser Graf ist keine Hoffnung für
die Unterdrückten; ihnen ist nicht mit einem wirklicheren Leben gedient, sondern mit der Befreiung aus Abhängigkeit und materieller Not.

Wie jenes erträumte Leben für Öderland selbst aussehen soll, läßt sich ahnen; in der übernächsten Szene gelangt er mit Inge in eine Hafenstadt, "Es könnte in der
Bretagne sein, vielleicht auch im Süden (...)" (II/434),
sie könnte genauso gut Santa Cruz heißen. Bis zum Kauf
einer Yacht für die Überfahrt nach Santorin logiert man
in einem noblen Hotel, vetreibt sich die Zeit beim Golf
oder in der Bar. Als der Concierge von einem Gendarmen
nach Öderlands Papieren gefragt wird, die immer noch
nicht vorgelegt wurden, zerstreut er den Verdacht knapp
und bündig: "Rebellen spielen nicht Golf" (III/46). Der
feine Lebensstil ist ein für Öderland selbstverständli-
cher Habitus; er entlarvt seinen Ausbruch: einen Ausbruch in den müßigen Luxus, in die Trivialutopie einer
Illustriertenwelt. Öderland stellt die gesellschaftliche
Ordnung überhaupt nicht mehr selbst in Frage, sondern
richtet sich in einer bequemen Nische am oberen Rand dieser Gesellschaft ein. Ihm geht es nur um sich selbst; mit
dem heimlichen Heer der Unterdrückten, der Köhler, Tagelöhner, Dienstmädchen und Huren, das in den Wäldern ver-

borgen auf seine Stunde wartet, mit der fortschreitenden
Rebellion im Zeichen der Axt, die allerorten zivilen Un-
gehorsam, Streik und gewaltsamen Aufstand auslöst, hat
er nichts zu tun.

Die Verhandlungen über den Kauf der Yacht führt er
mit Elsa, seiner Frau, und Dr. Hahn, die ihm Angebotsun-
terlagen seines eigenen Modells zuschickten. Ihnen macht
Öderland seine Lebensphilosophie klar, die noch immer ge-
nügend kritischen Sprengstoff für die bürgerliche Gesellschaft bereithält - nur eben keinerlei Lösung:

> Wo käme man hin, Madame, ohne Axt. Heutzutage. In
> dieser Welt der Papiere, in diesem Dschungel von
> Grenzen und Gesetzen, in diesem Irrenhaus der Ord-
> nung ... (...) Ich kenne eure Ordnung. Ich bin in
> Öderland geboren. Wo der Mensch nicht hingehört, wo
> er nie gedeiht. Wo man aus Trotz lebt Tag für Tag,
> nicht aus Freude. (...) Nichts ist Geschenk, alles
> bleibt Lohn. Und alles ist Pflicht. Und Überwindung
> ist das Höchste, was man sich denken kann, dort wo
> ich geboren bin. Überwindung und Verzicht. Man macht
> sich ein Gewissen daraus, daß man lebt, und jeder
> sucht nach einem Sinn, nach Ersatz für die Freude,
> die im Nebel nicht gedeiht. (III/55)

Als Öderland den Betrug mit der Yacht entdeckt, greift
er zur Axt, die Hotelgäste stieben auseinander. Hier endet der Tagebuchentwurf mit einem lakonischen "Usw.". Die
Bühne verlangt Handlung, ihr reicht kein fragmentarisches
Undsoweiter, es muß Gestalt werden. Im Grunde ist alles
Wesentliche aber in der Tagebuchfassung bereits enthalten; es ist Kritik, nicht Lösung; daher hatte Frisch
auch immer Schwierigkeiten mit dem Schluß des Dramas. Das
"Usw." überläßt es dem Leser, die Konsequenzen der dargebotenen Kritik weiterzutreiben; dies hat zuerst Dürrenmatt erkannt. Für ihn ist "Graf Öderland" ein Mythos der
zeitgenössischen Gesellschaft, eine beunruhigende, weil
treffende Kritik; darin liege der Wert des Entwurfs. Jede
dramaturgische Lösung, die nicht zugleich wenigstens an-
deutungsweise eine politische ist, bleibt unbefriedigend.

Öderlands Tat ist nicht ein Ausweg, wie behauptet
wird, sondern Verzweiflung. Die Frage, ob Verzweiflung einen Sinn hat oder nicht, ist unmöglich. (1)

Zur dramaturgischen Rettung dieser apokalyptischen Figur der bürgerlichen Gesellschaft tritt in der Bühnenfassung an der entscheidenden Bruchstelle ein Taxifahrer als
deus ex machina auf, der seinen Rockkragen hochklappt,
das Zeichen der Axt vorweist und Öderland vor dem drohen-
den Zugriff der Polizei rettet. Öderland wird so ungewollt zum Anführer der Rebellion; die Massen, die sich
erhoben haben, folgen nun den falschen Signalen - Öderland mißbraucht sie für seine ganz eigene und nur auf
sich bezogene Hoffnung auf Freiheit.

Statt nach Santorin kommt Öderland an der Spitze der
Aufständischen in die Kanalisation der Hauptstadt, von wo
aus die bestehende Macht auf groteske Weise überrumpelt
werden wird - die Atmosphäre dieser Szenerie erinnert
übrigens an den überaus erfolgreichen Nachkriegsfilm
"Der dritte Mann". Öderland wird also die Macht zufallen,
die er nicht wollte; er wird gerade die Ordnung wiederher-
stellen, die er floh, damit sie ihn nicht zerstöre. Als
die bisherigen Machthaber nicht mehr "Die Herren der Lage" sind, wie die zehnte Szene betitelt ist, und Öderland
an ihrer Stelle steht, kann er nur noch wünschen, er habe geträumt. Eine Botschaft für das wartende Volk hat er
nicht, er hat sie nie gehabt. Statt des erhofften Lebens
erlangt er die Macht, die Zirkelbewegung des Stücks hat
sich geschlossen: wer ausbricht aus einer Gesellschaft,
muß wissen, daß er gesellschaftliche Alternativen zu suchen hat; sonst bleibt sein Versuch ein ausweglöses Unterfangen, weil an den Symptomen kuriert wird statt an

----

(1) Friedrich Dürrenmatt, Eine Vision und ihr dramati-
    sches Schicksal - zu "Graf Öderland" von Max Frisch;
    in: ÜMF I, s.111.

den Wurzeln des Übels - quod erat demonstrandum. Auf diese Weise rückt "Graf Öderland" bewußt oder unbewußt in
die Nähe des Mythos von Sisyphos, in die Nähe der von Camus beschriebenen Absurdität.

Einen wichtigen Schritt ging diese Kritik an der bürgerlichen Gesellschaft dennoch über die vorhergehenden
Versuche hinaus, sowenig auch eine Lösung in Sicht ist:
der Protagonist flüchtet nicht mehr in die Verinnerli-
chung, er setzt sich zur Wehr, er greift zur Axt. Das
Stück enthält "eine sozialaggressive Tendenz" (1); allerdings!

Frischs "Menschenideal" findet auch in "Graf Öderland"
nicht den utopischen Ort   seiner Selbstverwirklichung; es

> "(...), bewährt sich freilich nicht in Entwürfen,
> sondern in der Kritik, in der Durchleuchtung des Vor-
> handenen. Und zwar vornehmlich im Blick auf die Wi-
> derstände, die diese Gesellschaft der Verwirklichung
> eines sinnvollen Lebens entgegensetzt. (2)

Die Lösung der Problematik scheitert in allen Fassungen, weil sie als ganz subjektivistische angelegt ist und
somit als scheinhafte. Aber es bleibt immerhin die Beunruhigung durch die vorgetragene Kritik, die den Rezipienten angeht; auch hierin dominiert letztlich Frischs literarisches Prinzip der sokratischen Frage. Frisch zeichnet
in der Verallgemeinerung der Parabel gesellschaftliche Widersprüche auf, deren Lösung dem Zuschauer zur Aufgabe gemacht wird. Ihm geht es, wie er selbst sagt, darum, gesellschaftliche Widersprüche aufzudecken, aber zu belassen:

> Ja, zu belassen, aber aufzudecken, klar zu machen,
> also präzis zu sein bei der Ambivalenz - Ambivalenz
> nicht als ein Verschwommenes, sondern einen Wider-

----

(1) Max Gassmann, op.cit. s.75.

(2) Günter Hartung, Literatur für Realisten - Zum Werk
    von Max Frisch; Nachwort zu "Biografie. Ein Spiel.",
    Berlin/DDR 1970, s.124.

spruch Enthaltendes -, was natürlich auch zum marxistischen Denken gehört, im Gegensatz zum bürgerlichen Denken, welches das nicht hat; denn es will
ja die Widersprüche, die tatsächlich in jeder Gesellschaft, in der bürgerlichen wie in jeder anderen, auch jeder künftigen, vorhanden sind, annul-
lieren durch eine positive Eindeutigkeit. Nichts
ist so eindeutig gewesen wie der Faschismus; da
war nie ein Zweifel zugelassen; (1)

Insofern ist es durchaus angemessen, von einem dialo-
gischen Verhältnis von Autor und Publikum zu sprechen
(2), dem hier einmal mehr Reflexion über die eigene Lage und mögliche Handlungskonsequenzen überantwortet wurden - ganz im sartreschen Sinne der Verantwortlichmachung
als Aufgabe schriftstellerischen Engagements.

Zwar stimmt gleichermaßen auch das folgende Urteil
über "Graf Öderland":

Am monotonen Kreislauf der Macht hat sich nichts geändert. Der geschichtliche und gesellschaftliche
Prozeß wird von rotierender Sinnlosigkeit bestimmt,
die den einzelnen versklavt. (3)

und Durzak beklagt weiter die metaphorische Vernebelung,
die die sozialpolitische Analyse der Gesellschaft ver-
decke (4), vermißt die bestimmte Negation der herrschenden Verhältnisse, die dialektisch in eine konkrete Utopie umschlagen müsse (5). Aber diese Vorwürfe verlieren
an Schärfe, wenn man den beschriebenen rezeptionsästhe-
tischen Gesichtspunkt berücksichtigt. Allerdings wird
bei Durzak auf einen zentralen Komplex in Frischs Werk
verwiesen, der mit dem Hinweis auf seine sokratische
Fragehaltung nicht hinreichend erklärt ist; die Verwei-

----

(1) M.F. in: Bloch/Hubacher, loc.cit. s.25; daß dies
    nicht konsequent marxistisch gedacht ist, braucht
    allerdings kaum angemerkt zu werden.
(2) Cf. Volker Zehetbauer, op.cit. s.27f.
(3) Manfred Durzak, op.cit. s.195.
(4) Cf. ebd. s.187.
(5) Cf. ebd. s.193.

gerung einer konkreten Utopie, einer alternativen gesellschaftlichen Perspektive - die allenfalls ex negativo aufleuchtet -, wird in der vorliegenden Untersuchung
später noch Anlaß zu einigen Überlegungen geben.

"Graf Öderland" ist ein Annäherungsversuch zur Kennt-
lichmachung gesellschaftlicher Entfremdung, die erst
durch ihr Erkanntwerden kritisierbar und veränderbar
werden kann; es ist somit der Versuch der Zersetzung
herrschenden bürgerlichen Bewußtseins: Ideologiekritik
als Prolegomenon der Gesellschaftsveränderung. Dennoch
bleibt das Stück auf der Bühne ein Fragment, insofern
es einzig bei der Kritik stehen bleibt.

Das verlorene Weltbild.

Frisch hat sich in der Vorbemerkung zum "Tagebuch 1946 -
1949" aus, man möge es in der vorgelegten Folge lesen;
es ist daher absolut nicht zufällig - da sich unter der
oberflächlich chronologischen Folge eine thematisch-logi-
sche befindet -, wenn man wenige Seiten nach dem "Öderland"-Entwurf Gedanken zum Fragment- und Skizzencharakter der Kunst findet:

> Die Skizze hat eine Richtung, aber kein Ende; die
> Skizze als Ausdruck eines Weltbildes, das sich
> nicht mehr schließt oder noch nicht schließt; als
> Scheu vor einer förmlichen Ganzheit, die der gei-
> stigen vorauseilt und nur Entlehnung sein kann; (II/
> 448)

Nur zwei Absätze weiter reflektiert Marion über andorranische Kunst und gibt eine Beschreibung des gegenwärtigen Bewußtseinszustandes, der gekennzeichnet ist durch
Unzulänglichkeit und Inkompetenz als Resultat fortge-
schrittener Arbeitsteiligkeit:

> Wir haben eine Quantenlehre, die ich nicht verste-
> he, und keiner ist aufzutreiben, der alles zusam-
> men versteht, keiner, der unsre ganze Welt in seinem

Kopf trüge; man kann sich fragen, ob es überhaupt
eine Welt ist. Was ist eine Welt? Ein zusammenfas-
des Bewußtsein. Wer aber hat es? Wo immer ich frage, es fallen die Wände ringsum, die vertrauten
und sicheren, sie fallen einfach aus unserem Weltbild heraus, lautlos, nur die Andorraner schreiben
noch immer auf diese Wände, als gäbe es sie, immer
noch mit dem Anschein einer Vollendung, die in der
Luft hängt. (II/450)

Frisch schließt daraus, daß diesem Bewußtseinsstand
der Zeitgenossen einzig noch die Frage angemessen sei:

Die Haltung der meisten Zeitgenossen aber, glaube
ich, ist die Frage, und ihre Form, solange eine
ganze Antwort fehlt, kann nur vorläufig sein; für
sie ist vielleicht das einzige Gesicht, das sich
mit Anstand tragen läßt, wirklich das Fragment.
(II/451)

So leitet Frisch die ästhetische Grunddisposition,
die auch "Graf Öderland" prägt - und vielleicht mehr
als andere Arbeiten -, aus der bestehenden gesellschaftlichen Entfremdung her, die erkannt und beschrieben wird,
zu deren Aufhebung aber vorab allein die kritische Bestandsaufnahme geboten wird.

Im Zusammenhang mit dem "Öderland"-Entwurf steht auch
ein Eintrag aus Italien vom Herbst 1946; die südländi-
sche Arbeitsweise und -auffassung wird hier in Kontrast
zur öderländisch-andorranischen gesetzt. Frisch beobachtet Maurer beim Molenbau:

Es ist nicht der letzte Sinn ihres Tages, was sie da
machen, und sie machen es vortrefflich, aber immer
so, wie man vielleicht eine Sonnenblume bindet oder
einen Gartensessel flickt, immer im Hinblick auf das
Leben, das man sich einrichtet und schmückt, ein Leben, das sich lohnt. (II/445)

Im Jahr darauf notiert Frisch ebenfalls in Italien Gedanken angesichts eines Fischmarktes:

Was mich besonders fesselt, ist einfach der Umstand,
daß man einmal alles zusammen sieht: Erbeuter, Ver-
käufer, Verbraucher. Alles ganz konkret. (II/504)

Hier ist in einer - im Vergleich zu entwickelteren
Formen gesellschaftlicher Arbeitsteiligkeit - leicht
anachronistischen Form der Organisation die Verdinglichung der gesellschaftlichen Beziehungen noch nicht absolut manifest; alles ist gerade noch überschaubar, weil
in einen ökonomischen Mikrokosmos eingebunden - daß dennoch auch in dieses scheinbar idyllische Reservat Zwänge
der Marktkonkurrenz und der Rationalisierung einbrechen
werden, die nicht nur das Idyll, sondern die Existenz
der Betroffenen bedrohen, darf man in Gedanken ergänzen.

In Florenz notiert Frisch im Oktober 1947 einen ganz
ähnlichen Befund. Die Richter, die Savonarola verurteil-
ten, waren auch bei seiner Verbrennung dabei; Gericht
und Richtstätte liegen beieinander:

> Dabei empfinde ich etwas wie neulich auf dem Fisch-
> markt: alle Zusammenhänge sind offensichtlich, in
> einem menschlichen Maßstab übersichtlich, nicht ano-
> nym. Was es auch sei, Fischerei und Handel, Gericht
> und Hinrichtung, es verblaßt nicht in Begriffe; al-
> les bleibt konkret. (II/512)

Daraus zieht er den Schluß:

> Unser Denken muß konkret werden! Man müßte sehen,
> was man denkt, und es dann ertragen oder seine Ge-
> danken ändern, damit man sie denken darf. (II/513)

Was Frisch dabei nicht berücksichtigt, ist, daß diese
Forderung sich aber nur erfüllen läßt, wenn die gesellschaftlichen Voraussetzungen, die Ursache und Bedingung
von Entfremdung wie Verdinglichung sind, geändert werden;
erst dann könnte - im günstigsten Fall - auch der Frag-
ment- und Skizzencharakter des Denkens und der Kunst aufgehoben werden. Auf dieser Schwelle des Denkprozesses
steht Max Frisch zu jener Zeit, praktisch zwischen Tür
und Angel.

"Der Harlekin" - Die korrumpierende Macht des Geldes.

Im Filmentwurf "Der Harlekin" geht es wiederum um den
Überdruß des Angestellten vor dem lebenslänglichen Trott
einer sinnleeren Arbeit, in der das Leben für den Lebens-
unterhalt verkauft wird; geht es wiederum um die - wie es
in den Notizen vor dem "Öderland"-Entwurf hieß - gespenstische Macht des Geldes, das Macht über die Menschen
verleiht. Der Harlekin und Gottlieb Knoll sind Figuren
einer Fausttravestie; nur blieb hier nichts von Streben
nach Erkenntnis, prometheischer Vermessenheit. Knoll
nutzt die Chance, sich durch den Tod eines anderen, der
fern ist, Erlösung von seinem Angestelltendasein zu er-
kaufen, das sich fortschleppt in der immer neuen Furcht
vor dem Montag und der immer neuen und doch vergeblichen
Hoffnung auf den Sonntag. Diese Erlösung ist käuflich wie
alles in dieser Welt; eine erste Unterschrift unter den
Teufelspakt, und er hat Geld, Macht und die Freiheit,
andere auszubeuten:

> (...): das mußt du richtig begreifen. Item sämtli-
> che Fabriken; was verstehe ich davon, wie man Por-
> zellan macht oder Glühbirnen oder Seide, und doch
> werden die Fabriken laufen, unsere Fabriken! Weil
> die Arbeiter, die es wissen, ebenfalls leben müs-
> sen, und wenn sie nicht sterben wollen, müssen sie
> in die Fabrik, gleichviel wem sie gehört.
> Müssen! ohne daß ich sie mit der Geißel zwinge -
> du wirst schon sehen! (II/669)

Die Macht des Geldes, dem sich in Unterwürfigkeit und
subtiler Korrumpierbarkeit Geist und Recht beugen, besteht
in der Macht zur Ausbeutung - mit der Folge, daß alle,
Ausgebeutete wie Ausbeuter, deformiert werden. Knolls
Freunde halten bald mehr und mehr auf Distanz, man ist
nicht mehr von gleich zu gleich und den Mächtigen kann
man fürchten, lieben kann man ihn nicht. Die Furcht der
Abhängigen nährt das Mißtrauen des Mächtigen; Knoll will
sich ihre Loyalität erzwingen, da sie ihm von selbst nicht

mehr gewährt wird. So zwingt er denn seine alten Bekannten, zu unterschreiben, daß sie in seinem Haus keine Leiche gesehen hätten - obwohl alle sie gesehen hatten. Die meisten tun es; wer sich weigert, stirbt. Bald wird Knoll sie alle auf seine Galeere schicken, eben weil sie leugneten, was zu sehen war: ihnen ist nicht mehr zu trauen. In dieser Parabel hat die Galeere denselben Symbolwert wie schon früher, sie bezeichnet die Versklavung durch unsinnige Arbeit, die in Abhängigkeit geleistet wird. Und Knoll, der einmal dieselbe Arbeit verrichtete und sie haßte, fürchtet jetzt die, die für ihn arbeiten müssen, seine alten Freunde; die Abhängigkeiten sind vertauscht: ein wahrer Teufelspakt, der hier die bürgerliche Gesellschaft und ihre Mechanismen darstellt.

Knoll muß nun immer tun, was er eigentlich gar nicht wollte und was seiner früheren Moral Hohn spricht; die Macht hat ihre Eigendynamik entfaltet, der er nicht mehr entrinnt. Am Ende streiken die Versklavten:

> (...), ihr Dasein ist so elend, daß der Tod nach und nach nicht mehr ins Gewicht fällt, lieber verhungern sie, die Yacht kommt nicht mehr von der Stelle, vielleicht verhungert auch Gottlieb daran. Das ist ihre Hoffnung. (II/693)

Der Rest, heißt es, ist märchenhaft; als Knoll die letzte Unterschrift gibt, die den Menschen töten soll, den er am meisten liebt, stirbt er selbst. Die Sklaven werfen den teuflischen Harlekin über Bord, rudern gemeinsam dem Ufer entgegen und hissen die Fahne der Freiheit:

> Ich habe mir auch schon überlegt, wie diese Fahne in meinem Film aussehen müßte. Ich stelle mir vor: ein Mast, sonst nichts, jedes Fahnentuch ist wieder des Teufels. (II/693)

Hier zeigt sich Frischs totales Mißtrauen vor jeglicher Ideologie - ein verständliches Mißtrauen vor dem Hintergrund der geschichtlichen Erfahrungen dieses Jahrhunderts. Ein Mißtrauen, das bei aller Hellsichtigkeit aber

zugleich das Denken in gesellschaftlichen Alternativen
paralysieren muß. Die Geschichte Gottlieb Knolls ist wie
die Öderlands der mißratene Versuch eines Ausbruchs aus
der kapitalistischen Welt - der Versuch, auszubrechen ohne diese Welt selbst zu verändern. Frisch bleibt zwischen
Tür und Angel.

"Schinz".

Heinrich Gottlieb Schinz aus der "Skizze" am Schluß des
"Tagebuches 1946- 1949" ist ein angesehener Rechtsanwalt.
Eines Tages verirrt er sich auf einem Spaziergang im vertrauten Wald, verliert jegliche Orientierung. Ein Förster,
den er unterwegs trifft, erzählt ihm vom Fall eines Mannes, der gestohlen hat und doch wieder nicht, jedenfalls
nicht mehr als täglich und legal gestohlen wird; und dieser Mann befand sich überdies in einer Notlage. Schinz
kehrt erst spät abends nach Hause zurück, verändert, ein
anderer als er war; etwas vorab Unerklärliches ist einge-
brochen in die ihm vertraute Welt und in sein Denken. Aus
der örtlichen Orientierungslosigkeit ist eine umfassende
geworden: die Prinzipien seines Lebens und der Gesellschaft,
in der er lebt, sind ihm fragwürdig geworden.

Tage später übernimmt er einen Fall, ähnlich dem, den
der Förster ihm schilderte. Seine Behauptung im Plädoyer,
dieser Mann habe nicht gestohlen, trägt Schinz rasch den
Namen eines "Linksanwalts" ein; damit ist er gesellschaftlich erledigt. Er wehrt sich zwar, doch etwas Unüberbrück-
bares und Unversöhnliches ist zwischen ihn und seine bisher fraglose Welt gefallen:

> (...), zum allerersten Male merkte er, daß etwas ge-
> schehen ist, daß er sich verwandelt hat, daß das
> Selbstverständliche, was er zu sagen hat, im Wider-
> spruch steht zu aller Umgebung, in einem endgülti-
> gen und unversöhnbaren Widerspruch. (II/737)

"Der Rest ist wie ein böser Traum" (II/738), heißt es dann;
Schinz hat eine Erfahrung gemacht, die sich nicht mit-
teilen läßt - jedenfalls nicht den Mitgliedern dieser
Gesellschaft mit ihren Überzeugungen. Wie Öderland, wie
Stiller bricht er mit seiner bisherigen Identität, die
seine nun nicht mehr sein kann, und verschwindet.

> Ich muß hinaus, ich muß, ich kann es nicht aushal-
> ten, Unrecht zu sehen und zu schweigen, Zeitungen
> zu lesen, die das Gegenteil sagen, Menschen zu se-
> hen, die mich wie einen armen Kranken behandeln,
> (...). (II/740)

Schinz, so träumt er, emigriert; nicht nur äußerlich,
da er über die Grenze geht, sondern zutiefst innerlich
aus der Gesellschaft, mit der er in ihrer Lügenhaftig-
keit nie wieder zu tun haben kann. Als er endlich aufge-
griffen wird, ist er abgerissen und heruntergekommen wie
nur irgendein Landstreicher. Er wird verhört und inhaf-
tiert, weil man ihn zu einer Verschwörergruppe rechnet,
deren Kopf jener Förster aus dem verschneiten Wald sein
soll. Schinz soll ebenso exekutiert werden wie ein alter
Freund von ihm, den man mit zu den Verschwörern zählt,
weil er nie blindgläubig integriert war in diese Gesellschaft; ebenso wie jener Förster, der, wie Schinz nun
bemerkt, ein Gesicht wie Christus hat. Das letzte, was
Schinz hört, ist sein eigener, verzweifelter Schrei -
dann erwacht er, taubstumm.

Er lebt noch einige Jahre, gütig respektiert, obgleich
niemand seinen letzten Prozeß und seine seltsame Wandlung
vergessen hat - Schinz kann sie niemandem mehr mitteilen
und erklären. Er hatte ein numinoses Erlebnis, nicht umsonst sah jener Förster aus wie Christus; und nicht un-
wesentlich ist, daß Schinz gerade an der Frage der Eigen-
tumsordnung die gesellschaftliche Ordnung als lügneri-
schen Schein erkennt; eine gewissermaßen urchristliche
Eigentumsauffassung, die sich an der Bedürftigkeit orien-

tiert, ist aber anders denn als Krankheitserscheinung
für diese Gesellschaft nicht mehr vorstellbar. In ihr
wird Schinz durch seine jähe Einsicht zum Außenseiter
- und damit zu ihrem Opfer wie am Anfang des "Tagebuchs"
Marion.

Die Absage an den "American Dream".

Auch in seinem 1957 erschienenen Roman "Homo faber. Ein
Bericht" zeichnet Frisch einmal mehr das Muster eines
verfehlten Lebens, das Scheitern einer Existenz. Dieses
zentrale Thema Frischs wird nun, im Gegensatz zu den
letztbesprochenen parabolischen Skizzen des "Tagebuchs",
in einem realistischen, historisch lokalisierbaren Milieu angesiedelt. Es geht um ein zeitgenössisch-aktuel-
les Menschenbild, das vom "American way of life" der
Fünfziger Jahre geprägt ist. Aber es wird nicht allein
der Fall des Ingenieurs Walter Faber verhandelt - eine
spezifische Lebensform wird kritisiert, ein Leitbild,
das zur Erscheinungszeit des Romans als gültig akzeptiert wurde, wird schonungslos demontiert. Der Einzelfall dient zur Demonstration. Das Wortspiel um die Groß-
und Kleinschreibung des Namens weist darauf hin, daß es
um Typisches gehe; aus dem Eigennamen des Ingenieurs
wird der Gattungsname des technischen Menschen (1). Dieses Typische ist Zeittypisch: dieser Homo faber als Repräsentant einer historisch entwickelten gesellschaftlichen Organisationsform wird bereits von Hannah Arendt
beschrieben; und mit ihrer Definition des Typus steht man
bereits hautnah an den Bewußtseinsformen und -deformatio-
nen von Frischs Figur Walter Faber.

----

(1) Auf dieses Namensspiel verwies bereits Ferdinand van
    Ingen, Max Frischs "Homo faber" - Zwischen Technik
    und Mythologie; in: Amsterdamer Beiträge zur neueren
    Germanistik 2/1973, s.64.

Nach Hannah Arendt besitzt der Typus des Homo faber

> (...): die Tendenz, alles Vorfindliche und Gegebene
> als Mittel zu behandeln; das große Vetrauen in Werk-
> zeuge und die Hochschätzung der Produktivität im
> Sinne des Hervorbringens künstlicher Gegenstände;
> die Verabsolutierung der Zweck-Mittel-Kategorie und
> die Überzeugung, daß das Prinzip des Nutzens alle
> Probleme lösen und alle menschlichen Motive erklä-
> ren kann; die souveräne Meisterschaft, für die al-
> les Gegebene sofort Material wird und die gesamte
> Natur sich ausnimmt wie 'ein ungeheuer großes Stück
> Stoff, aus dem wir herausschneiden können, was wir
> wollen, um es wieder zusammenzuschneidern, wie wir
> wollen.'" (1)

Mit dem geht ein Denken einher, das nur Verachtung
empfindet für all jene Tätigkeiten, die sich nicht wiederum in jene technisch-merkantile Zweck-Mittel-Relation
einordnen lassen. Diese Bewußtseinsform wurde forciert
in einer Warengesellschaft, in der der Tauschwert über
den Gebrauchswert dominiert und in der die Entfremdung
des Produzenten von seinem Produkt und von den Verwen-
dungszusammenhängen fortgeschritten ist (2). Hier nun ist
der Sinn der Arbeit nicht mehr direkt auf den Menschen
bezogen, sondern auf die anonyme Instanz des Marktes, auf
dem die gesellschaftlichen Beziehungen der Menschen - und
die menschlichen der Gesellschaft - zu verdinglichten er-
starrt sind.

Um die Auswirkungen dieser Verhältnisse geht es in Max
Frischs "Bericht" , dessen Held wieder ein rechter Anti-
held ist, da ihm seine Bewährung letztlich trotz allen
äußeren Erfolgs im Leben mißlingt. Man sollte bei Frisch
in der Tat nur von Protagonisten sprechen, zu weit sind
seine Muster von denen des traditionellen Entwicklungsromans entfernt; wie in den "Schwierigen" oder auch in

-----

(1) Hannah Arendt , Vita activa oder vom tätigen Leben;
    Stuttgart 1960, s.298. Binnenzitat: Henri Bergson,
    Evolution Créatrice, o.O. 1948, s.157.
(2) Ebd. s.299.

"Stiller" findet sich in "Homo faber" eigentlich eine
Umkehrung der Schemata des Entwicklungsromans. Walter
Faber, der sich vordergründig so hervorragend bewährte
und der selbst seine private Existenz nach den Maßstäben eines technisch-rationalen Kalküls einrichtete, zerbricht gerade an diesen Maßstäben; zur Beweisführung
dient eine Handlung, die in ihren gehäuften Zufällig-
keiten Fabers Vertrauen auf die Gesetze statistischer
Wahrscheinlichkeit ad absurdum führt.

Wichtig für die Entlarvung des Faberschen Bewußtseins
und seine letztliche Katharsis sind die Bruchzonen, die
Hohlräume, in die seine vermeintliche Sicherheit und
Weltgewißheit immer wieder einbricht; wichtig für die
Tragweite der von Frisch in diesem Roman angemeldeten
Kritik ist, wie nah er an die gesellschaftlichen Ursa-
chen dieser Existenzverfehlung herankommt, wie präzise
er sie beschreibt - in welchem Maß der Einzelfall des
Ingenieurs Faber tatsächlich Repräsentanz beanspruchen
kann.

Wir verzichten auf eine Gesamtanalyse des Romans -
diese liegen in hinreichender Zahl vor und beleuchten
aus unterschiedlichen Blickpunkten die Problematik (1) -
und beschränken uns auf eine Erörterung der Bruchzonen
in Fabers Bewußtsein und Verhalten, weil an ihnen zuerst

----

(1) Cf. hierzu: Hans Geulen, Max Frischs Homo faber; Ber-
    lin 1965.
    Hans Mayer, Max Frischs Romane; in: Zur deutschen Li-
    teratur der Zeit, Reinbek 1967.
    Ursula Roisch, Max Frischs Auffassung vom Einfluß der
    Technik auf den Menschen - nachgewiesen am Roman "Ho-
    mo faber"; in: ÜMF I, s.84ff.
    Ferdinand van Ingen, op.cit.
    Werner Liersch, Wandlungen einer Problematik; in:
    ÜMF I, s.77ff.
    Gerhard Kaiser, Max Frischs "Homo faber"; in: ÜMF II,
    s.266ff.

die Kritik am "American dream" aufleuchtet, der nicht
nur ein amerikanischer war.

Diese Bruchstellen werden gerade dann auffällig, wenn
man Fabers Selbst -und Weltbild betrachtet. Er verkörpert, oder zumindest will er das, den kühl-rationalen
Techniker, dem alles den Gesetzen der Berechenbarkeit
unterliegt; damit ist das einmal aufklärerische Vertrau-
en in die Durchschaubarkeit und Erklärbarkeit der Phänomene, der Optimismus des technischen und wissenschaftli-
chen Fortschritts, längst umgeschlagen in einen Mythos
der Maschine, dem Natur und Psyche als zurückgeblieben
und minderwertig gelten, weil sie sich sperren gegen
völlige Kalkulierbarkeit und Unterwerfung. Dabei ist Walter Fabers Kritik, seine Ironisierung klischierter Sentimentalität und Gefühlsseligkeit durchaus angemessen, nur
eskamotiert er damit zugleich die Berechtigung von Gefühl
und Erleben überhaupt. Indem er deren Sperrigkeit gegen
seine Art von Rationalität abtut, legt er sich die Fall-
stricke, in denen er sich fangen wird. Für ihn sind Ge-
fühle allein "Ermüdungserscheinungen" (IV/92), die man
sich nicht zu erlauben hat. Sein Ideal wäre der Mensch
als Maschine, funktionierend, stets selbstkontrolliert,
störfrei, weil frei von Ängsten, Wünschen, Hoffnungen -
ein Mensch, verkürzt um wesentliche Dimensionen des
Menschlichen. Damit ist die Technik, die Maschine, als
Produkt des Menschen bereits zu etwas außer und über ihm
geworden; sie hat Fetischcharakter angenommen, sie hat
sich in der gesellschaftlichen Entfremdung, der Undurch-
schaubarkeit der Beziehungen, hypostasiert zu einer Instanz per se. Die Metaphysik der Theologie ist längst auf
der historischen Strecke geblieben, an ihre Stelle ist
die unbewußte Metaphysierung der Technik getreten. Der
Mensch, Schöpfer der Maschine, aber unter den gegebenen
gesellschaftlichen Bedingungen nicht zugleich ihr Meister,

sondern unterworfen den Gesetzen der Verfügbarkeit -
der Verwertung, Amortisierung und Profitabilität, versucht sich selbst den Qualitäten der Maschine anzuglei-
chen; für Faber ist der Mensch als Konstruktion möglich,
sein Material aber verfehlt: Fleisch sei ein Fluch (IV/
171). Die nicht durchschaute Entfremdung nötigt den Menschen zur Zurücknahme seiner Menschlichkeit.

Fabers private und intime Beziehungen sind distanziert
und unterkühlt wie seine übrigen Beziehungen zur Welt.
Seine Kontaktlosigkeit bemäntelt letztlich aber seine
Kontaktangst. Liebe strapaziert ihn, ist denkbar nur als
pure sexuelle Befriedigung; dabei erscheint ihm der Ge-
schlechtsakt selbst absurd. Jedes Verhältnis zu einer
Frau wird ihm auf die Dauer lästig, Freunde hat er kaum;
was er hat, sind Bekannte, die im Grunde völlig austauschbar bleiben. Diese Beziehungslosigkeit kristallisiert
sich in seiner Hochschätzung des Schachspiels - nicht
nur weil es ein Spiel kombinatorischer Logik ist:

> Ich schätze das Schach, weil man Stunden lang nichts
> zu reden braucht. Man braucht nicht einmal zu hören,
> wenn der andere redet. Man blickt auf das Brett, und
> es ist keineswegs unhöflich, wenn man kein Bedürfnis
> nach persönlicher Bekanntschaft zeigt, sondern mit
> ganzem Ernst bei der Sache ist - (IV/23)

Die angenehmsten Augenblicke erlebt Faber, wenn er eine
Gesellschaft verlassen kann, seinen Wagen startet, raucht
- allein mit sich und der Maschine (IV/92).

Einmal aber, als er betrunken ist, bricht es aus ihm
heraus; Faber verliert seine Maskenhaftigkeit. Die Beziehungslosigkeit, die er selbst als einzig mögliche Lebensform akzeptiert, auch wenn sie nicht immer leicht zu
ertragen sei (IV/92), ist dicht neben eisiger Isolation
angesiedelt. Ihre prononcierte Rechtfertigung ist ein
brüchiger Schutz vor tiefer Depression:

> In eurer Gesellschaft könnte man sterben, sagte ich,

man könnte sterben, ohne daß ihr es merkt, von
Freundschaft keine Spur, sterben könnte man in eu-
rer Gesellschaft! schrie ich, und wozu wir überhaupt miteinander reden, schrie ich, wozu denn
(ich hörte mich selber schreien), wozu diese ganze
Gesellschaft, wenn einer sterben könnte, ohne daß
ihr es merkt -
Ich war betrunken. (IV/67)

In vino veritas. Hinter der saloppen Lässigkeit einer
Gesellschaft, deren höchste Geselligkeit Cocktailgerede
ist, verbirgt sich eine umfassende Vereinzelung, deren
man sich besser nicht bewußt wird, um nicht zu verzwei-
feln - Verdrängung als **Schutzmechanismus.**

Ein anderer Schutzmechanismus vor der dennoch geahn-
ten und gefürchteten Sinnleere dieser Existenz ist die
Betriebsamkeit, die Unrast, das Tempo. Faber ist ständig unterwegs, ohne Arbeit wird er unruhig, nervös; Muße
ist ihm fremd, geradezu beunruhigend:

Ich bin nicht gewohnt, untätig zu sein. (IV/74)
Ich bin gewohnt zu arbeiten oder meinen Wagen zu
steuern, es ist keine Erholung für mich, wenn
nichts läuft, und alles Ungewohnte macht mich so-
wieso nervös. (IV/75f.)

Genau hieran setzt später die Kritik Hannas an, der
Jugendfreundin Fabers, mit der die beabsichtigte Ehe
nicht zustandekam; eine Kritik, die Faber auch zu diesem
Zeitpunkt noch weitgehend unverständlich bleibt. Für Hanna sind diese hektische Betriebsamkeit und Geschäftigkeit,
die Flüchtigkeit und Oberflächlichkeit der Beziehungen,
die Kalkulierbarkeit und Lösbarkeit aller auftauchenden
Probleme ein Kniff, antrainiertes Verhalten, um der Sinn-
frage der Existenz auszuweichen.

(...) Technik (laut Hanna) als Kniff, die Welt so
einzurichten, daß wir sie nicht erleben müssen. Ma-
nie des Technikers, die Schöpfung nutzbar zu machen,
weil er sie als Partner nicht aushält, nichts mit
ihr anfangen kann; Technik als Kniff, die Welt als
Widerstand aus der Welt zu schaffen, beispielsweise durch Tempo zu verdünnen, damit wir sie nicht

erleben müssen. (Was Hanna damit meint, weiß ich
nicht.) (IV/169)

Ähnlich lautete auch der Befund Hannah Arendts. Dieser Kritik entspricht präzise, daß Faber mit Natur nichts
anzufangen weiß, sie gerinnt ihm zu beschreibbaren und
meßbaren Phänomenen; sie bleibt ein Fremdes, Äußeres, interessant allenfalls, insofern sie durch Technik nutzbar
zu machen ist. Die Natur in ihrem Kreislauf von Werden
und Vergehen löst beim ihm sogar eine unterschwellige Beunruhigung aus, die dann immer offensichtlicher wird. Wer
den Menschen am liebsten maschinenähnlich hätte, dem muß
die eigene biologische Vergänglichkeit ein Fluch sein (1);
Krankheit, Alter, Tod - für Faber sind sie allein der
Fluch des Fleisches. Was ihn an diese Kreatürlichkeit gemahnt, wird verdrängt. So auch die deutlichen Zeichen der
eigenen tödlichen Krankheit; denn nur wenn er wohlfunktio-
niert,ist der Homo faber Mensch. Daher rührt auch Fabers
manischer Zwang, sich rasieren zu müssen, um nicht "etwas
wie eine Pflanze" zu werden (IV/27); daher sein wachsender Abscheu vor der fruchtbaren Vergängnis des Dschungels,
der sich - entgegen Fabers sonstiger   salopper , umgangs-
sprachlich-verknappter Ausdrucksweise - in immer düstere-
ren Metaphern und Oxymora des Ekels artikuliert.

Erst mit Sabeths Tod, dem Tod seiner und Hannas Tochter, mit der er unwissend-ahnungsvoll ein inzestuöses Verhältnis hatte, beginnt bei Faber eine kathartische Entwicklung, die Infragestellung seiner Lebensführung, die
Zurücknahme seines Weltbildes. Diese unglückselige Beziehung zur eigenen Tochter, in der Faber dennoch zum erstenmal seit seiner Jugendfreundschaft mit Hanna Liebe erfährt - und gerade deswegen versagt sein sonst distanzie-
render Verstand -, ist das konsequente Ergebnis

----

(1) In der portugiesischen Ausgabe des Romans lautet der
    Titel bezeichnenderweise "Os Homens nao sao Máquinas".

seines Anspruchs und seiner Hybris, alles für im mathe-
matischen Sinn lösbar zu halten. Nachdem er erfährt, daß
Sabeth Hannas Tochter ist, rechnet er so lange, bis er
sich beruhigen kann, er sei nicht ihr Vater - obgleich
Hanna damals ein Kind von ihm erwartete, über dessen Ab-
treibung bei ihrer Trennung vermeintlich Klarheit herrsch-
te:

> Ich rechnete im stillen (während ich redete, mehr
> als sonst, glaube ich) pausenlos, bis die Rechnung
> aufging, wie ich sie wollte: Sie konnte nur das Kind
> von Joachim sein! Wie ich's rechnete, weiß ich nicht;
> ich legte mir die Daten zurecht bis die Rechnung
> wirklich stimmte, die Rechnung als solche. (...);
> ich hatte ja die Daten (die Mitteilung von Hanna, daß
> sie ein Kind erwartet, und meine Abreise nach Bagdad)
> so gewählt, daß die Rechnung stimmte; fix blieb nur
> der Geburtstag von Sabeth, der Rest ging nach Adam
> Riese, bis mir ein Stein vom Herzen fiel. (IV/121f.)

Dies notiert Faber im Rückblick, nachdem er die Zusammenhänge kennt. Als Hanna ihn in Griechenland fragt, nach
Sabeths Unfall, ob er wisse, daß sie sein Kind sei, gibt
er zu: "Ich wußte es." (IV/158)

Zweierlei wird hier ersichtlich. Mit Sabeth, die ihn
immer an Hanna erinnerte, versucht Faber eine Art Wiederholung des früheren Verhältnisses, dessen Scheitern er
nie völlig bewältigte; für dessen Scheitern er sich verantwortlich - schuldig wenigstens - fühlte, ohne je genau
begreifen zu können, warum. Die Oberflächlichkeit seiner
Beziehungen und seine Distanziertheit anderer Menschen gegenüber erklärt sich so als eine Versehrtheit, die forsch
ummäntelt wurde. Wichtiger aber ist Fabers Selbstentlar-
vung durch jenes manipulierte Rechenexempel. Er versuchte
die Eigenschaften der Maschine, des Computers, der feh-
lerfrei funktioniert, weil er frei ist von Wunsch und
Hoffnung, zur Maxime des eigenen Verhaltens zu machen -
darin lag seine Hybris. Eine Hybris freilich, die nicht
allein individuell verschuldet ist; Faber ist auch das

Opfer einer gesellschaftlichen Ordnung, in der der Mensch
nur zählt, solange er in diesem Sinne funktioniert und somit verfügbar ist - das wurde ja bereits in der "Öderland"-
Parabel herausgestellt. Erst als Faber später in Caracas
die von ihm zu beaufsichtigende Turbinenmontage nicht lei-
ten kann, weil er erkrankte, stellt er fest, daß es auch
ohne ihn geht, daß auch er austauschbar ist (IV/170). Verfügbar ist das Subjekt, weil es nicht mehr über seine eigenen Produkte verfügt; sie stehen ihm als fremde Objekte
entgegen und es sucht sein Heil nun darin, sich deren Qualitäten zu eigen zu machen - das Subjekt degradiert sich
selbst, es entindividualisiert sich. Unterschlagen wird
dabei, daß man die Regungen der Psyche wohl verdrängen
kann, aber nicht auslöschen. Bei Fabers Rechnung war der
Wunsch der heimliche Vater des Gedankens; die so depra-
vierte Psyche wird - um bei Frischs Allusion an antike My-
then zu bleiben - zur Nemesis, Faber zum eigentlichen Opfer.

Am fatalen Einzelschicksal Fabers enthüllt sich so eine Konsequenz, die den Einzelfall transzendiert; in dieser
gesellschaftlichen, ökonomischen Organisation ist noch
dieses Extrem möglich.

Faber beginnt nun sein Bewußtsein als falsches Bewußtsein zu durchschauen, stimuliert auch durch Hannas Kritik.
Sein Credo "Wir leben technisch, der Mensch als Beherr-
scher der Natur, der Mensch als Ingenieur, (...)." (IV/107)
wird hinfällig. Vor wenigen Monaten wehrte er sich noch
gegen den Angriff eines jungen Künstlers auf sein Selbstverständnis:

> (...): der Techniker als letzte Ausgabe des weißen
> Missionars, Industrialisierung als letztes Evange-
> lium einer sterbenden Rasse, L e b e n s s t a n -
> d a r d als Ersatz für L e b e n s s i n n -
> Ich fragte ihn, ob er Kommunist sei.
> Marcel bestritt es. (IV/50; Sperrung M.Sch.)

Alles, was über die Bewältigung der nächstliegenden
Aufgabe hinaus einen ordnenden Sinn stiften könnte, wird
ihm sofort verdächtig - im Zeichen des Kalten Krieges als
kommunistisch. Nun, nach der Einsicht in die Verfehltheit
seines Lebens, versucht Faber, Ursachen dieser Verfehlung
zu orten. In Havanna beobachtet er zum erstenmal etwas,
was auch Leben heißen könnte - auch für ihn Leben heißen
könnte; ein Leben, das von Lebensfreude geprägt ist. Zum
erstenmal auch wird ihm seine eigene Unrast und Gehetzt-
heit unbegreiflich: "Mein Entschluß, anders zu leben -"
(IV/173). Sein Zorn entlädt sich auf Amerika und den American way of life, auf ein Leben, das sich fortwährend an
der Frage nach einer sinnvollen und erfüllenden Existenz
vorbeistiehlt, das Isoliertheit und Vereinzelung kaschiert
durch Lässigkeit.

> (...) - wie sie herumstehen, ihre linke Hand in der
> Hosentasche, ihre Schulter an die Wand gelehnt, ihr
> Glas in der andern Hand, ungezwungen, die Schutzher-
> ren der Menschheit, ihr Schulterklopfen, ihr Opti-
> mismus, bis sie besoffen sind, dann Heulkrampf, Aus-
> verkauf der weißen Rasse, ihr Vakuum zwischen den
> Lenden. Mein Zorn auf mich selbst! (IV/176)

Diese Anklage steigert sich in einem Crescendo; alles
verfällt nun seinem Verdikt: "Komfort, die beste Instal-
lation der Welt, ready for use, (...)." (IV/176). Hinter
den Neonfassaden der Städte, ihren Wolkenkratzerschluch-
ten, ist das Leben zurückgedrängt in ein steriles Reservat, jeder Gedanke an den Tod verstellt durch betrieb-
sam-bunte Kulissen. Kosmetik verbirgt das Altern, noch
die Leiche wird rosig-ansehnlich hergerichtet. Alles, was
an die zwangsläufige Hinfälligkeit des Menschen gemahnt,
wird vor dem Bewußtsein abgeriegelt - Jugendlichkeit als
Markenzeichen, Jugendlichkeit als Nachweis voller Lei-
stungsfähigkeit, mit deren Verlust der Verlust der Arbeit
und der gesellschaftlichen Anerkennung einhergehen. (Hier
ist auch eine Umwertung von Frischs Amerikabild festzu-

stellen, die noch vor wenigen Jahren in seinem Aufsatz
"Unsere Arroganz gegenüber Amerika" (III/222ff.) (1)
nicht zu erwarten gewesen wäre; eine Umwertung, die an
Radikalität auch dadurch nichts verliert, daß sie dem
Protagonisten des Romans in den Mund gelegt wird. Erste
kritische Ansätze zu einem veränderten Amerikabild finden sich allerdings aber schon in Sybilles Schilderung
ihres New York-Aufenthaltes in "Stiller".)

Kurz vor seiner entscheidenden Magenkrebsoperation
notiert Faber, seine Aufzeichnungen seien zu vernichten,
da nichts in ihnen stimme; eine letzte Revision seines
Lebens. Was ihm jetzt entscheidend schiene:

> Auf der Welt sein: im Licht sein. Irgendwo (wie der
> Alte neulich in Korinth) Esel treiben, unser Beruf!
> - aber vor allem: standhalten dem Licht, der Freude
> (wie unser Kind, als es sang) im Wissen, daß ich er-
> lösche im Licht über Ginster, Asphalt und Meer,
> standhalten der Zeit, beziehungsweise Ewigkeit im
> Augenblick. (IV/199)

Kein Zweifel: dies ist eine scharfe, eine radikale Abrechnung mit dem Lebensstil des American way of life und
seinen inhumanen Folgen für das Individuum, das sich ihm
unterwirft oder unterwerfen muß. Wo aber die Alternative
gestellt wird zwischen der technisierten Zivilisation
und der mit ihr einhergehenden geschilderten Bewußtseins-
lage und einer archaischen Welt, ist sie falsch gestellt.
Nicht die Technik selbst, deren Leistungen und Notwendigkeit ohnehin unbestreitbar sind, ist Ursache der Vereinzelung des Menschen, seiner Entfremdung aus einem sinnvollen gesellschaftlichen Zusammenhang, der Verdinglichung
der Beziehungen und des Bewußtseins, sondern die spezifische Form gesellschaftlicher Herrschaft, die nicht mehr
eingesehen wird, weil sie sich bereits selbst hinter ver-

----

(1) Zuerst in: Neue Schweizer Rundschau 20/1952f.; cf. dazu auch: Günter Bicknese, Zur Rolle Amerikas in Frischs
"Homo faber"; in: German Quarterly 42/1969, s.52ff.

meintlichen Sachzusammenhängen verbirgt. Auch hier bleibt
Frisch wieder, bei aller Schärfe seiner Abrechnung mit
dem American dream, auf der Schwelle stehen – darin darf
man eine Konstante seines Schaffens sehen. Genau hier
setzt auch Ursula Roischs Beurteilung an, wenn sie schreibt,
daß

> (...) die Fragestellungen seiner Werke die Problema-
> tik der Zeit nie verfehlen, wohl aber die angebote-
> nen "Lösungen". Im Unterschied zu Camus, Sartre oder
> Simone de Beauvoir liegt es allerdings auch nicht in
> der Absicht von Frisch, Antworten zu geben. Er bietet
> dem Leser vielmehr eine Skala möglicher Beobachtungs-
> weisen. "Modelle", die nicht den Anspruch auf absolu-
> te Gültigkeit erheben, ja nicht einmal den, objektiv
> wahr oder richtig zu sein. (1)

Daß diese Schwierigkeit für Frisch aber auch eine dramaturgische ist, selbst da, wo es um epische Arbeit geht,
macht eine Aussage deutlich, die sich auf "Graf Öderland"
bezieht. Es ist die Schwierigkeit, ein abstraktes, wenngleich dennoch täglich konkret, aber nicht bewußt erfahrenes Phänomen, Entfremdung nämlich, sinnfällig zu machen
im literarischen Modell. Das Medium fiktionaler Literatur
kann sich nicht des Diskurses theoretisch-analytischer
Argumentation bedienen, es muß ihn umsetzen in begreifli-
che Anschaulichkeit:

> Wie ist aber Entfremdung, als Begriff abstrakt, dar-
> zustellen, wenn nicht an einer Ich-Person? (...): ei-
> ne Ich-Geschichte, aber das Malaise, das die Privat-
> Person treibt, als Spiegel der herrschenden Verhält-
> nisse, somit als Kritik. (2)

----

(1) Ursula Roisch, op.cit. s.86.
(2) M.F. in: Dramaturgisches, loc.cit. s.40f.

Arbeitsbeobachtungen.

Das nächste Textbeispiel, das das Phänomen Entfremdung
behandelt, ist dem "Tagebuch 1966 - 1971" zu entnehmen;
es stammt aus dem Jahr 1966. Mit diesen Daten wird sogleich offenkundig, daß nach der breit angelegten Darstellung entfremdeten Bewußtseins durch einen typisier-
ten Repräsentanten der Gegenwart, dem "Homo faber", eine relativ große Zeitspanne verstreicht, bis diesem
Komplex wieder literarische Beachtung geschenkt wird.
Die Problematik tauchte zwar nicht unter den Horizont
der Aufmerksamkeit Frischs, aber sie geriet im Vergleich
zu den angeführten Beispielen der vorgängigen Schaffens-
periode doch eher in den Hintergrund - sie wurde nicht
weiter ausführlich literarisch thematisiert; auch wird
sie jetzt nicht mehr im fiktionalen Bereich angesiedelt,
die weiter oben beschriebene "dramaturgische" Schwierigkeit der Umsetzung entfällt. An ihre Stelle tritt ein
von Frisch aufgezeichnetes paradigmatisches, konkret-rea-
les Beispiel: die zufällige Unterhaltung zwischen ihm
und einem Handwerksmeister mit mehreren Angestellten in
einer Züricher Wirtschaft.

In der Montagetechnik dieses Tagebuchs tritt vielfach
das Realitätszitat an die Stelle der fiktionalen Verallgemeinerung, der parabolischen Umsetzung des Nachkriegstagebuchs; das repräsentative Beispiel steht für einen
aktuellen Bewußtseinsbefund. Diese Passagen sind im "Tagebuch 1966 - 1971" überdies typographisch von den fiktionalen abgesetzt.

Allerdings läßt sich gerade von dieser Stelle aus
nochmals ein Bogen zurückschlagen zu Notizen und Wertun-
gen des Nachkriegstagebuches, die von Frisch jetzt in
einigen Punkten revidiert werden. Anlaß der damaligen
Betrachtungen waren Beobachtungen über die verschieden-
artigen Charaktere der Arbeit auf der Züricher Letzig-

graben-Baustelle, die Frisch als ausführender Architekt
leitete. Er beschreibt vor allem sehr genau, welche Auswirkungen die Arbeit auf die Menschen hat, die sie leisten; der Hauptunterschied liegt für ihn zwischen rein
ausführender Arbeit, die ohne eigene Entfaltungsmöglich-
keit und ohne notwendige Einsicht in den Gesamtzusammen-
hang des arbeitsteiligen Prozesses vollzogen wird und
der handwerklichen, wenigstens teilweise noch kreativen
Arbeit. Entscheidend ist, ob austauschbare, von beliebig
jedem leistbare Teilarbeiten verrichtet werden, oder ob
ein überschaubar ganzes Produkt hergestellt wird.

> (...) - Gespräch mit einem verbitterten Eisenleger,
> der im Stundenlohn alle andern übertrifft, er
> schimpft über seinen Stundenlohn, aber im Grunde ist
> es nicht das; seine Arbeit, die ich oft genug ver-
> folgt habe, ist wirklich von jener Art, die an
> G a l e e r e erinnert und immer eine peinliche Em-
> pfindung erzeugt: man ist froh, daß man selber nicht
> dazu verdammt ist, froh um die Kunde, daß die Eisen-
> leger einen guten Stundenlohn haben und also zufrie-
> den sein sollen. (II/578f. Sperrung M.Sch.)

Auch in diesem kurzen Passus kommt einmal mehr Frischs
Arbeitsansatz zum Ausdruck: er beschreibt gesellschaftliche Verhältnisse konsequent in ihren Auswirkungen auf das
einzelne Subjekt und dessen Empfinden; durch die präzise
Wiedergabe des Typischen leuchtet darin Kritik auf, die
sich nicht weiter explizit verbalisieren muß. Ganz in
diesem Sinn definiert Frisch 1967 in einem Interview die
literarische Aufgabe:

> Die Domäne der Literatur? Fast wage ich zu sagen:
> das Private. Was die Soziologie nicht erfaßt: das
> Einzelwesen, das Ich, nicht mein Ich, aber ein Ich,
> die Person, die die Welt erfährt als Ich, die
> stirbt als Ich, die Person in allen ihren biologi-
> schen und gesellschaftlichen Bedingtheiten, also die
> Darstellung der Person, die in der Statistik enthalten
> ist, aber nicht zur Sprache kommt und im Hinblick
> aufs Ganze irrelevant ist (...). (1)

----

(1) M.F. in: Noch einmal anfangen können; Gespräch mit
    Dieter E. Zimmer, Die Zeit vom 22.12.1967.

Im zitierten "Tagebuch"-Passus wird auch die kritische Tragweite, der Realitätsbezug des bereits mehrfach
in fiktionalen Texten vorgestellten Symbols der Galeere
deutlich. Ein Einwand gegen Frischs Schreibstrategie
scheint allerdings möglich: die intendierte Kritik mag
sich nur dort voll entfalten, wo der Rezipient bereits
ein Verständnis des gesellschaftlichen Kontexts besitzt,
vor dessen Folie die Beispiele überhaupt erst als signi-
fikante erkennbar werden.

Anders als die beschriebene Arbeit der Eisenleger erscheint die Arbeit in ihrem Charakter dort, wo persönliche Verantwortung oder spezielles Geschick - noch - gefordert sind, bei Polieren und Handwerkern:

> Überall die aufblühende Selbstachtung, sobald die
> Arbeit einen persönlichen Spielraum gewährt; am mei-
> sten bei den Gärtnern, die immer wieder mit Vor-
> schlägen kommen, was ihnen noch besser gefiele; (...)
> Arbeit als Fron oder Arbeit als Selbstverwirklichung.
> Ich bin mir im klaren, daß der Bau zu den freundlich-
> sten Arbeitsstätten gehört, die unser Zeitalter zu
> vergeben hat; nicht zu vergleichen mit der Fabrik.
> (II/579)

Für den Arbeiter, so Frisch, sei die Arbeit stets gleich,
egal auf welcher Baustelle sie ausgeführt werden muß; dem
Handwerker stellen sich stets variierende Probleme, die
stets aufs neue seine Geschicklichkeit herausfordern. Er
ist dadurch eher in der Lage, sich in seiner Arbeit, seinem Produkt, das er als ein Ganzes verfertigt, wiederzuer-
kennen - er kann sich damit identifizieren. Die Austauschbarkeit auch handwerklicher Leistung wird dann 1966 im späteren Tagebuch als enttäuschende Einsicht registriert.

Dominiert in den behandelten Abschnitten des Nachkriegstagebuchs noch die resümierende Reflexion, so verzichtet
Frisch zwanzig Jahre später auf diese Darstellungsweise;
die Reflexion ist jetzt restlos eingeschmolzen in den Gang
des Gesprächs, das Frisch in indirekter Rede lakonisch in

Frage und Antwort nachzeichnet. Dabei provozieren seine
Fragen - ganz wie die Schreibstrategie dieses "Tagebuches" - bestimmte Antworten. Sie zielen vor allem darauf,
ob gewisse Arbeiten mehr Spaß machen als andere; das
stößt auf erhebliches Unverständnis. Die Kategorie der
Freude an Arbeit, der Selbstverwirklichung durch Arbeit,
existiert für den Handwerksmeister und Kleinunternehmer
nicht. Entscheidend ist für ihn - zwangsläufig - die Frage der Rentierlichkeit, der Konkurrenz des Marktes, der
Disziplin seiner Angestellten. Auch Frischs Insistieren,
ob er sich einen funktionierenden, sozialisiert-kollekti-
ven Betrieb vorstellen könne, bleibt unverstanden; einer
müsse doch verantwortlich sein für den Betriebsablauf, anders ginge das nicht.

Der ökonomische Zwang hat für den Handwerksmeister
zu jener Bewußtseinsabriegelung geführt, die oben mit den
Ausführungen Schnädelbachs als heutige Ideologie bezeichnet wurde: etwas anderes als das Bestehende ist überhaupt
nicht vorstellbar - die Dinge sind, wie sie sind. Der Gebrauchswert der Handwerksarbeiten ist nun, wie Frisch am
Beispiel demonstriert, restlos unter den Warenwert subsu-
miert; es wird gleichgültig, welche Arbeit man ausführt.
Damit hat die Entpersönlichung auch den Sektor überzogen,
den Frisch nach dem Krieg noch hoffnungsvoll als Residuum
möglicher Selbstverwirklichung charakterisierte.

 So ist das eben. Und deswegen muß er jetzt gehen,
 ohne die Hand zu geben, unlustig - (VI/44)

Noch auf eine weitere kurze Notiz dieses "Tagebuchs"
sei hier hingewiesen, weil sie einen Reflex auf die anar-
chische Revolte des Öderland-Themas enthält. Ein Angestell-
ter einer Züricher Fernmeldezentrale, ein bisher unbeschol-
tener, braver Familienvater und Mechaniker, hat durch
Brandstiftung diese Zentrale restlos lahmgelegt. Seine Arbeit, gibt er zu Protokoll, habe ihn angeödet, bei der Be-

förderung wurde er übergangen. Seine individuelle Revolte gegen die wohl empfundene, aber nicht durchschaute
Entfremdung bringt mit technischer Präzision 30 000 Tele-
fonanschlüsse zum Schweigen. Die Tat, notiert Frisch,
stößt bei manchem durchaus auf Verständnis. Trotzdem:

> Eine Erwägung, ob die bestehenden Arbeitsverhältnisse
> zumutbar sind oder vielleicht nicht, gehört nicht
> in das psychiatrische Gutachten, das sich mit der
> Feststellung begnügt: Psychopath. (VI/199)

Jedes Aufbegehren gegen die bestehende, entpersönli-
chende (Un)Ordnung legt als Symptom diese Unordnung bloß;
die offizielle Reaktion auf diese Regelverletzungen kann
nur darin bestehen, solches Verhalten als individuelle
Fehlleistung zu disqualifizieren. Indem Frisch solche Regelverletzungen aufzeichnet, läßt er Entfremdung begreifbar werden, ohne daß der Begriff selbst ein einzigesmal
genannt werden müßte; gerade dadurch wird der Rezipient
zur Überprüfung der faktischen gesellschaftlichen Realität und seines Bewußtseins davon aufgefordert. Dies ist
immer noch eine aufklärerische Intention, ohne daß das Di-
daktische daran offenkundig würde oder die Form, wie bei
der Parabel, determinierte.

Damit verlassen wir diese Reihe eines ideologiekritischen Konzepts, dessen letztliches Fundament die genuine
Ideologie der bürgerlichen Gesellschaft ist; um deren Niederschlag als Bewußtseinssubstrat der Individuen ging es
– um Entfremdung und ihre Wirkung, um das subjektive Aufbegehren dagegen und die daraus resultierende Unangepaßtheit der Protagonisten, die unter den gegebenen gesellschaftlichen Voraussetzungen vergeblich um eine sinner-
füllende Existenz, um ihre Individualität und ihre mögliche Einordnung in die Gesellschaft ringen. Frischs Kritik
lag darin, daß diese Versuche durchweg scheitern; auch darin, daß die angepassten Repräsentanten der gegebenen Ordnung meist ironisch-distanziert dargestellt werden. Die-

ser Blickwinkel auf die bürgerliche Gesellschaft ist nur
möglich, wenn der Autor sie mit der Perspektive auf eine
andere bereits transzendiert.

IDEOLOGIEN DES ALLTAGS - KRITIK DER TÄGLICHEN VORURTEILE

Frischs Bildnistheorie.

In Gegensatz und Ergänzung zu jenem historisch-materia-
listisch ableitbaren Paradigma der Ideologiekritik ist
nun ein humanistisch-moralisches zu betrachten; mit letzter kategorischer Schärfe lassen sich beide jedoch nicht
voneinander trennen. In diesem Konzept geht es zunächst
um das, was als Frischs Kritik am Bildnis, wie sie im
"Tagebuch 1946 - 1949" - und vorher zuerst bereits in
"Nun singen sie wieder" angedeutet - entwickelt wird;
aber auch hier spielt vielfach wieder das persönliche
Ringen um Individuation hinein.

Das Motto zu diesem antiideologischen Konzept nennt
Frisch in seiner Büchner-Rede (IV/229ff.); es sind die
Worte Merciers aus "Dantons Tod":

> Da klatschen die Galerieen, und die Römer reiben
> sich die Hände; aber sie hören nicht, daß jedes
> dieser Worte das Röcheln eines Opfers ist. Geht
> einmal euren Phrasen nach bis zu dem Punkt, wo sie
> verkörpert werden. - Blickt um euch, das alles habt
> ihr gesprochen; es ist eine mimische Übersetzung
> eurer Worte. Diese Elenden, ihre Henker und die
> Guillotine sind eure lebendig gewordenen Reden. (1)

Vor dem zeitgenössischen Hintergrund faschistischer wie
stalinistischer Untaten, der nationalsozialistischen Rassen-
vernichtungspolitik und des Weltkriegs, aber auch vor der
erschütternd überwältigenden Verführbarkeit großer Massen, hat dieses Büchner-Wort eine neue, furchtbare Di-

----

(1) Georg Büchner, Dantons Tod; in: Werke und Briefe,
    München, 2.Aufl. 1967, s.42f. Unser Büchner-Zitat
    ist umfänglicher als das in Frischs Rede; er führt
    nur den zweiten Satz und den dritten bis zum Semiko-
    lon an.

mension entfaltet. Dies ist der blutgetränkte Boden, auf
dem Frisch die Überlebenden und Mitschuldigen in ihre Verantwortung zu rufen versucht. Der Gang ist der bekannte:
von der realen Erfahrung ausgehend bemüht sich Frisch um
grundsätzliche Reflexion, deren Ergebnisse in die fiktionale Gestaltung einmünden.

In "Nun singen sie wieder" klingt dieses Thema zum erstenmal an. Mit dem stereotypen "Satane sind es" charakterisieren die Gegner sich wechselseitig; die Greuel der
einen erlauben den jeweils anderen den Dispens von eigener Verantwortung und Schuld. Und indem man dem Gegner
das Menschsein abspricht, ihn verallgemeinernd als das Böse schlechthin qualifiziert, stellt man sich selbst die
Lizenz zur bedingslosen Vernichtung des Bösen aus. Der
einzelne verschwindet restlos hinter einem Klischeebild,
das von jeglicher Propaganda meisterhaft zu handhaben war;
gleichzeitig verschwindet hinter dieser Konzeption literarischer Darstellung der Zeitereignisse aber auch die reale
historische Kausalität. Die Bedingungen der Manipulierbar-
keit werden nicht ersichtlich, die Verantwortlichkeit la-
stet schwer und einzig auf den Subjekten.

Gleich zu Anfang des Nachkriegstagebuchs wird Frischs
Bildnistheorie grundsätzlicher herausgearbeitet. Das vollzieht sich in drei Stufen, drei benachbarten Eintragungen,
deren letzte die Skizze "Der andorranische Jude" ist, dem
Kernstück des Bühnenmodells "Andorra".

Der Marionettenspieler Marion entwirft sich ein Bild
von Pedro, der irgendwann einmal einen Satz veröffentlichte, der Marion traf; seither verfolgt der alles, was
jener schreibt und tut. Und alles scheint das Bild der
Abneigung und des Hasses zu bestätigen, das Marion sich
entwirft, ohne den Mann zu kennen. Bis er ihn zufällig
kennenlernt und feststellen muß, daß nichts von alledem
stimmte. Marion entwarf sich ein Phantom, das der Wirk-

lichkeit nicht standhält; diese Befangenheit in der eigenen Vorstellung vergiftete Monate von Marions Leben,
Denken und Handeln - er ist einem selbstverfertigten Ge-
spenst aufgesessen. Auf diese Einleitung folgt eine prinzipielle Darlegung: "Du sollst Dir kein Bildnis machen"
(II/369ff.). Hier stehen jene Sätze, die für Frischs
Werk bedeutsam werden; sie gelten nicht allein für intersubjektive Beziehungen, sondern weit darüber hinaus
für gesellschaftliche und nationale - sie sind das Rück-
grat nicht allein für "Andorra", sondern ebenfalls für
"Als der Krieg zu Ende war", "Don Juan" und auch für den
"Stiller". Es geht um die fixierende Kraft eines Bildnisses, das man von anderen entwirft; eine Kraft, die im
eher privaten Bereich in der Lage ist, die Entwicklung
eines Lebens zu beeinflussen; die im gesellschaftlichen
Bereich, als kollektives Vorurteil, tödlich werden kann.

> Irgendeine fixe Meinung unsrer Freunde, unsrer El-
> tern, unsrer Erzieher, auch sie lastet auf manchem
> wie ein altes Orakel. Ein halbes Leben steht unter
> der heimlichen Frage: Erfüllt es sich oder erfüllt
> es sich nicht. Mindestens die Frage ist uns auf
> die Stirn gebrannt, und man wird ein Orakel nicht
> los, bis man es zur Erfüllung bringt. Dabei muß es
> sich durchaus nicht im geraden Sinn erfüllen; auch
> im Widerspruch zeigt sich der Einfluß, darin, daß
> man so nicht sein will, wie der andere uns ein-
> schätzt. Man wird das Gegenteil, aber man wird es
> durch den andern. (II/370f.)

Der Einfluß von Sartres Existenzphilosophie ist hier
völlig unverkennbar; das wird noch deutlicher im nachfolgenden Absatz:

> In gewissem Grad sind wir wirklich das Wesen, das
> die andern in uns hineinsehen, Freunde wie Feinde.
> Und umgekehrt! auch wir sind die Verfasser der an-
> dern; wir sind auf eine heimliche und unentrinnba-
> re Weise verantwortlich für das Gesicht, das sie
> uns zeigen, verantwortlich nicht für ihre Anlage,
> aber für die Ausschöpfung dieser Anlage. (...)
> Wir halten uns für den Spiegel und ahnen nur sel-
> ten, wie sehr der andere seinerseits eben der

Spiegel unsres erstarrten Menschenbildes ist, unser Erzeugnis, unser Opfer -. (II/371)

Für Sartre geht die menschliche Existenz der Essenz
voran; es gibt kein festgelegtes menschliches Wesen -
der Mensch ist, wozu er sich entwirft (1). Aus diesem
Ansatz folgt eine radikale Verantwortlichkeit des Menschen für sich und sein Verhalten. Das Subjekt existiert
aber nicht vereinzelt und nur für sich selbst, es ist
einer Vielzahl anderer gegenübergestellt und ausgesetzt,
durch sie erfährt es erst sich selbst; an ihnen aber erfährt auch seine Freiheit ihre Grenzen, denn mit keinem
Recht darf das Subjekt sich selbst mehr zugestehen, als
allen anderen zusteht.

> Um irgendwelche Wahrheit über mich zu erfahren, muß
> ich durch den andern hindurchgehen. Der andere ist
> meiner Existenz unentbehrlich, ebensosehr wie er der
> Erkenntnis, die ich von mir selber habe, unentbehr-
> lich ist. Unter diesen Bedingungen enthüllt die Ent-
> deckung meines Innersten mir gleichzeitig den an-
> dern, als eine mir gegenübergestellte Freiheit, die nur
> für oder gegen mich denkt und will. Somit entdecken
> wir sofort eine Welt, die wir "Zwischen-Ichheit"
> (Inter-Subjektivität) nennen wollen, und in dieser
> Welt entscheidet der Mensch, was er ist und was die
> andern sind. (2)

Das Modell "Andorra".

Was oben noch als Frischs Paraphrasierung existentialisti-
schen Gedankenguts über die Bedingungen und die Bedingt-

----

(1) Jean-Paul Sartre, Ist der Existentialismus ein Huma-
    nismus? Loc.cit. s.11ff.
(2) Ebd. s.26; noch radikaler wird die Funktion des ande-
    ren in Sartres philosophischem Hauptwerk "Das Sein und
    das Nichts" charakterisiert: "(...) sobald ich existie-
    re setze ich der Freiheit eine faktische Grenze, ich
    bin diese Grenze. (...) So ist die Achtung vor der
    Freiheit des anderen ein leeres Wort: Auch wenn wir uns
    vornehmen könnten, diese Freiheit zu achten, wäre doch
    jede Haltung, die wir dem anderen gegenüber einnähmen,
    eine Verletzung dieser Freiheit, (...)." Zit. nach:
    Klaus Schimanski, op.cit. s.212.

heit des Subjekts erschien, findet sehr schnell den
Rückbezug zur konkreten, zeitgenössischen Aktualität.
Das Beispiel des Antisemitismus gerät zum Paradigma für
die Unmenschlichkeit und Widersinnigkeit kollektiver
Vorurteile. In der Prosaskizze "Der andorranische Jude"
wird ein Außenseiter zum Juden, weil alle Welt in ihm
den Juden sehen will, der er, wie sich nach seinem Tod
herausstellt, gar nicht ist. Da man in ihm einen Juden
vermutet, versucht man alle Eigenschaften an ihm zu entdecken, die d e n Juden auszeichnen und zeichnen; entlarvend ist in der Skizze, wie später auch im Stück, daß
die Andorraner gerade ihre eigenen schlechten Eigenarten
auf den Außenseiter projizieren, um sie als typisch jü-
disch denunzieren zu können - schon hieran wird die Absurdität des Vorurteils deutlich. Man schafft einen Menschen nach dem Bilde, das man sich von ihm gemacht hat;
und in seiner Not und Bedrängnis nimmt der Außenseiter
irgendwann die Identität auf sich, die ihm aufgenötigt
wurde, und steht fortan zu dieser Identität - der cir-
culus vitiosus hat sich unentrinnbar geschlossen. Am Ende der Tagebuch-Skizze findet sich dann Frischs säkulari-
sierte Deutung des Dekalog-Gebots:

> Du sollst dir kein Bildnis machen, heißt es, von
> Gott. Es dürfte auch in diesem Sinne gelten: Gott
> als das Lebendige in jedem Menschen, das, was nicht
> erfaßbar ist. (II/374)

Das Bühnenstück heißt nicht mehr "Der andorranische
Jude", bezieht sich also nicht auf das Einzelschicksal
des Protagonisten, sondern heißt "Andorra" und bezieht
sich somit auf ein Gemeinwesen; um dessen Verhalten dem
Außenseiter gegenüber geht es, um die täglichen kleinen
Verfehlungen, Mißachtungen, um Gesten und Worte, die
sich zum Unheil summieren. Ausdrücklich wird das Stück
ein "Modell" genannt, um weder mit dem historischen Anlaß noch mit einem konkreten Kleinstaat verwechselt zu

werden. Das Modell konzentriert die tödliche Mechanik
kollektiver Vorurteile im exemplarischen Fall:

> Anders als die Parabel verdichtet und verfremdet das
> Modell nicht etwa tatsächliche Geschehnisse auf die
> ihnen innewohnenden beispielhaften, von allen Zufäl-
> len befreiten Züge (Beispiel: Brechts "Arturo Ui"),
> sondern entwirft eine soziologische Konstellation,
> die sich zur Wirklichkeit erweitern läßt. (1)

In der Ausarbeitung des Bühnenstücks kann sich Frisch
nun nicht mehr mit dem lakonischen Satz begnügen:

> Zu erzählen wäre die vermeintliche Geschichte seiner
> Herkunft, sein täglicher Umgang mit den Andorranern,
> die in ihm den Juden sehen: das fertige Bildnis, das
> ihn überall erwartet. (II/372)

Diese Herkunft will erläutert sein, der tägliche Umgang muß in typischen Szenen dargestellt werden. Daß das
Stück gerade hierin einige wesentliche Schwächen der Dramaturgie, der psychologischen Motivierung aufweist, ist
vielfach kritisch angemerkt worden (2); darauf muß hier
nicht eingegangen werden.

Frisch benutzt für sein Modell die Mittel des epischen
Theaters. Indem bereits nach dem ersten Bild der Wirt an
die Zeugenschranke im Bühnenvordergrund tritt, um seine
Selbstrechtfertigung abzulegen, wird die Spannung auf den
Ausgang des Geschehens abgelöst durch die Spannung auf
das Zustandekommens ebendieses Ausgangs; durch das abwech-
selnde Ineinander der beiden Zeitebenen öffnet Frisch das
Stück für die Reflexion des Zuschauers, der die Beteiligten, da die Handlung durch die Vorwegnahmen in ihrem Umriß bekannt ist, in ihre Verschuldung hineinwachsen
sieht. Die Szene wird zum Tribunal; der Rezipient wohnt
als Zeuge bei:

----

(1) Hellmuth Karasek, op.cit. s.81.
(2) Cf. Siegfried Melchinger, Drama zwischen Shaw und
    Brecht - Ein Leitfaden durch das zeitgenössische
    Schauspiel; Bremen, 4.Aufl. 1961, s.243ff. Cf. auch:
    Friedrich Torberg, Ein fruchtbares Mißverständnis -
    Notizen zur Zürcher Uraufführung des Schauspiels "An-
    dorra" von Max Frisch; in: Das Forum (Wien), 12/1961,
    s.455f.

> Die Andorraner sitzen im Parkett, nicht Richter,
> sondern ebenfalls Zeugen; (...) Konfrontation des
> heutigen Zeugen mit dem geschichtlichen Tatort.
> (IV/571)

Auch hierin kristallisiert sich ein Stück zeitgenössischer Erfahrung: die Schuldleugnung, die Verdrängung
und das Beharren im Vorurteil gehen den Beteiligten
beängstigend selbstverständlich von den Lippen; in den
fünfzehn Jahren, die zwischen der Prosaskizze und der Uraufführung lagen, vollzog sich in Deutschland - das ja
doch unverkennbar Anlaß der Fabel ist - eine Art der Vergangenheitsbewältigung, die Einsicht in individuelle wie
kollektive Mitverantwortlichkeit und Mitschuld kaum zutage brachte. Im "Tagebuch 1946 - 1949" erkennen sich
die Andorraner im Nachhinein als Judas, als Schuldige;
um diese Hoffnung auf Einsicht ist der Autor des Bühnenstücks bereits ärmer. Aber gerade durch die Uneinsich-
tigkeit der Beteiligten ergeht ein nicht zu überhörender
Appell an die Zuschauer, die Verfehlung und Rechtfertigung in einem sehen. Einzig der Pater nimmt auf der
Bühne seinen Teil der Schuld auf sich; auch er machte
sich ein Bild vom "Juden" Andri, das die Wahrheit dieses
Menschen vergewaltigte - auch wenn das Bild des Paters
im Gegensatz zu dem der anderen Andorraner wohlwollend
war. Nur, es war ebenso verfälschend:

> Auch ich bin schuldig geworden damals. Ich wollte
> ihm mit Liebe begegnen, als ich gesprochen habe
> mit ihm. Auch ich habe mir ein Bildnis gemacht von
> ihm, auch ich habe ihn gefesselt, auch ich habe
> ihn an den Pfahl gebracht. (IV/509)

"Andorra" hebt gerade auf die Verantwortlichkeit der
ins Geschehen Verstrickten ab; das Stück setzt sich damit
gegen eine Rechtfertigungslogik zur Wehr, die alle Schuld
nur einigen wenigen politisch Verantwortlichen zumessen
will. Frischs Fazit lautet denn auch:

> Die Quintessenz: die Schuldigen sich keiner Schuld

bewußt, werden nicht bestraft, sie haben nichts
Kriminelles getan. (1)

Das Modell, das aus der historischen Erfahrung abgezogen wurde, hat ein futurisches Element: es will gegen
Wiederholbarkeit immunisieren, indem es den Rezipienten
moralisch sensibilisiert. Im Programmheft zur Züricher
Uraufführung von 1961 schreibt Hans Magnus Enzensberger
ganz in diesem Sinn:

> Aber damit wir uns, und damit wir Frisch recht ver-
> stehen: "Andorra" ist kein historisches Drama, und
> es ist erst recht keine Aktualität in jenem Sinn,
> der die bekannten kurzen Beine hat. Die "Schwarzen"
> sind nicht die SS, der Judenschauer ist nicht Eich-
> mann, und nicht einmal der Jude ist ein Jude. Das
> Stück ist ein Modell: will sagen, nicht die Darstel-
> lung dessen, was war, sondern dessen, was jederzeit
> und überall möglich ist. (...) Heut oder morgen kann
> der "Jud" Kommunist heißen, oder Kapitalist, oder
> Gelber, Weißer, Schwarzer, je nachdem. (2)

Darin kommt klar - und richtig - zum Ausdruck, daß es
dem Stück keineswegs ausschließlich um die Aufarbeitung
der gesellschaftlichen Bedingungen des historischen Anlasses geht - auch wenn der als eine Sinnebene im Stück
eingebettet ist -, nicht um die verborgene Ratio hinter
der Irrationalität des Rassismus - um sozialpsychologi-
sche und politische Motivationen, die dieses Ideologem
erst fungibel machten -, sondern um die Verantwortlichmachung des Rezipienten.

> Meine Stücke sind keine Zeitstücke im landläufigen
> Sinn. Es sind immer wiederkehrende Muster, tragi-
> sche Muster. (...) Mich interessiert der Beginn ei-
> ner Katastrophe. Wann ist der Punkt des Neinsagens?
> Wenn man die Katastrophe erkennt, ist es meist viel

----

(1) M.F. in: Curt Riess, Eine Unterhaltung mit Max Frisch
über sein neues Stück; Die Zeit Nr.45, 1961, s.16.

(2) Hans Magnus Enzensberger, Über "Andorra"; zit. nach:
Albrecht Schau, Max Frisch - Beiträge zu einer Wir-
kungsgeschichte; Freiburg i.Br. 1971, s.274f.

zu spät. Das Schlimmste ist, sich daran zu gewöhnen.
(1)

Was sich hier äußert, zielt auf die moralische Verantwortlichkeit der Kunst für die gesellschaftliche Gegenwart und Zukunft, ist - ganz in Sartres Konzept von der
littérature engagée - eben die Verantwortlichmachung des
Rezipienten. Wie eng das Bildnis-Konzept Frischs dem Konzept des "Anderen" der Sartreschen Existenzphilosophie
verwandt ist, wurde oben dargelegt. Aber auch der zentrale Punkt der Fabelkonstruktion von "Andorra" zeigt eine
deutliche Parallele zum Denken Sartres: erst der Antise-
mit schafft den Juden als gezeichneten Außenseiter; Sartre führte dies erstmals in den "Betrachtungen zur Judenfrage" in "Les temps modernes" im Dezember 1945 aus.

> Nicht die Erfahrung schafft den Begriff des Juden,
> sondern das Vorurteil fälscht die Erfahrung. Wenn
> es keinen Juden gäbe, der Antisemit würde ihn erfin-
> den. (2)

> So bestimmt anscheinend die Idee, die man sich vom
> Juden macht, die Geschichte und nicht die geschicht-
> lichen Gegebenheiten die Idee. (3)

Aber Sartre geht in seiner essayistischen Beschreibung
der antisemitischen Disposition über rein subjektive Faktoren hinaus, indem er zumindest ansatzweise die gesellschaftlichen Zusammenhänge und Abhängigkeiten aufweist;
ein Moment, das in Frischs Modell fehlt.

> Aber anderseits lenkt der Antisemitismus die revolu-
> tionären Strömungen von der Zerstörung der Einrich-
> tungen auf die Vernichtung gewisser Menschen ab. Ei-
> ne antisemitische Menge wird glauben, genug getan zu

----

(1) M.F. in: Eberhard von Wiese, Das Abenteuer der Wahrhaftigkeit - Gespräch mit Max Frisch; in: Volksbüh-
nen-Spiegel Nr.1, 1962, s.2.

(2) Jean-Paul Sartre, Betrachtungen zur Judenfrage (zuerst: Porträt des Antisemiten; Oktober 1944); in:
Drei Essays, loc.cit. s.111.

(3) Ebd. s.113.

haben, wenn sie ein paar Juden massakriert und ein
paar Tempel in Brand gesteckt hat. Er fungiert somit als Sicherheitsventil für die besitzenden Klassen, die ihn ermutigen und so den gefährlichen Haß
gegen ein Regime in einen unschädlichen Haß gegen
einzelne verwandeln. (1)

Um diesen Mechanismus darzustellen, scheint das vor-
industrielle, handwerkliche Modellgemeinwesen Andorra
von vornherein nicht die geeignete Konstruktion zu sein.
Immerhin dient die archaisierende Vereinfachung dazu, in
plastischer Anschaulichkeit Manifestationen eines laten-
ten Vorurteils darzustellen, das unter dem Druck äußerer
Gefahr in schuldhafte Komplizenschaft umschlägt. Ein we-
sentlicheres Manko kann man darin erblicken, daß in "Andorra", mit einer Ausnahme, keinerlei Motivierung für
die bestehende Intoleranz und den Antisemitismus gegeben
wird. Einzig der Doktor, der nirgendwo reüssieren konnte,
weil angeblich der "Jud" überall schon die besten Plätze
besetzt hält, hat in seinem beruflichen Versagen, seiner
Frustration, die er aggressiv auf die Juden projiziert,
eine persönliche Motivation:

> Ich kenne den Jud. Wo man hinkommt, da hockt er
> schon, der alles besser weiß, und du, ein schlich-
> ter Andorraner kannst einpacken. So ist es doch.
> Das Schlimme am Jud ist sein Ehrgeiz. In allen
> Ländern der Welt hocken sie auf allen Lehrstühlen,
> ich hab's erfahren, und unsereinem bleibt nichts
> andres übrig als die Heimat. (IV/490)

So erscheint das Vorurteil nicht als Gewordenes, als
unter bestimmten Voraussetzungen Gewachsenes, sondern als
etwas, das schon immer in der Welt ist - es steht außerhalb der historischen und gesellschaftlichen Bedingungen
als ein Absolutes, dem sich das Subjekt aus moralischer
Verantwortung zu verweigern hat. Die Parabel in ihrer ab-
strahierenden Modellhaftigkeit wird ambivalent; einerseits löst sie sich aus der historischen Kausalität, und

---

(1) Jean-Paul Sartre, Betrachtungen; loc.cit. s.129.

andererseits gewinnt sie einen virtuell unbegrenzten
Geltungsbereich, der sich am jeweil gegebenen gesellschaftlichen Kontext aktualisieren und konkretisieren
kann. "Andorra" ist ein Modell für die Aufhaltbarkeit
einer Katastrophe - gerade auch durch das Paradox, daß
die Dramaturgie zielstrebig und unaufhaltsam auf Andris
Tod und die moralische Katastrophe der Andorraner hinarbeitet. Die Konzentration auf die subjektive Verantwortlichkeit und Verschuldung der Andorraner ist eng mit
Frischs Wirklichkeitsbegriff verknüpft, der sich aufs
subjektive Erleben bezieht:

> Wirklich nennen wir nicht, was geschieht, (...),
> sondern wirklich nennen wir, was ich an einem Ge-
> schehen erlebe, (...). (1)

Überträgt man diese Definition der Erkenntnisfähig-
keit aufs intersubjektive Feld, so bedeutet das, daß es
nicht stets die zugrundeliegenden gesellschaftlichen Ge-
setzmäßigkeiten sind, die die Wirklichkeit des Individuums konstituieren, sondern das, was der einzelne in ihnen erfährt: Spiegelung der Oberflächenerscheinungen im
individuellen Erleben. Hier hat die bürgerliche Ideologie den Autor eingefangen, dessen subjektives Bemühen
gerade der Zersetzung dieser Ideologie gilt; die Kritik
der Entfremdung findet ihre Grenzen in der Entfremdung
- und hierin manifestiert sich ein erheblicher Unterschied zu Brechts Arbeitsansatz, der hinter den Erscheinungen die bestimmenden Faktoren erkennbar machen will.
Gerade in seiner Sezuan-Parabel oder in der "Heiligen
Johanna der Schlachthöfe" veranschaulicht Brecht, daß
der Gute nicht gut sein kann, wo die Not der Umstände es
nicht erlaubt; und die ethische Intention, die in "Andorra" steckt, bleibt hinter einer Einsicht zurück, die

---

(1) M.F. zit. nach: Helmut Krapp, op.cit. s.299f.

Frisch im "Tagebuch 1946 - 1949" formulierte:

> Die Unmöglichkeit, sittlich zu sein und zu leben -
> oder man läßt eben beides im Halben ... Die Sitt-
> lichkeit, wie sie uns gelehrt wird, schließt immer
> schon die weltliche Niederlage in sich; (...). (II/
> 564)
>
> Das Gute, wir wissen es, läßt sich allerhöchstens
> in deiner eignen Brust verwirklichen. Ein guter Ge-
> danke, gewiß, gut für die Herrschenden. (II/565f.)

Diese beiden Faktoren, die mangelnde Erhellung der
gesellschaftlichen Hintergründe - "Andorra" zeigt die Un-
terdrückungsfunktion eines Ideologems, nicht aber zugleich
seine Herrschaftsfunktion - und die ganz subjektive Verantwortlichmachung der Andorraner, die nur begrenzt durchschauen können, in welchen Zusammenhängen ihr eignes Handeln steht, hinterlassen einen recht ambivalenten Eindruck
bei der Betrachtung des Stücks. So bleibt die Frage, ob
der moralische Appell an den Rezipienten, der dennoch den
Wert dieses Modells ausmacht, fruchtbar werden kann, wo
dem Rezipienten nicht gleichermaßen die real-gesellschaft-
lichen Bedingungen des Konflikts sichtbar gemacht werden.
Dieser Befürchtung konnte sich auch Frisch selbst nicht
verschließen; eine Äußerung zu "Biedermann und die Brandstifter", das ja nicht weniger die Verhinderbarkeit einer
Katastrophe vor Augen führt, deutet es an:

> (...) die Fragwürdigkeit der Parabel: (...) daß sie
> immer nach allen Seiten anwendbar ist. Das geht mir
> mit dem "Biedermann" auch so: Ist das damit gemeint
> oder jenes? Ja, nein. Und so weiter. Daß man sagt,
> warum sagen Sie denn nicht, was gemeint ist, die
> Bourgeoisie und der Faschismus? Dann müßte es histo-
> risch begründet sein. Nun, es kann gemeint sein, muß
> nicht gemeint sein: Die Parabel hat etwas Vages. (1)

Frischs Skepsis über die Wirksamkeit des Theaters, die

---

(1) M.F. in: Rolf Kieser, op.cit. s.117.

er mit den Jahren immer stärker gerade an Brechts Anspruch, zur Erkennbarkeit und damit zur Veränderbarkeit
der Gesellschaft beizutragen, festmacht, trifft ebensosehr seinen eigenen Ansatz; auch wenn er sich gegen eine
Lehre, die aus seinen Stücken zu ziehen wäre, zur Wehr
setzt: die Appellstruktur von "Andorra" zielt, wenn auch
nicht auf ein präzis historisch bestimmbares "fabula do-
cet", so dennoch auf eine Haltung, zu der der Rezipient
sich erziehen möge. Frisch betreibt Aufklärung, die auf
Sittlichkeit hinarbeitet.

"Andorra" war unstrittig Frischs größter Bühnenerfolg
und ist weitgehend in den Kanon des Deutschunterrichts
aufgenommen worden; an einem Beispiel aus der jüngeren
schweizerischen Politik muß er aber feststellen, wie pe-
ripher seine Wirkung eigentlich blieb. Ihm wurde die Frage gestellt:

> Darf ich an den Verfasser von "Andorra" die ganz
> konkrete Frage richten: Glauben Sie, daß ein schrift-
> stellerisches Werk vermag, daß sich schlimme Vorkomm-
> nisse der Vergangenheit in der Zukunft nicht wieder-
> holen, indem es sie zur Kenntnis bringt, sie bewußt
> macht? Ist das eine Hoffnung oder eine Illusion? (1)

Darauf antwortete Frisch:

> Das ist ein Optimismus, den ich nicht habe. Man könn-
> te es in diesem Fall sogar ganz hübsch beweisen. Es
> ist dort der Rassismus als ein allerdings umfängli-
> cheres Phänomen herangezogen worden, sehr lapidar,
> klar, schultheaterhaft, (...); und was nachher er-
> folgte - das Stück wird in den Schulen gelesen, es
> gab nicht nur Aufführungen, es ist einigermaßen
> bekanntgeworden - war die völlige Hilflosigkeit in der
> Gastarbeiterfrage und die zum Teil (wenn auch nicht
> nur) rassistischen Reflexe darauf. Der Gegenbeweis,
> daß da etwas gelehrt wurde, das eine Wirkung gezei-
> tigt und Früchte getragen hat, wäre damit widerlegt.
> (2)

----

(1) Bloch/Hubacher, op.cit. s.21.

(2) M.F. ebd. 1965 und 1966 setzte sich Frisch in zwei
    Artikeln vehement mit den schweizerischen Ressenti-
    ments Gastarbeiter gegenüber auseinander; cf. "Über-
    fremdung I" und "Überfremdung II" (V/374ff.)

"Als der Krieg zu Ende war".

Auch in seinem 1947/48 entstandenen Stück "Als der Krieg
zu Ende war" setzt sich Frisch mit der bornierten Macht
des kollektiven Vorurteils auseinander; mit seiner poetischen und moralischen Kraft geht er dagegen an - obgleich gesagt werden muß, daß dieses·Stück zu den schwäch-
sten Arbeiten des Autors gehört. Der Einzelfall, eine Ausnahme, die faktisch verbürgt ist, wird gegen das Klischee
gesetzt. Noch direkter als die Parabel vom andorranischen
Juden ist das Stück der gerade aktuellen Gegenwart verpflichtet: in der politischen Konstellation des Kalten
Krieges wird d e r Russe zum neuen Feindbild stilisiert.
Dieses Stereotyp hatte im Nachkriegsdeutschland - und
nicht allein hier - eine erhebliche Brisanz; mit diesem
Bild wurde der Konflikt antagonistischer gesellschaftlicher Systeme verschleiert. Der Russe ist Kommunist und also per se das Böse; begründet ist mithin Frischs Nachbemerkung zum Stück, in Aufführungen nur ja nicht etwa das
"T y p i s c h - N a t i o n a l e an irgendeiner Figur"
herausarbeiten zu wollen (II/277).

Die Protagonisten agieren, wenngleich zeitgenössische
Repräsentanten, als reine Menschen, an denen das fertige
Vorurteil zuschanden werden muß. Ihr Ziel ist

> (...), ein Mensch zu sein gegen eine Welt, die auf
> Schablonen verhext ist, gegen eine Zeit, deren Spra-
> che heillos geworden ist, keine menschliche Sprache,
> sondern eine Sprache der Sender und eine Sprache der
> Zeitungen, eine Sprache, die hinter dem tierischen
> Stummsein zurückbleibt. (II/537) (1)

Wie sehr Frisch mit solchem Vorsatz den Nerv seiner
Zeit und seiner Mitbürger traf, zeigt seine lakonische

---

(1) In der Kritik der Zeitungs- und Sendersprache ist der
    Bezug zu Karl Kraus offensichtlich. Frisch zitiert im
    Nachwort zur Buchausgabe des Stücks den Wiener in ei-
    nem Motto; Kraus wirke, heißt es, im Rückblick gerade-
    zu gespenstisch prophetisch (II/278ff.).

Tagebuchnotiz zur Züricher Uraufführung: "Kleine Schlä-
gerei im Foyer" (II/637). Frischs Bildniskonzept würde
mißdeutet, wollte man in ihm nur eine Grundaporie menschlichen Miteinanders sehen; Frisch bemüht sich hier
wie in "Andorra" eben auch um die konkreten gesellschaftlichen Auswirkungen ideologischen Denkens - Nicht-Denkens
eigentlich -, das im Bildniskonzept, wie es im Nachkriegstagebuch ausgeführt wurde, nur seine grundsätzlichen, ab-
strahierenden Formulierungen fand.

"Stiller" - Private Bildnisse, gesellschaftliche Scha-
blonen.

In einer längeren Besprechung in der "Neuen Rundschau"
setzt sich Marcel Reich-Ranicki recht kritisch mit Max
Frischs 1954 erschienenem Roman "Stiller" auseinander,
der wie kein anderes Werk zuvor den Ruf des Romanciers
Frisch begründete; trotz aller Kritik kommt er zu fol-
gendem Urteil:

> Mag jedoch die philosophische Idee des Romans frag-
> würdig sein, mag der epische Grundriß den Eindruck
> eines mühselig ausgeklügelten Konstruktionsschemas
> erwecken - "Stiller" gehört zu den Höhepunkten der
> deutschen Prosa nach 1945. (1)

"Stiller" hat es den Rezensenten und Interpreten nicht
leicht gemacht, das Spektrum divergenter Urteile ist dafür Zeuge. Nicht zuletzt liegt das daran, daß man in diesem Werk durchaus Elemente der Tradition des bürgerlichen
Eheromans erkennen kann, ebenso des Künstler- und des
psychologischen Romans oder des gesellschaftskritischen;
all dies ist in den verschiedenen Sinnebenen des "Stiller" auch angelegt, die sich wechselseitig durchdringen.

----

(1) Marcel Reich-Ranicki, Über den Romancier Max Frisch;
    in: Neue Rundschau 74/1963, s.279.

Gerade auch diese Vielfalt der Konzepte und ihrer Bezüge konstituiert die Qualität des Romans und ist wohl mit
ein Grund für seinen überragenden Publikumserfolg. Die
Konzentration auf eines dieser Romankonzepte verrät allerdings oft genug in Besprechungen und Untersuchungen
das jeweils spezifische Erkenntnisinteresse des Interpreten.

Zunächst ist aber nochmals daran zu erinnern, wie sehr
die Konfliktsituationen des Romans, die Konflikte der
Protagonisten mit ihren Lebensentwürfen und miteinander,
abgezogen sind von biographischen Gegebenheiten, Erleb-
nissen und Erfahrungen des Autors (1); sie bilden eine
wesentliche - eine recht private - Folie des Romans. Aber
ihre fiktionale Umsetzung stößt in gesellschaftliche Dimensionen durch; der Erfolg des Buches läßt vermuten, daß
seine Problematik sehr wohl Problemlage und -bewußtsein
seiner zeitgenössischen Leserschaft traf.

Vergleicht man "Stiller" mit Frischs vorangegangenem
Roman "Die Schwierigen oder J'adore ce qui me brûle", so
fallen neben Übereinstimmungen sogleich gravierende Unterschiede ins Auge - Unterschiede, die für die Entwicklung
des Autors symptomatisch sind. Viele Themen und Grundpro-
bleme bleiben bei Frisch zwar recht konstant; unterschied-
lich ist aber die Art, wie sie angegangen werden, ihre
Lösungsansätze - auch wo diese oft nur durch die Richtung
einer offengelassenen Frage erkennbar werden. Beide Romane sind - auch - Künstlerromane, in beiden versuchen
Schwierige ihre Selbstfindung, ihre Individuation; in beiden suchen die Protagonisten ihren Ort in der Gesellschaft.
Aber wo die Gesellschaft im früheren Roman hauptsächlich
nur auf Grund des in ihr enthaltenen Antagonismus erkenn-

---

(1) Cf. oben s.35f.

bar war, nur durch die Atmosphäre geschichtlich einzuordnen - im "Stiller" ist es unverkennbar und explizit
die Schweiz der Jahre vom Spanischen Bürgerkrieg bis zu
den beginnenden Fünfzigern. Hier ist es nicht allein
die Schwierigkeit des Außenseiters, der sich nicht in
die Borniertheit der Verhältnisse fügen kann und will
- hier werden die Verhältnisse selbst zur Sprache gebracht. Sie spiegeln sich nicht mehr nur im Innern der
Protagonisten, sie werden jetzt beschrieben und attak-
kiert; der konkrete Wirklichkeitsbezug ist unverkennbar
größer. Einiges auch fand Eingang in den Roman, was den
Autor in starkem Maß als schweizerischen Bürger interes-
sierte. So wiederholt Anatol Ludwig Stiller im Roman die
Argumente Frischs gegen die Misere der Architektur und
Stadtplanung - wobei der Roman die Wurzeln des Übels
eher in mangelnder Neuerungsbereitschaft sah, in der
Rückwärtsgewandtheit der Schweiz, ihrem fehlenden gesellschaftlichen Entwurf für Gegenwart und Zukunft; als Architekt und Polemiker wußte Frisch allerdings sehr wohl, in
seinen Streitschriften auch die bestehenden Eigentumsver-
hältnisse für die Mißstände verantwortlich zu machen (1).

Mit Nadelstichen und Seitenhieben wird das offiziöse
helvetische Selbstverständnis desavouiert, der von er-
starrter Tradition überwucherte Freiheitsbegriff auf seine Gültigkeit abgeklopft:

> Mein Verteidiger irrt sich; ich hasse nicht die
> Schweiz, sondern ihre Verlogenheit. (...) Was, zum
> Teufel, machen sie denn mit ihrer sagenhaften Frei-
> heit? Wo es irgendwie kostspielig wird, sind sie so
> vorsichtig wie irgendein deutscher Untertan. In der
> Tat, wer kann es sich denn leisten, Frau und Kinder
> zu haben, eine Familie mit Zubehör, wie es sich ge-
> hört, und zugleich eine freie Meinung nicht bloß in

----

(1) Cf. oben s.34f. und III/593ff; hierzu auch: Thorbjörn
    Lengborn, op.cit. s.152.

Nebensachen? Dazu braucht es Geld, so viel Geld,
daß einer keine Aufträge braucht und keine Kunden
und kein Wohlwollen der Gesellschaft. Wer aber so
viel Geld beisammen hat, daß er sich wirklich die
freie Meinung leisten könnte, ist ohnehin mit den
herrschenden Verhältnissen meistens einverstanden.
Was heißt das? Auch hierzulande herrscht das Geld,
heißt das. Wo bleibt also ihre glorreiche Freiheit,
die sie sich wie einen verdorrten Lorbeer hinter
den Spiegel stecken; wo bleibt sie in ihrer täglichen Wirklichkeit? (III/545f.)

Diese Kluft zwischen politischem Anspruch, Schein
und Wirklichkeit wird von Frisch häufig kritisch ausge-
messen, nicht zuletzt themengleich und ganz direkt in
seiner Ansprache zum Nationalfeiertag 1957 (IV/220ff.).
Hier, im Roman, werden die polemischen Attacken dem land-
flüchtigen schweizerischen Bürger in den Mund gelegt, der
als Stiller die Schweiz kannte und kennt und ihre dumpfe,
retrograde Bürgerlichkeit verachtet, um sie als James
Larkin White, dem Fremden, mit den Augen des scheinbar
Unvoreingenommenen zu sehen und zu beschreiben. Aber Ironie und Sarkasmus Stillers gelten nicht nur der Schweiz
(der er bei entsprechendem Geschäft ohne weiteres den
Pakt mit dem Faschismus zutraut (III/547 und 613f.), sie
gelten dem gesellschaftlichen System, dessen Teil die
Schweiz ist. Unverblümt und treffend werden die Besitz-
verhältnisse beim Namen genannt:

(...) daß den Aasgeiern der mexikanische Himmel, den
Amerikanern aber die mexikanischen Bodenschätze gehören, (...). (III/388)

Ein bestimmter, aber nicht allzu seltener Typ von Ge-
schäftsmann wird - im Vorgriff auf Gottlieb Biedermann -
als

(...) Haaröl-Gangster! (...), so ein Millionär, (...),
dem in einem ordentlichen Rechtsstaat nicht beizukom-
men ist. (III/377; cf. auch III/694)

bezeichnet. Und über den politischen Klimawechsel in der
Schweiz - aber nicht nur dort - sinniert White/Stiller:

Hat dieser Stiller nicht einmal gegen Franco ge-
kämpft? Und da Antifaschismus zwar eine Zeitlang
als schweizerische Tugend galt, heute aber genügt,
um als Höriger der Sowjets verdächtigt zu werden -.
(III/544)

Diese Äußerungen, es ließen sich viele zitieren, sind
keineswegs nur periphere Meinungen des Protagonisten;
sie zeichnen ein aktuelles Gesellschaftsbild und ebenso
White/Stillers Verhältnis zu dieser Gesellschaft. Er ist
Außenseiter nicht nur wegen seiner problematischen Disposition, nicht nur als Privatmensch, sondern als Bürger, der sich der Bürgerlichkeit in dieser ihrer konkreten Ausprägung verweigert; die individuelle Problematik
ist in dieser Figur mit der gesellschaflich-politischen
engstens verzahnt.

Das zeigt sich auch am Bildnis-Konzept, wie es in diesem Roman angelegt ist. Schon im allerersten Satz wehrt
sich White/Stiller vehement gegen ein Bild, eine Rolle,
die ihm zugemessen werden soll und die er zu spielen
nicht mehr bereit ist: "Ich bin nicht Stiller!" (III/
361). Dieses Bildnis, diese Rollenzuweisung, wird von
verschiedenen Seiten an Stiller herangetragen: von seinen engsten Mitmenschen, seiner Frau Julika und seinen
Freunden; von seinem Heimatland, dessen Vorstellung vom
Bürger er nicht gerecht werden will und kann; von sich
selbst, da er in ständiger Selbstüberforderung von sich
verlangt, zu sein, was er nicht ist. Schlagendstes Beispiel für diese Selbstüberforderung ist sein Spanienerlebnis. Als Freiwilliger nahm Stiller am Bürgerkrieg
gegen die Faschisten teil; aber, wie er später einsieht,
es ging ihm mehr um sich selbst als um die Sache. Auf
einen Posten abkommandiert, versagt der "naive Kommunist"
und "romantische Sozialist" (III/592), weil er Faschisten als Menschen erlebt, nicht als Gegner und Feinde;
er schießt nicht und läßt sich überwältigen. Politische

Notwendigkeit und humane, ethische Entscheidung sind
für ihn eine unüberwindliche Aporie. Ein Riß geht durch
seine Person - und trotz aller Rationalisierung empfindet er sein Verhalten stets als Versagen; ein Versagen,
das wesentlich zur Verstärkung seiner Minderwertigkeitsangst beiträgt. Die Erklärung, die Stillers Freund Stur-
zenegger für dessen Spanienerlebnis zurechtlegt, nimmt
Gedanken vorweg, die man aus späteren, direkten Äußerungen des Autors kennt. Nur bleiben sie hier gebrochen,
erscheinen als Leugnung des Konflikts, in dem Stiller
sich befand und der - cum grano salis - der ethische
Konflikt auch des Autors ist:

> (...); er nannte es einen Sieg des Menschlichen,
> einen Sieg des konkreten Erlebnisses über alles
> Ideologische und so fort; er fand allerlei Worte
> dafür. (III/491)

So sehr Stiller unter dem Bild leidet, das man von ihm
entwarf und mit dem man ihn fixiert, so sehr er die aufgezwungenen Rollen flieht - und im ganz direkten Wortsinn
flieht -, weil sein, wie auch immer labiles, Selbstverständnis mit ihnen nicht zur Deckung zu bringen ist, auch
er selbst begeht die "Sünde" des Bildnismachens - vor allem seiner Frau gegenüber. Umgekehrt wird er gerade von
Julika mehr noch als von allen anderen durch eine einmal
gefaßte Überzeugung von seinem Wesen gefangengehalten;
dem Bild eines Wesens, von dem er überzeugt ist, daß es
nicht die Wahrheit seines Selbst trifft, ohne daß er aber
noch imstande wäre, diese seine Wahrheit mitzuteilen.

Bildnis bedeutet hier, daß die Eheleute, was immer der
Partner sagt oder tut, stets ihrem einmal entworfenen In-
terpretationsschema entsprechend auslegen - bis ein unbe-
fangener Umgang miteinander, frei von Unterstellung, Vermutung und (oft nur schweigendem) Schuldvorwurf, unmöglich
geworden ist. White/Stiller beschreibt Julikas Verhalten
ihm gegenüber, den sie sofort als ihren verschollenen

Stiller wiedererkennt und dem sie folglich auch nach
sechsjähriger Trennung mit ihrem alten Vorverständnis
begegnet, ohne seine inzwischen angenommene neue Identität zu respektieren:

> Ich begriff: ihr ganzes Verhalten bezieht sich nicht
> auf mich, sondern auf ein Phantom, und einmal mit ih-
> rem Phantom verwechselt (denn wahrscheinlich hat es
> den Mann, den sie sucht, gar nicht gegeben!), ist man
> einfach wehrlos; sie kann mich nicht wahrnehmen.
> (III/435) (1)

Nicht anders aber verhält sich Stiller ihr gegenüber.
Julika selbst wurde mit dem Gedanken der Bildnis-Sünde
erstmals durch einen jungen Jesuiten während ihres Sanato-
riumsaufenthaltes in Davos vertraut gemacht - diese ganze
Episode ist eine deutliche Reminiszenz an Thomas Manns
"Zauberberg"; mit diesem Gedanken, der sie fasziniert,
scheint ihr Stillers Verhalten auf den Begriff gebracht.
Allerdings ohne daß sie ihr eigenes Verhalten ihm gegenüber deswegen überprüfen und ändern könnte.

Jede Form des Bildnismachens bedeutet, im sehr privaten
wie im öffentlichen Bereich, eine Form der Realitätsver-
kennung; die vorgefasste Meinung wird nicht mehr an der
Wirklichkeit überprüft - ein ideologisches Zerrbild tritt
an die Stelle der so unerkennbar bleibenden Wirklichkeit.
Die vernichtende Macht dieses Zerrbildes - wie sie im gesellschaftlichen Bezug an der "Andorra"-Parabel demonstriert wurde - findet ihren metaphorischen Ausdruck in
einem Traum Stillers, der zuerst sich selbst sieht, den
verschollenen Stiller, der er nun als White zu sein ab-
lehnt, dann Julika - beide stigmatisiert:

> (...), wobei es offenbar, nur soviel ahne ich, zwi-

----

(1) Im Hörspiel "Rip van Winkle", das als Auftragsarbeit
    dem Roman voranging und wesentliche Gedanken bereits
    entwickelt, wird die Schuld des Bildnismachens noch
    einseitig Julika angelastet; erst der Roman verfährt
    differenzierter im Aufweis der wechselseitigen Schuld-
    verstrickung.

schen den beiden darum geht, wer das Kreuz ist und
wer der Gekreuzigte, all dies unausgesprochen;
(III/415)

Das Bildniskonzept ist im Vergleich zu den vorgängig
besprochenen Werken reicher entfaltet; es werden nicht
mehr allein seine gesellschaftlich-historischen Dimensionen dargestellt, sondern auch die nicht minder zerstörerischen im sehr privat-intimen Bereich. Der Kampf um
die Befreiung aus dem Bildnis und der Rollenhaftigkeit
der Existenz ist aber untrennbar verbunden mit dem Kampf
um eine unverwechselbare Identität, um Individualität -
dem Identisch-Werden mit sich selbst. Die Widerstände,
die dem entgegenstehen, bilden eine weitere Bedeutungs-
ebene des Romans; eine Ebene, die fundamentaler als die
explizit angemeldete Gesellschaftskritik die Widersprüche der dargestellten Gesellschaft beschreibt und somit
der kritischen Reflexion zugänglich macht.

Anders als seine bürgerliche schweizerische Umwelt,

> Einer Gesellschaft, die seit Calvins Zeiten der
> Prädestination huldigt, der Vorbestimmung, die sich
> im gottesfürchtig brav erfochtenen Erfolg zeige. (1)

ringt Stiller mit sich selbst um eine ungebrochene Authentizität, um innere Einheit. Nur ganz zu Anfang seiner
bildhauerischen Arbeit kannte er das Aufgehen in der
Kunst, die Befriedigung des Schaffens, die rauschhafte
Freude an der Produktion - noch weitgehend unbeeinflußt
von der Sorge um Anerkennung, Forderung, um das Urteil
seiner Mitwelt; hier ist er noch ganz der Bruder des Ma-
lers Jürg Reinhart. Das hielt nicht lange; Unbefangen-
heit und Naivität dieser Existenz gehen verloren, als
der erste Seitenblick auf das Urteil von außen, der ande-

----

(1) Roland Links, Nachwort zu "Stiller"; Berlin/DDR
    1975, s.544.

ren, geworfen wird. Wie in Kleists Anmerkungen "Über
das Marionettentheater" - es ist wohl kaum nur beiläufig, daß die Marionette für Frisch zur schlüssigen Me-
tapher der Selbstentfremdung wurde - wird damit die
Kunst zur Künstelei, wo sie sich beobachtet weiß:

> Ganz im Anfang meiner Künstelei, mag sein, war ich
> allein, vermochte ich es beinahe, in einem wirkli-
> chen Sinn allein zu sein in der Hoffnung, in Lehm
> oder Gips mich verwirklichen zu können; aber diese
> Hoffnung währte nicht lang, und schon war der Ehr-
> geiz da, die Freude in Hinsicht auf Anerkennung,
> die Sorge in Hinsicht auf Geringschätzung, monate-
> lang sah ich vor lauter Lehm und Ehrgeiz und Gips
> keinen lebendigen Menschen, verbissen in meine
> Kunst, die nie eine werden konnte, (...). (III/682)

Schon mit dem Wort "Künstelei" nimmt Stiller das zurück, worin er seine Selbstverwirklichung erreichen zu
können glaubte, er wertet es ab als untauglichen Versuch.
Mit der Zerstörung seiner Plastiken in seinem Atelier
findet der endgültige Abschied von jenen Hoffnungen statt;
mit diesem verzweifelt hilflosen Akt kündigt er nicht allein seine gewesene Identität auf, denn untrennbar verbunden mit ihr war eben die Hoffnung auf eine Selbstverwirklichung auch in der Arbeit, einer unverwechselbaren,
authentischen, nichtentfremdeten Arbeit. Daß die auch in
der Kunst nicht mehr möglich scheint, belegte schon der
vorhergehende Roman; im "Stiller" wird es noch unaus-
weichlicher verdeutlicht. Die Flucht vor dem oktroyier-
ten Rollenspiel, dem alle lebendige Entwicklung und Veränderung hemmenden Bildnis, und die Suche nach der eigenen
Authentizität, der Wahrheit des Subjekts, schießen in
eins zusammen. Der Roman beschreibt diese Suche und die
objektiven Widerstände dabei; für Stiller führt der Weg
von der freien Bildhauerei zur folkloristisch getönten
Töpferei - auch dies der Weg einer Zurücknahme; ein Weg
zur Austauschbarkeit der Produkte, in denen sich der Pro-
duzent nicht mehr wiedererkennen will und muß.

In einem zentralen Gespräch mit Rolf, White/Stillers
Staatsanwalt, Freund und Mentor, geht es um das Thema
des dem Roman vorangestellten Kierkegaard-Mottos: um
Selbstfindung und Selbstannahme - um Selbstüberforderung
auch, an der Stiller leidet. Diese Überforderung resultiert daraus, daß man von sich mehr fordert, als einem
einzulösen gegeben ist. Verstand und Gefühl streben auseinander; das Bewußtsein und nachfolgend das Wollen eilen
den emotionalen, psychischen Möglichkeiten des Subjekts
voraus. Der Versuch, seine Einsichten, die daraus erwach-
senden Forderungen, einzuholen, zerreißen die Person. Was
Rolf nahelegt, ist Bescheidung: Selbstannahme - oder die
Anerkennung einer metaphysischen Instanz. Dies zumindest
ist für Stiller keine Möglichkeit einer Lösung. Nach
Rolfs Meinung lag Stillers Selbstüberforderung darin begründet, daß er es sich übelnahm, kein rechter Spanien-
kämpfer gewesen zu sein (III/669); daraus resultierte
seine Minderwertigkeitsangst, die letztlich auch seine
Ehe überschattete, weil das selbstauferlegte Orakel des
Ungenügens ihn zwang, sich in allem stets bestätigt fühlen zu müssen. Und das ging über die schwache Kraft seiner Frau; beide litten in verschiedener Weise an ihrem
Unvermögen, sich zu akzeptieren als die, die sie waren
- und damit erst auch den Partner akzeptieren zu können.
Stillers Impotenzangst und Julikas mädchenhafte Scheu-
heit und ihre Frigidität sind dafür nur Symptome.

Stiller sinniert über Goethes Faust-Vers "Den lieb ich,
der Unmögliches begehrt" (III/669) und empfindet ihn mit
Recht als Einladung zur Neurose. Dabei ist Stillers Iden-
titätskrise selbst bereits in hohem Maß neurotisch; aber
diese Störung resultiert nicht allein aus seinem privaten
und intimen Versagen, sie resultiert auch aus objektiven,
gesellschaftlichen Faktoren. Im Anschluß an das Gespräch
mit Rolf notiert Stiller in seine Hefte unter "PS.", un-

ter deutlichem Bezug auf das Vorangegangene also:

> Mit der Einsicht, ein nichtiger und unwesentlicher
> Mensch zu sein, hoffe ich halt immer schon, daß
> ich eben durch diese Einsicht kein nichtiger Mensch
> mehr sei. Im Grunde, ehrlich genommen, hoffe ich
> doch in allem auf Verwandlung, auf Flucht. Ich bin
> ganz einfach nicht bereit, ein nichtiger Mensch zu
> sein. Ich hoffe eigentlich nur, daß Gott (wenn
> ich ihm entgegenkomme) mich zu einer anderen, näm-
> lich zu einer reicheren, tieferen, wertvolleren,
> bedeutenderen Persönlichkeit machen werde - und
> genau das ist es vermutlich, was Gott hindert, mir
> gegenüber wirklich eine Existenz anzutreten, das
> heißt erfahrbar zu werden. Meine conditio sine qua
> non: daß er mich, sein Geschöpf, widerrufe. (III/
> 671)

Der Himmel über Stiller aber ist leer; die Anrufung
Gottes entspringt einem verzweifelten Wunsch, dessen
Echo in ihn selbst zurückhallt. Stiller ringt um die
Unverwechselbarkeit und Bedeutsamkeit seines Selbst, er
ringt um sich als ein reines Individuum. Schon die
Wiederholung seiner selbst, also dessen eigentlich, was
Identität, Kontinuität des Ichs ausmacht, erscheint ihm
als erstarrendes Klischee; gegen die allgemeine Ein-
engung der Persönlichkeitsentfaltung und der Originalität
stellt er einen uneinlösbar übersteigerten Originalitäts-
anspruch. Er lehnt sich titanisch-vergeblich auf gegen
eine Welt, die, wie der Roman zeigt, wesentlich aus Re-
produzierbarkeit, dem Verlust unmittelbarer Erfahrung
und dem Überwuchern durch Sekundärerfahrung besteht. Seine Kunst wäre in anderen Ateliers ähnlich denkbar - über
diese Einsicht hilft ihm keine öffentliche Anerkennung
hinweg; seine Atelierbohème ist austauschbar, sein Bü-
cherregal verrät die Interessen und Vorlieben eines
durchschnittlichen Intellektuellen. Mit der Erkenntnis
dieser Durchschnittlichkeit geht Stillers Identitätskri-
se einher - er begibt sich auf die Suche nach der verlo-
renen Identität.

Die Einzigartigkeit und Unverwechselbarkeit jedes Individuums, die Unantastbarkeit seiner natürlichen Rech-
te und Freiheiten, seine Entfaltung - das war die bürgerliche Kampfparole in der Emanzipation von absoluti-
stischer Bevormundung. Nie hatte sie in der bürgerlichen
Geschichte wirklich die konkrete Freiheit a l l e r
Individuen gemeint; sie bedeutete für die Mehrzahl immer
die Freiheit, ihre Arbeitskraft auf dem Markt und nach
dessen Gesetzen anzubieten. Frisch zeigt in seinem Roman
nun sehr genau, wie weit die Ideologie des freien Individuums von der geschichtlichen Wirklichkeit überholt
wurde; exemplarisch sucht Stiller ihre Verwirklichung,
um am Ende in Resignation zu verstummen. Die Unmöglichkeit genialer, unbeeinflusster Originalität wird sogar
konstitutiv für die Gestalt des Romans, nicht nur für
die inhaltlichen Probleme der Protagonisten.

Dies wird beispielsweise in der deutlichen Anspielung
auf Thomas Mann ersichtlich; ebenso durch die von Rolf
angesprochenen Muster des Ehekonflikts bei Fontane und
Tolstoi:

> Mein Freund und Staatsanwalt fragt, ob ich Anna Ka-
> renina kenne. Dann: ob ich Effi Briest kenne. End-
> lich: ob ich mir nicht auch ein anderes Verhalten,
> als es in diesen Meisterwerken geschildert wird,
> seitens des verlassenen Ehemannes vorstellen könn-
> te. (III/550) (1)

Stiller notiert: "Wir leben in einem Zeitalter der Reproduktion" (III/535) und umreißt die Muster, nach denen
sich heute Sekundärerfahrung bildet; sie reichen - im besten Fall - von C.G.Jung über Graham Greene, Marcel
Proust, Mark Twain zu Kafka. Man erlebt nicht mehr selbst
und gewinnt daraus seine eigene Erfahrung, sondern kennt
die Muster und bewertet danach das Selbsterlebte - das

----

(1) Cf. auch III/419: "Gestern in Davos. Es ist genau so,
    wie Thomas Mann es beschrieben hat."

Reproduzierte überlagert das Authentische. Für Stiller
bedeutet das nicht die Chance zur Relativierung und
kritischen Überprüfung der selbst gewonnenen Erfahrungen
und Urteile, sondern einzig und allein die Verunmögli-
chung rigoros individueller Authentizität. Mit Recht
stellt er fest, daß die meisten heute "Fernseher, Fern-
hörer, Fernwisser" (III/535) seien und erkennt darin
das gefährliche Maß an Verführbarkeit und Manipulierbar-
keit; er wehrt sich gegen eine Welt der Illustrierten
und Nachrichten, die jedermann mit einem fertigen Weltbild ausstatten, das ihn der Nachprüfung überhebt - um
mit seinem eigenen Anspruch auf völlige Authentizität
ins andere Extrem zu verfallen. Die Bedingungen, unter
denen das Ideologem des freiem Individuums sich entfalten konnte, existieren nicht mehr; das Beharren auf solchem Anspruch bezeichnet Hans Mayer als "ideologische
Regression" (1).

Stiller will sich dem Klischee, dem Erfahrungssurro-
gat verweigern und besteht also auf s e i n e r Wahrheit, die seiner Umwelt allerdings kaum mitzuteilen ist
- schon gar nicht seinem Verteidiger, für den Statisti-
ken, geronnenes Leben, mehr zählen als Stillers Erlebnisse. Dieses Thema wird in den "wahren" Geschichten
ins Ironische gewendet, Geschichten, die Stiller seinem
Wärter Knobel vorflunkert, und die um so echter wirken,
je erfundener sie sind; das macht: sie sind so spannend,
so "lebensecht" wie halt nur die Muster der Illustrier-
tenstories, die so kontrafaktiert werden (2).

Stillers Angst ist auch die Angst um die verlorenge-
hende Kreativität des künstlerischen und intellektuellen

---

(1) Hans Mayer, Max Frischs Romane; loc.cit. s.200.

(2) Stillers "wahre Geschichten" haben eine Doppelfunk-
    tion: die Kontrafaktur ist die eine; in der anderen
    erzählen sie auf der metaphorischen Ebene zugleich
    von seinen wirklichen Ängsten, Wünschen und Ver-
    drängungen - sie umschreiben die Wahrheit seiner
    Seele.

Bereichs im "Zeitalter der Reproduktion"; eine Angst,
die durchschlägt auf den Bereich der privaten Lebensführung: die Angst vor der Erstarrung im Klischee wird
zur existentiellen Angst vor jeglicher Wiederholung -
eben weil die gesellschaftlichen Klischees ihn so be-
drohend dicht umstellen.

> Wiederholung! Dabei weiß ich: alles hängt davon ab,
> ob es gelingt, sein Leben nicht außerhalb der Wie-
> derholung zu erwarten, sondern die Wiederholung,
> die ausweglose, aus freiem Willen (trotz Zwang) zu
> seinem Leben zu machen, indem man anerkennt: Das
> bin ich! (III/421)

Der ausweglose, weil subjektive Kampf gegen die bornierten Mechanismen wird selbstzerstörerisch; mit seiner
Person will Stiller einlösen, was gesellschaftlich nicht
mehr möglich ist; wo dieser Zusammenhang nicht erkannt
wird, muß es zum Identitätsverlust, zur zerstörerischen
Neurose kommen. Stiller kämpft an der falschen Front;
wie Marion im "Tagebuch 1946 - 1949" ist er zu sensibel,
um die Robustheit der Faktizität bestehen zu können.
Die Widersprüche, die Hans Mayer in Frischs Roman angelegt sieht,

> Wiederholung und Individualität als Gegensätze. (1)
> Reproduktion statt der Individualität. (2)

erkennt Stiller nur als eigene Defekte - und er leidet
daran, obwohl er bewußt dagegen aufbegehrt. Frisch bietet keine Lösung für diesen Konflikt, aber er führt ihn
vor Augen. Und auch, wenn das Resultat lautet:

> Wie soll er durch Selbstannahme zur Seligkeit der
> Individualität gelangen, wenn die Voraussetzungen
> dafür nicht mehr vorhanden sind? An die Stelle des
> bürgerlich freien Individuums trat die Epoche der
> Reproduktion. Stiller nimmt sich zwar an, wird da-

----

(1) Hans Mayer, Max Frischs Romane; loc.cit. s.192.
(2) Ebd. s.193.

durch aber trotzdem nicht zum originalen Schöpfer
von Kunstwerken. Er scheitert als Mann wie als
Künstler. (1);

auch wenn der Roman mit Stillers einsamen Dahinleben am
Genfer See offen bleibt - er bleibt doch offen für das
Räsonnement des Lesers über die Bedingungen von Stillers
Scheitern:

> Henrik Ibsen sagte:
> "Zu fragen bin ich da, nicht zu antworten."
> Als Stückeschreiber hielte ich meine Aufgabe für
> durchaus erfüllt, wenn es einem Stück jemals gelän-
> ge, eine Frage dermaßen zu stellen, daß die Zu-
> schauer von dieser Stunde an ohne eine Antwort
> nicht mehr leben können - ohne ihre Antwort, ihre
> eigene, die sie nur mit dem Leben selber geben kön-
> nen. (II/467)

Der Bürger wird zum Komplizen - Die "Biedermann"-Parabel.

Frischs Roman "Stiller" und das im Nachkriegstagebuch
konzipierte Thema vom "Andorranischen Juden", das Jahre
später zur erfolgreichen Bühnenparabel ausgearbeitet wurde, hatten als gemeinsames Konzept verschiedene Modifika-
tionen des Bildnisbegriffs, der als ideologische Bewußtseinsform, als zerstörerische Wirklichkeitsleugnung -
bei Heimito von Doderer hieße das "Apperzeptionsverwei-
gerung" - herausgestellt wurde. Der "Biedermann"-Parabel,
die sich unter dem Titel "Burleske" 1948 ebenfalls bereits im "Tagebuch" findet - um 1952 zuerst als Hörspiel,
1957 dann als Bühnenstück bearbeitet zu werden -, und der
"Andorra"-Parabel eignet ein anderes gemeinsames Konzept:
das der Verhinderbarkeit gesellschaftlicher Katastrophen,
und dies, je geradliniger und zwangsläufiger das Bühnen-
geschehen der Katastrophe entgegeneilt.

----

(1) Hans Mayer, Max Frischs Romane; loc.cit. s.200.

Hörspiel- und Bühnenfassung des "Biedermann" verdan-
ken sich, wie Frisch angibt, Anregungen von außen (1);
anders als bei "Andorra" war der Autor nicht von vornherein sicher, hier s e i n Thema gefunden zu haben
- es wurde dennoch zu einem Welterfolg.

In der "Burleske" wird noch ein allgemeines "Du" an-
geredet, Biedermann in Jedermann - schon darin liegt
der Modellanspruch. Jeder einzelne wird so aufgefordert,
zu prüfen, wie er selbst sich den Unbekannten, die immer offensichtlicher als Brandstifter erkennbar werden
- und dies auch gar nicht leugnen -, gegenüber verhalten
würde; wie er sich verhalten würde gegen jene Mischung
aus Sentimentalität, Unverfrorenheit und unverhohlener
Einschüchterung, mit der sich die Fremden im eigenen
Haus einnisten, um es abzubrennen. Schon die "Burleske"
zeigt das Modell der Anbiederung des Bürgers, das Modell
der aus Ruhebedürfnis, Feigheit und Opportunismus selbst-
verschuldeten Katastrophe:

> (...); wer keine Tatsachen sehen kann, ohne Schlüs-
> se zu ziehen, und wer sich alles bewußt macht, was
> er im Grunde weiß, mag sein, daß er manches voraus-
> sieht, aber er wird keinen Augenblick der Ruhe ha-
> ben; (II/558f.)

Darum geht es: die Zeichen einer sich anbahnenden Katastrophe zu erkennen, um sich ihrer erwehren zu können.
Im "Tagebuch" geht der "Burleske" eine Notiz über die
Machtübernahme der Kommunisten in der Tschechoslowakei
- die allerdings dort vorher bereits mehrheitlich in
der Regierung waren - voraus; für Frisch stellten die
sozialistisch-demokratischen Verhältnisse in diesem Land
bis dahin Vorbild und Hoffnung dar, die nun zerstieben.
Und nun fällt ihm im Nachhinein eine Beobachtung auf,

----

(1) Cf. Horst Bienek, op.cit. s.32f.

die er zuvor bei der Besichtigung des Lagers Theresien-
stadt machte: daß die Zellen mit neuen sanitären Einrichtungen ausgestattet wurden - bereit für die Aufnahme neuer Insassen. Erkennbare Zeichen?

Dieser Zusammenhang im "Tagebuch" verführte zu ein-
seitigen Interpretationen der Stoßrichtung der Parabel;
eine Überprüfung von Hörspiel und Bühnenstück muß solche Schlüsse korrigieren - der endgültigen Gestalt der
Parabel ist ihr konkreter historischer Anlaß nicht mehr
platterdings zu entnehmen, die Abstraktion des Modells
macht sie als Grundmuster vielfältig anwendbar, auch für
künftige Parallelen. Ihre Werkgeschichte offenbart darüberhinaus einen Spielraum von historisch-gesellschaftli-
cher Präzisierung und nachfolgender erneuter Verallgemeinerung. Frischs Äußerung über die Vagheit der Parabel
- als Exempel wurde ja gerade "Biedermann" angeführt -
klingt noch deutlich relativierend in den Ohren (1).

Im Hörspiel wird der Ort der Handlung noch im Anklang
an Gottfried Keller Seldwyla genannt, dem Prototyp hel-
vetischen Gemeinwesens; als Betroffene angesprochen waren damit in erster Linie jene, die nur mittelbar verstrickt waren in die historischen Katastrophen des Jahrhunderts - relativ Verschonte mithin. Am Modell sollten
sie ihr eigenes Verhalten überprüfen; dazu wird Biedermanns Beteiligung und Mitschuld am Zustandekommen des
Brandes, der ihn und seine Heimatstadt vom Erdboden til-
gen wird, vorgeführt - denn ohne die Biedermänner gäbe
es die Brände nicht:

> Ich habe mit bewußter Absicht eine erfundene Kata-
> strophe gewählt, nämlich den Brand von Seldwyla, um
> in den geschätzten Hörern keinerlei Erschütterung
> auszulösen, keinerlei persönliche Leidenschaft, die

---

(1) Cf. oben s.187.

uns nur das Vergnügen einer gelassenen und sachli-
chen Betrachtung verdirbt, das Vergügen zu erkennen, daß es auch Katastrophen gibt, die n i c h t
hätten stattfinden müssen. (IV/277; Sperrung M.Sch.)

Die Reverenz vor Brecht ist unüberhörbar; aber hier ist
die Erkenntnis nicht nur Vergnügen, sondern zugleich bit-
tere Notwendigkeit, denn ohne sie ist jede Katastrophe
wiederholbar, weil die Biedermänner als Sorte stets wie-
derauferstehen:

Was ihn außer einem freundlichen Verzicht auf besondere Merkmale auszeichnet, ist eine rosige Gesund-
heit, die ihn dazu bestimmt, stets und nach jeder
Katastrophe zu den Überlebenden zu gehören. (IV/277)

Frisch denunziert in seiner Parabel das opportunisti-
sche Mitläufertum des Bürgers, der sich nach stets über-
lebter Katastrophe aus der Verantwortung stiehlt, indem
er das Geschehen schlicht zum unabwendbaren Schicksal
verfälscht; Biedermann wird immer zu den Mitläufern gehören, die die Lunte halten und die Streichhölzer reichen, solange seine Geschäftsinteressen - und erst dann
sein Ruhebedürfnis - nicht bedroht sind.

Wir sind bereit, nicht bloß den Urhebern unsrer Katastrophe eine volle Amnestie zu gewähren, sondern
sogar uns selbst, indem wir alle historischen Katastrophen, die gewesenen wie die kommenden, als ein
schlichtes Schicksal betrachten, als unvermeidlich.
(IV/278)
Und nur dann, wenn von Verantwortung nicht die Rede
sein kann, sind wir bereit, zu vergessen, wie es zu
dieser Katastrophe (in Seldwyla) gekommen ist - und
bereit für die nächste. (IV/279)

Sieben Jahre nach dem Brand des Zweiten Weltkrieges
hatte Frisch hinreichend Anlaß für diese Argumente; auf
Biedermanns Frage an Schmitz, den ersten Brandstifter,
der sich mit Dreistigkeit, Drohung und kalkuliertem Appell an Biedermanns scheinheilige Menschlichkeit in dessen Haus eingenistet hat, ob er an Gott glaube, antwor-

tet der unter deutlicher Anspielung aufs historisch Ge-
schehene:

> Weltkriege sind ja auch kein Trost, finde ich. Wenn
> man sich so die Überlebenden anschaut! Eine ganze
> Arbeit, finde ich, so die Arbeit von einem Herrgott
> ist es nicht - (...)? (IV/283f.)

Im Bühnenstück tritt der Chor mit antikisierenden
Strophen als verfremdendem Element gegen den obsoleten
Schicksalsbegriff an, ohne daß seine Warnungen etwas
ausrichteten; wie im antiken Drama kommentiert er und
warnt, ohne in den Gang der Handlung fördernd oder hin-
dernd einzugreifen.

> CHORFÜHRER Feuergefährlich ist viel, / Aber nicht
> alles, was feuert, ist Schicksal, / Unabwendbares.
> CHOR Anderes nämlich, Schicksal genannt, / Daß
> du nicht fragest, wie's kommt, / Städtevernichten-
> des auch, Ungeheures, / Ist Unfug, /
> CHORFÜHRER Menschlicher, /
> CHOR Allzumenschlicher, /
> CHORFÜHRER Tilgend das sterbliche Bürgergeschlecht.
> (...)
> CHOR Nimmer verdient, / Schicksal zu heißen, bloß
> weil er geschehen: / Der Blödsinn, / Der nimmerzu-
> löschende einst! (IV/327f.)

Hörspiel und Bühnenstück charakterisieren Biedermann
als jene Sorte Unternehmer, dem, wie es im "Stiller"
heißt, in einem ordentlichen Rechtsstaat nicht beizukom-
men ist, als Haarölschwindler. Seine vorgebliche Menschlichkeit, mit der er den Eindringlingen begegnet, wird
durch sein rücksichtsloses Verhalten seinem Angestellten
Knechtling gegenüber als Furcht und Opportunismus dekuvriert. Ohne jeden Anflug seiner vielbeschworenen
Menschlichkeit nutzt er skrupellos seine wirtschaftlich
- und damit juristisch - stärkere Position, um jenen
aus dem Geschäft zu drängen, dem er die Erfindung seines
fabelhaften Haarwassers verdankt (das dem Benutzer allerdings weniger Haare als dem Hersteller Wohlstand beschert).
Ungerührt nimmt Biedermann Knechtlings Selbstmorddrohung

hin und ungerührt heuchelt er Betroffenheit über dessen
Tod. Nach Maßgabe der Gesetze ist er natürlich unschuldig an Knechtlings Tod, nach Maßgabe der Moralität aber
verantwortlich. Diese Kluft zwischen Legalität und Legi-
timität in Biedermanns Handeln schöpfen die Brandstifter
geschickt aus; denn der Unternehmer nutzt zwar rück-
sichtslos seinen Vorteil, möchte aber nach außen die Maske der Menschlichkeit gewahrt wissen. Die aber bleibt
maskenhaft; gewahrt wird sie nur dem Stärkeren gegenüber,
vor dem Schwächeren fällt sie und zeigt das häßliche Gesicht (1). So verstrickt sich Biedermann in ein Lügenge-
spinst und die Brandstifter brauchen kaum die Fallen aus-
zulegen, in denen er sich fängt; sie dirigieren ihn geschickt in die selbstgestellten. Biedermann wird zum
Komplizen, weil er seinen geschäftlichen Vorteil und
sein vorgebliches Gesicht zugleich wahren will; diese
Disposition wird von Schmitz und Eisenring meisterlich
ausgenutzt. Außerdem konstatiert Eisenring auf Schmitz'
Frage, ob Biedermann die Polizei nicht doch holen werde,
trocken:

> Wieso soll er die Polizei rufen? (...)
> Jeder Bürger ist strafbar, genaugenommen, von einem
> gewissen Einkommen an. (IV/348)

Je unverkennbarer wird, was sich in seinem Haus an-
bahnt, desto hartnäckiger leugnet Biedermann die Wirklichkeit; so zieht er in Lüge und Selbstbeschwichtigung

----

(1) In seiner Interpretation verkennt Werner Weber, in
    welchem Maß dieser Opportunismus die Diskrepanz von
    Reden und Handeln bei Biedermann bestimmt, denn gera-
    de in diesem Widerspruch äußert sich seine Identität.
    Richtschnur des Verhaltens ist ihm immer der eigene
    Vorteil. Dagegen schreibt Weber, Zu Frischs "Bieder-
    mann und die Brandstifter"; in: Albrecht Schau, op.
    cit. s.245: "Biedermann und Frau unterliegen in der
    Partie gegen die Brandstifter, weil, was sie sagen,
    nicht gemeint ist; und weil, was sie meinen, nicht ge-
    sagt ist. Ihre Sprache dient nicht der Darstellung,
    sondern der Verstellung; was sie reden ist ein unauf-
    hörlich erneuerter Hinweis auf die verlorene Identi-
    tät von Wort und Welt."

die Schlinge immer fester um den eigenen Hals. Am Stamm-
tisch bramarbasierte er noch kürzlich, er wisse genau,
wie man sich solchen Gesindels zu erwehren habe - um
Schmitz dann erst einmal vor der eigenen Frau zu verbergen. Ein recht sarkastischer Seitenhieb auf die bürgerliche Ordnung liegt darin, daß Biedermann sein Hausrecht
ausgerechnet reklamiert, um jene zu decken, die ihm das
Dach über dem Kopf anzünden werden:

> Meine Herrn, ich bin ein freier Bürger. Ich kann
> denken, was ich will. Was sollen diese Fragen? Ich
> habe das Recht, meine Herrn, überhaupt nichts zu
> denken - ganz abgesehen davon, meine Herrn: Was un-
> ter meinem Dach geschieht - ich muß schon sagen,
> schließlich und endlich bin ich der Hauseigentümer!
> (IV/357)

Solchermaßen auf seine Frage beschieden, was sich Biedermann eigentlich dabei denke, daß sein Speicher voller
Benzinfässer stecke und wie er die untrüglichen Sturmzei-
chen der nahenden Katastrophe deute, deklamiert der Chor
ironisch:

> Heilig sei Heiliges uns, / Eigentum, / Was auch ent-
> stehe daraus, / Nimmerzulöschendes einst, / Das uns
> dann alle versengt und verkohlt: / Heilig sei Heili-
> ges uns! (IV/358)

Während die Brandstifter - das noch hinreichend bekannte "Lili Marlen" pfeifend - unbeirrt ihre Vorbereitungen treffen und auf günstigen Wind hoffen, unternimmt
Biedermann den letzten Versuch der Anbiederung. Obwohl
Schmitz und Eisenring immer dreister und offener sagen,
was sie vorhaben, und Biedermann eigentlich keinen Zweifel mehr über den Zweck der Vorbereitungen unter seinem
Dach hegen kann, unternimmt er es, sich als ihr Freund
aufzuspielen - in der schönen Hoffnung, daß so wenigstens
sein Haus verschont bliebe. Diese Anbiederung an Verbre-
cher unternimmt er nicht zum erstenmal, wie man von seiner Frau erfährt; und mit ihren Worten wird die histori-

sche Parallele des Verhaltens des Bürgertums zum Faschismus deutlich:

> Ich weiß nicht, meine Damen, ob Gottlieb immer recht
> hat. Das hat er nämlich schon einmal gesagt: Natür-
> lich sind's Halunken, aber wenn ich sie zu meinen
> Feinden mache, Babette, dann ist unser Haarwasser
> hin! Und kaum war er in der Partei - (IV/369)

In falscher Leutseligkeit betont Biedermann, bevor er
die Brandstifter zu einem Verbrüderungsessen einlädt, die
Gleichheit aller Menschen - vor ihrem Schöpfer. An den
allerdings glauben weder Biedermann noch die Brandstifter.
Wo sub specie aeternitatis Gleichheit herrscht, darf hie-
nieden auf Erden ruhig ein wenig Unterschied bestehen;
nur darf man ihn natürlich nicht als Klassenunterschied
bezeichnen. Biedermann bedient sich einer Phraseologie,
die keineswegs so völlig fiktiv klingt: sie kennzeichnet
und entlarvt die Redeweise derer, deren Ruhe und Frieden
profitabel sind, solange keine Veränderung eintritt:

> Ich glaube nicht an Klassenunterschiede! - das müs-
> sen Sie doch gespürt haben, Eisenring, ich bin nicht
> altmodisch. Im Gegenteil. Ich bedaure es aufrichtig,
> daß man gerade in den unteren Klassen immer noch
> von Klassenunterschied schwatzt. (...)
> Ich rede nicht für Gleichmacherei, versteht sich, es
> wird immer Tüchtige und Untüchtige geben, Gott sei
> Dank, aber warum reichen wir uns nicht einfach die
> Hände? Ein bißchen guten Willen, Herrgottnochmal,
> ein bißchen Idealismus, ein bißchen - und wir alle
> hätten unsere Ruhe und unseren Frieden, die Armen
> und die Reichen, meinen Sie nicht? (IV/364f.)

Aber damit wendet sich Biedermann an die falsche Adresse; die Brandstifter sengen nicht um irgendeiner gesellschaftlichen Veränderung willen, sie tun es aus Lust am
Feuer. Dies ist der Grund für den "Dr.phil.", einer Figur,
die erstmals in der Bühnenfassung vorkommt, sich von den
Brandstiftern loszusagen; denn er

> (...) war ein Weltverbesserer, ein ernster und ehr-
> licher, ich habe alles gewußt, was sie auf dem Dach-

boden machten, alles, nur das eine nicht: Die machen es aus purer Lust! (IV/388)

Ähnlich wie schon der Heutige in der "Chinesischen
Mauer" sieht sich der Intellektuelle der Macht auch hier
hilflos und ausweglos gegenüber; unklar bleibt allerdings,
wie kaum anders zu erwarten, für welche Art Weltverbesse-
rung sich dieser Typ des geistigen Wegbereiters einsetzen
wollte - vielleicht darf man mutmaßen, daß er gerade gegen die Sorte der Biedermänner antrat. Der Terror als
Mittel zum Zweck hat sich verselbständigt, die Katastrophe ist unabwendbar geworden und verschlingt auch den,
der die Geister, die er beschwor, nicht mehr los wird.
Der Widerruf des Dr.phil. verhallt ungehört zwischen Si-
renen und Detonationen. Niemand entkommt dem Brand, der
die Stadt in Schutt und Asche legt - niemand außer den
Brandstiftern, die ihre nächsten Opfer mit Sicherheit und
auf dieselbe Weise finden werden (Eine Fernsehinszenierung
des Stücks zeigte in der Schlußeinstellung, wie Zündschnü-
re durch das Studio laufen und allenthalben Flammen empor-
züngeln) (1). Die Biedermänner werden also stets wieder
zur Stelle sein, um die entscheidenden Zündhölzer zu reichen. Mit Brutus' Worten aus der "Chinesischen Mauer",
an die Typen Cut und Frack gewandt, läßt sich Biedermanns
Geschichte fortschreiben: "Getrost! - als Sorte bleibt
ihr an der Macht." (II/213).

Die Tagebuchskizze zeigte im Reinmodell den Bürger,
der sich überrumpeln läßt, die Augen verschließt, kolla-
boriert, und so kräftig zum eigenen Untergang beiträgt;
das Hörspiel appellierte an eine schweizerische Hörer-
schaft, der damit aufgetragen wurde, zu überprüfen, wie
sie sich unter politischen Entwicklungen verhalten hätte,

----

(1) Cf. Ingo Springmann, Erläuterungen und Dokumente -
Max Frischs "Biedermann und die Brandstifter"; Stuttgart 1975, s.42.

die ihr real erspart blieben. Aber hier schon wurden Ak-
zente gesetzt, die die Parallele des Verhältnisses von
Bürgertum und Faschismus erkennbar werden ließen; die
Bühnenfassung verschärfte dies noch.

Für die deutsche Uraufführung in Frankfurt am Main
wurde der nachfolgende Schwank "Die große Wut des Philipp
Hotz" gestrichen, Frisch schrieb ein Nachspiel, weil das
eigentliche Stück für einen Theaterabend zu kurz war. In
diesem Nachspiel werden die historischen Parallelen restlos unverkennbar und unverwechselbar. Deutlich spielt es
auf Wiederaufbau, Wirtschaftswunder und Wiedergutmachung
an - und auf die Unbelehrbarkeit der Vielen, die mitver-
antwortlich dazu beitrugen, das Feuer zu schüren, dem zuletzt auch das eigene Land zum Opfer fallen mußte. Hier
zeigt sich zugleich ein weiterer Bedeutungsaspekt des Un-
tertitels "Ein Lehrstück ohne Lehre"; darin ist nicht etwa einzig eine Absage ans Direkt-Didaktische oder an
Brecht'sche Intentionen zu sehen, sondern ein erhebliches
Maß an Mißtrauen in die Belehrbarkeit durch historische
Erfahrung und in die Belehrbarkeit durch die Mittel der
Literatur. Nicht zuletzt deswegen konterkarieren der Verfasser im Hörspiel und der Chor im Bühnenstück jeden Versuch, sich unter Berufung aufs angeblich unausweichliche
Schicksal aus der Verantwortung zu stehlen - und sich die
Mühe zu ersparen, die Folge von Ursachen und Wirkung zu
überdenken.

Das Nachspiel sieht Biedermann und Frau in der Hölle,
ihre Unschuld beteuernd; auch die Brandstifter finden
sich hier, als Beelzebub und Teufel. Von Einsicht, von
Betroffenheit ist bei Biedermann auch jetzt noch keine
Spur; im Gegenteil, dreist und unbeirrt wie eh und je
beklagt er sich nun als Opfer, jammert über den Verlust
von eingeäscherter Villa und geschmolzenem Schmuck:

    BABETTE Dabei sind wir schuldlos.
    BIEDERMANN - verglichen mit andern! (IV/396)

Empört verbitten sie sich Barmherzigkeit - noch wäh-
nen sie sich nur irrtümlich in der Hölle, ihr Platz sei
angemessenerweise der Himmel; was ihnen zustehe, sei ihr
Recht, ihr Eigenheim, kurz Wiedergutmachung. Denn schließlich waren sie unschuldig, ja unbeteiligt, zumindest nicht
mehr als andere auch: auch aus den Dächern der Bekannten
und Nachbarn gingen die Flammen gleichzeitig hoch - Biedermänner gab es genug:

> Ich bitte dich: Wenn wir, du und ich, keine Streich-
> hölzchen gegeben hätten, du meinst, das hätte irgend
> etwas geändert an dieser Katastrophe? (IV/401)

Vor solcher Argumentation muß jede Möglichkeit historischer Einsicht zuschanden werden und vor dem Hintergrund
gerade deutscher Vergangenheitsbewältigung gerät dies zum
bitteren Kommentar. Und daß in der Hölle die Mitläufer
sitzen, im Himmel, umgeben von auffällig schweigenden Hei-
ligenfiguren, aber die "Großmörder", alte Kundschaft der
Brandstifter, "man wandelt und trinkt Halleluja, man ki-
chert vor Begnadigung" (IV/405) - das alles liest sich als
Paraphrase auf bundesdeutsche Nachkriegswirklichkeit. Für
die Brandstifter und Herren der Hölle sind diese Zustände
Anlaß genug, in Streik zu treten; sie begnügen sich nicht
mehr damit, unten nur die kleinen Vergehen zu ahnden, Mitläufer zu strafen, während sich die Hauptverantwortlichen
Amnestie und Absolution erteilen lassen. Unten schmoren

> (...) Biedermänner und Intellektuelle, Taschendiebe,
> Ehebrecher und Dienstmädchen, die Nylon-Strümpfe ge-
> stohlen haben, und Kriegsdienstverweigerer - (...).
> (IV/410);

oben ist gerettet,

> Wer eine Uniform trägt oder getragen hat, als er tö-
> tete, oder zu tragen verspricht, wenn er tötet oder
> zu töten befiehlt, (...). (IV/409)

Ein Echo von oben bestätigt dreimal "Gerettet", eine
Travestie auf die Kerkerszene des "Faust; aber Frischs

Ironie in diesem Nachspiel ist hart an der Bitterkeit
angesiedelt.

Wo die Großmörder amnestiert werden, kann sich auch
der biedermännische Mitläufer - ohne den die Großmörder
nie zum Zuge kämen - ebenfalls gerettet fühlen: die Geschichte schließt sich zum Kreislauf der Unbelehrbarkei-
ten.

> Ich verbitte mir dieses Getue wegen einer Katastro-
> phe. Katastrophen hat's immer gegeben! - und über-
> haupt: Schau einer sich unsere Stadt an! Alles aus
> Glas und verchromt! Ich muß schon sagen, einmal of-
> fen gesprochen, es ist ein Segen, daß sie niederge-
> brannt ist, geradezu ein Segen, städtebaulich be-
> trachtet - (IV/404f.)

Skepsis an der Einsichtsfähigkeit der Zeitgenossen
in die eigene Verantwortung und damit in die Veränder-
keit der Geschichte waltete bereits ja in früheren Stük-
ken, in "Nun singen sie wieder", "Die Chinesische Mauer",
"Graf Öderland" - alle liefen zyklisch zu ihrem Ausgangspunkt zurück. Der Furcht vor diesem zerstörerischen
Kreislauf setzt der Autor, ähnlich ohnmächtig wie seine
Intellektuellen-Figuren und doch nicht ganz ohnmächtig,
seine Dichtung entgegen. Der Aufweis der Borniertheit
und der Sinnlosigkeit wird zum Kampf gegen sie - Literatur als kombattante Resignation. So darf man den Schluß-
kommentar des Chors auch nicht als Zynismus mißverstehen:

> Schöner denn je / Wiedererstanden aus Trümmern und
> Asche / Ist unsere Stadt, / Gänzlich geräumt und
> vergessen ist Schutt, / Gänzlich vergessen auch
> sind, / Die da verkohlten, ihr Schrei / Aus den
> Flammen - (...) Schöner denn je, / Reicher denn
> je, / Turmhoch-modern, / Alles aus Glas und ver-
> chromt, / Aber im Herzen die alte, / Halleluja, /
> Wiedererstanden ist unsere Stadt! (IV/414f.)

Das Nachspiel akzentuierte in besonders deutlicher
Weise seine Zeitgenossenschaft, stellte einen Reflex auf
die aktuelle gesellschaftliche Wirklichkeit dar; insgesamt gestaltete die Werkentwicklung gerade diese Bezüge

immer konkreter. Seit kurzem aber wünscht Frisch, daß
das Nachspiel nicht mehr aufgeführt werde; seine historische Aktualität ist überholt. Es würde heute den Para-
belsinn auf eine Interpretationsmöglichkeit einschränken
und somit der Sprengkraft in gewandelten gesellschaftlichen Kontextverhältnissen berauben. Seine Aufführung
könnte heute

> (...) sogar schädlich sein (...), indem sie "das
> Problem auf ein bestimmtes geschichtliches Beispiel
> reduziert". (1)

Auch darin ist ein Indiz zu sehen, daß - dem Untertitel zum Trotz - mögliche Einsicht zumindest erhofft wird.
Man hat diesen Untertitel oft genug nur als gegen Brecht
gewendet verstanden; der allerdings nahm nie an, daß
sich allein durch Einsicht der Gang der Welt ändern ließe. Vielmehr war er davon überzeugt, daß die Welt veränderbar sei, indem man ihre gesellschaftlichen Verhältnisse ändere - und aus dieser Voraussetzung resultiere
dann auch ein verändertes Rezipientenbewußtsein; beide,
gesellschaftliches Sein und Bewußtsein, müssen dazu dialektisch zusammenwirken. Bei Frisch findet sich allenfalls ein Reflex auf solche Grundüberlegung, wenn er im
Stück den Begriff des Schicksals, das angeblich unbeein-
flußbar waltet, gründlich desavouiert. Aber Frisch zeigt
seine Figuren - einmal mehr - in Konflikten, ohne hinreichend darzustellen, welche Mechanismen diese Konflikte
realiter heraufbeschwören; seinen Protagonisten und endlich auch seinen Rezipienten bleibt dann nur die Entscheidung, sich so oder anders zu verhalten. Darin liegt
der gravierende Unterschied zu Bert Brecht:

> Überspitzt ausgedrückt ließe sich das Theater
> Frischs (...) als das der Folgen und Wirkungen be-

---

(1) Ingo Springmann, op.cit. s.37.

zeichnen, Brechts Theater als das der Ursachen und
Gründe. (1)

Wenn die objektiven gesellschaftlichen Gesetzmäßigkei-
ten derart im Hintergrund bleiben, wie es in dieser Parabel aufs Neue geschieht, besteht die Gefahr, daß die Einsicht, die Frischs Stück befördern will, nicht gewonnen
wird, weil die erste Voraussetzung dazu eben fehlt; andererseits liegt die Qualität der "Biedermann"-Parabel
gerade auch darin, daß sie ihren historischen Anlaß über-
steigt und so einen umfassenderen Gültigkeitsbereich gewinnen kann. In der Tat, die Parabel hat, mit Frischs eigener Einsicht, etwas Vages.

Die Suche nach dem Ich und das schlechte Gewissen - "Mein
Name sei Gantenbein".

Sieben Jahre nach "Homo faber", drei nach "Andorra" erschien 1964 Frischs bislang letzter Roman: "Mein Name
sei Gantenbein". Die Arbeit daran wurde 1960 begonnen,
also noch vor Abschluß von "Andorra", und endete im Mai
1963.

Im "Werkstattgespräch", das Horst Bienek 1962 mit Max
Frisch führte, stellte der Schweizer bereits jenes Theo-
rem - später als Arbeitshypothese relativiert - vor, das
im Aufbau des "Gantenbein" an die Stelle einer herkömmlichen Fabel treten sollte: daß jedes Ich, das sich ausspreche, bereits in einem bestimmten Maß eine Rolle sei
(2). Nicht minder als die faktische Biographie gestalte
auch die imaginative Kraft der Vorstellung die Wirklichkeit des Lebens, vor allem des Erlebens. Völlig neu wa-

----

(1) Hellmuth Karasek, Brechts Mittel ohne Brechts Konse-
    quenzen - über Fluchtwege bei Dürrenmatt und Frisch;
    in: Theater heute 10/1970, s.44.
(2) Cf. Horst Bienek, op.cit. s.27ff. und M.F. V/332.

ren solche Überlegungen allerdings nicht; mindestens
seit Musils Konjunktivismus im "Mann ohne Eigenschaften"
war derlei vorbereitet.

Obgleich in jenem "Werkstattgespräch" bereits erkennbar wurde, daß die bekannten Thesen des Bildnisses und
des Rollenspiels Frisch weiterhin beschäftigen, glaubten
nicht wenige Rezensenten, in dem neuen Roman einen Bruch,
eine - im Vergleich zum vorhergehenden Roman und den beiden letzten Bühnenstücken - geradezu radikale Reprivatisierung des schriftstellerischen Interesses sehen zu
müssen (1). Und allerdings treten hier die - von Frisch
selbst so genannten - egomanischen Elementen seines
Schaffens deutlicher als früher zutage.

Gerahmt werden die zahlreichen Episoden und Varianten
des Romans durch zwei Schilderungen des Todes zu Anfang
und am Ende; des Todes, als der einzigen Gewißheit jeder
Person, die keine Wiederholung und keine Variante zuläßt.
Daraus erwächst die Erkenntnis der eigenen Vergänglichkeit als der Grundbefindlichkeit jeglichen Seins und mit
ihr die Verpflichtung zu einem sinnvollen, mindestens zu
einem möglichen, lebbaren Leben. Auf die Suche danach begibt sich das erzählerische Ich des Romans, indem es sich
in wechselnde Rollenkostüme kleidet:

> Auf eine Suche, ja, aber offenbar in einer andern
> Richtung. Nicht in Richtung auf die Welt, sondern
> in Richtung auf das Ich. Nicht die Frage: Wie ver-
> hält "es" sich wirklich? sondern: Wie erleben wir?
> (V/328)

Ausgangssituation für das Imaginationsspiel des erzählerischen Ichs: ein Mann findet sich in seiner unbe-
hausten Wohnung, umgeben von den Relikten eines gemein-

----

(1) Cf. Marcel Reich-Ranicki, Plädoyer für Max Frisch;
    in: ÜMF II, s.333: "Zum erstenmal hat Frisch die
    Problematik eindeutig ins Individuelle und Private
    verschoben."

samen Lebens, nun verlassen von seiner (einer) Frau:
"Von den Personen, die hier dereinst gelebt haben, steht
fest: eine männlich, eine weiblich." (V/19). Alle Rollen,
in die der Erzähler nun schlüpft, und die wie verschiedene Anzüge stets die gleichen Falten an den gleichen Stellen werfen werden, gelten dem Bemühen, den Bruch der Beziehung zu dieser Frau entweder zu vermeiden oder aber
ihn aushalten zu können - ein wahrhaft privates Bemühen.
Aber dennoch ist kein Ich ohne Gegenüber denkbar, keine
Existenz, die außerhalb einer Gesellschaft zu führen wäre. Folglich hat jede Rolle ihre, zumindest marginalen,
Auswirkungen aufs intersubjektive Beziehungsgefüge.

In diesen Rollen - als Enderlin, Gantenbein und Svoboda - erfährt sich der Erzähler als Liebhaber, Ehemann,
Verlassener, Eifersüchtiger; er durchläuft alle Stationen einer aufblühenden und vergehenden Partnerbeziehung.
Ihm gegenüber steht Lila, die Frau, weniger konkrete Person als Katalysator seines Existenzspiels der Möglichkeiten: "Was von Lila erzählt wird, porträtiert nur ihn."
(V/334).

An dieser Problemkonstellation erweist sich die Struk-
turverwandtschaft des Romans mit den vorangegangenen Bühnenstücken "Biedermann" und "Andorra". Wie sehr auch immer die Privatheit des Konflikts bestimmend ist für diesen Roman - hier wie dort geht es um die Vermeidbarkeit
eines Geschehens, geht es um reflexive Auslotung, wie eine bestimmte Entwicklung der Dinge, dort gesellschaftlich,
hier individualistisch-subjektiv, anders möglich und denkbar wäre. In "Biedermann" könnte man eine negative Paraphrase auf Brechts "Aufhaltsamen Aufstieg des Arturo Ui"
sehen, den aufhaltsamen Untergang des Bürgers Gottlieb
Biedermann; und auch im "Gantenbein" erfüllt sich, ob mit
bewußtem Vorsatz oder nicht, jenes Postulat Brechts an
ein episches Theater, daß nämlich "Experimentierbedingungen"

zu schaffen seien, in denen "jeweils ein Gegenexperiment
denkbar ist." (1). Nur fehlt hier allerdings im Roman,
dem es ja ausgesprochenermaßen um Privates und eher peri-
pher ums Gesellschaftliche geht, jener Appell an den Rezipienten, der die vorangegangenen Stücke auszeichnete;
hier werden keine konkreten Fragen gestellt, auf die der
Rezipient mit seinem eigenen Verhalten antworten soll -
oder allenfalls höchst indirekt.

In den durchgängigen Formeln des "Ich stelle mir vor"
- zusammengefaßt in dem Satz "Ich probiere Geschichten
an wie Kleider" (V/22) - enthüllt der Roman die Fiktion
als Fiktion, als pure Vorstellungsmöglichkeit; es gibt
hier keine epische Fiktion, die authentische Wahrheit
beanspruchte, so wenig, wie es eine durchgängige Fabel
gibt. Die Wahrheit des erzählerischen Ich summiert sich
aus Möglichkeiten: wahr ist bereits, was vorstellbar ist.

Mit der gleichen Ironie werden hier der Prostituier-
ten Camilla Huber angeblich "wahre" Geschichten erzählt
wie in "Stiller" dem gutgläubigen, aber sensationsgieri-
gen Wärter Knobel; beide nehmen, im Gegensatz zu Stiller
und dem Erzähler in "Gantenbein", als wahr hin, was den
geläufigen, weil täglich publizierten Mustern entspricht,
was aufgeht im tröstlichen Sinn der Klischees.

Enderlin wird als Existenzmöglichkeit verworfen,
weil er es nicht aushält, eine Rolle zu spielen und durch-
zustehen; einmal zum Bewußtsein des Spiels gekommen, ist
es ihm sogleich endgültig verdorben. Auch Svoboda wird
aufgegeben. Der Erzähler entscheidet sich für Gantenbein,
wie es der Titel bereits antizipiert, und unternimmt damit nicht etwa, sich von jeglichem Rollenspiel zu befrei-
en, sondern wählt gerade ein äußerstes: das des vermeint-

---

(1) Bert Brecht, Über Politik; loc.cit. s.70.

lich Blinden. Nur im Rückzug des Nichtsehenmüssens, genauer, des Wahrnehmens ohne Zwang zur Reaktion darauf,
scheint das Leben, als privates wie als gesellschaftliches, aushaltbar. In diesem Spiel lernt das erzählerische Ich vor allem, die Dinge hinzunehmen - hinzunehmen
trotz Beobachtung. So wird die Beziehung zu Lila erträg-
lich, lebbar auch dann noch, wo Lila untreu ist - und
sei es auch nur vorgestellte, weil befürchtete Untreue.
Auszuhalten ist so für Gantenbein in diesem Spiel auch
die öffentliche Verlogenheit.

Dem Leser wird so zweierlei mitgeteilt: offizielle
Selbstdarstellung, gesellschaftliche Wirklichkeit, wie
sie gesehen sein will, und Gantenbeins verschwiegene Beobachtung; daraus ergeben sich bezeichnende, die Wirklichkeit entlarvende Inkongruenzen. Ein paradoxes Verfahren:
der spielende Lügner enthüllt die Lüge, in die die Wirklichkeit verkleidet ist, um nicht durchschaut werden zu
können:

> (...), seine beruflichen Möglichkeiten dadurch, daß
> er nie sagt, was er sieht, ein Leben als Spiel, sei-
> ne Freiheit kraft seines Geheimnisses usw. (V/21)

> Man wird ihn zu Tisch führen, um ihn bei Tischge-
> sprächen aufzuklären, was die Herrschaften gesehen
> haben möchten, was hingegen nicht. Man wird ihm ei-
> ne Welt vorstellen, wie sie in der Zeitung steht,
> und indem Gantenbein tut, als glaube er's, wird er
> Karriere machen. (V/34)

Zieht man einmal Frischs spätere Betrachtung aus dem
"Tagebuch 1966 - 1971" über die Berichterstattung der
bürgerlichen schweizerischen Presse anläßlich der Ereignisse des Sommers 1968 in Zürich heran (VI/157ff. und
225ff.), so fällt es nicht schwer, zu mutmaßen, was oben
unter der Weltsicht der Zeitungen zu verstehen sei. Im
"Tagebuch" heißt es:

> Die Kunst der feinen Lüge besteht lediglich darin, daß
> die Meinung, die dreimal täglich die Macht der Inhaber

sanktioniert, nicht eine Klassen-Meinung sei, sondern Ethos schlechthin und somit im Interesse der
Mehrheit. (VI/228)

Die veröffentlichte Meinung ist die Meinung der gesellschaftlich Herrschenden und Kundgabe ihrer Interessen, die als solche nicht benannt werden wollen. Wer
dies durchschaut, wird in Frieden gelassen und respektiert, wenn er nur das Spiel der Verschleierung mitspielt;
der Blinde hat hierfür die besten Voraussetzungen. Immerhin wird auch dies durch das vermeintlich so private
Spiel um die Möglichkeiten einer Ich-Existenz sozusagen
en passant noch für den Rezipienten klargemacht.

Als Zeuge aufgerufen, in einem Prozeß gegen eine Persönlichkeit des öffentlichen Lebens auszusagen, die des
Mordes an Camilla Huber angeklagt ist, entscheidet sich
Gantenbein - natürlich ist auch diese Episode nur vorge-
stellt - für die Wahrung seiner Blindenrolle. Weil er also nichts gesehen haben kann, verweigert er die mögliche
Entlastung. Man wird den Angeklagten verurteilen, gerade
weil er der führenden Gesellschaftsschicht angehört; dies
rechnet zu den Spielregeln der Herrschaftssicherung, zur
Wahrung des ideologischen Scheins, wie Gantenbein sinniert:

> (...): die führende Gesellschaft eines Landes,
> schuldig in vielem, was aber nicht einzugestehen
> ist ohne die Folge, daß sie die Führung verlieren
> würde, kann es sich nicht leisten, daß einer der
> ihren, eines schändlichen Lebenswandels überführt
> und eines Verbrechens verdächtig, das jedoch bloß
> sein persönliches ist, mangels Beweis freigespro-
> chen wird vor allem Volk; es könnte aussehen, als
> seien vor dem Gesetz nicht alle gleich, und es blie-
> be ein vager Verdacht, der die führende Gesellschaft
> selbst belasten würde; ein solcher Mann ist nicht
> zu halten; die führende Gesellschaft eines Landes
> muß wenigstens an ihren Spitzen vertreten sein
> durch Persönlichkeiten, deren private Korrektheit
> alles andere deckt; sonst geht die Führung n u r
> n o c h   m i t   D i k t a t u r. (V/278f. Sperrung
> M.Sch.)

Durch diese Doppelperspektive, offizielle Sicht und
individuelle Wahrnehmung, durchdringt Gantenbein den
Nebel alltäglicher Herrschaftssicherung gerade indem er
ihn scheinbar unbemerkt läßt.

So unterläuft dem Blinden der verzeihliche Fauxpas,
der den einen oder anderen Zeitgenossen in erhebliche
Peinlichkeit stürzt, weil Gantenbein dessen heutige Äußerungen mit der Frage nach einer Person kontert, die zu
Zeiten des Faschismus ganz andere Phrasen im Munde führte; betretenes Schweigen der Umstehenden, da es sich um
denselben Mann handelt. Derlei Seitenhiebe finden sich
häufig. Als Blinder ist Gantenbein nicht genötigt, Schein
und Wirklichkeit zu durchschauen - aber gerade unter der
Tarnkappe seiner Rolle gelingt ihm das. Gantenbein bewegt sich wie ein unerkannter Kundschafter im gegneri-
schen Lager, bestätigend, was von ihm erwartet wird:

> "Wie sehen Sie denn die ganze Lage?"
> Ich tue, als habe ich den Westen nie gesehen, und
> über den Osten weiß man Bescheid ... (V/101)

So konstitutiv solche Aspekte für Gantenbeins Blindenrolle auch sind, es hieße Frischs erklärte Intentionen
zu mißdeuten, würde man sie allein ins Zentrum der Interpretation rücken. Der Roman erzählt eine "durchaus alltägliche Geschichte" (V/313), die Privatgeschichte um
ein mögliches Verhältnis zwischen Mann und Frau, Lila
und dem Erzähler - auch wenn der in einer der Varianten
als Zeitgenosse erscheint,

> (...), den die Fragen der Welt beschäftigen, die Not
> der Völker, die Hoffnung der Völker, die Lügen der
> Machthaber, die Ideologien, die Technik, die Ge-
> schichte und die Zukunft, (...). (V/189)

Gantenbein bleibt unbeteiligter, passiver Beobachter;
er führt, von Lila ausgehalten, das parasitäre Dasein
"der reinen Konsumtion", wie Hans Mayer in seinen "Mög-

lichen Ansichten über Herrn Gantenbein" bemerkt (1).
Aber auch das ist dem erzählerischen Ich durchaus bewußt - und wird dadurch auch dem Leser bewußt gemacht
und dessen relativierender Beurteilung anheimgegeben.
Angesichts der realen politischen Ereignisse und Zustände, angesichts manifester Not und Konflikte befallen den
Erzähler Skrupel:

> - ich frage mich dann selbst, im stillen meine kal-
> te Pfeife saugend, angesichts jeder wirklichen Ge-
> schichte, was ich eigentlich mache: - Entwürfe zu
> einem Ich! ... (V/120)

Diese Frage dürfte auf den Autor zurückverweisen. Denn
wie die Rechtfertigung auf eine Anschuldigung, die niemand anderes erhebt als der Autor selbst, steht im Anschluß an die Schilderung der ersten Liebesnacht zwischen
Lila und Enderlin - der hier noch ständig die Rolle mit
dem erzählerischen Ich, das ihm skeptisch beobachtend
über die Schulter schaut, wechseln muß - der folgende,
vielzitierte Passus:

> (Manchmal scheint auch mir, daß jedes Buch, so es
> sich nicht befaßt mit der Verhinderung des Kriegs,
> mit der Schaffung einer besseren Gesellschaft und
> so weiter, sinnlos ist, müßig, unverantwortlich,
> langweilig, nicht wert, daß man es liest, unstatt-
> haft. Es ist nicht die Zeit für Ich-Geschichten. Und
> doch vollzieht sich das menschliche Leben oder ver-
> fehlt sich am einzelnen Ich, nirgends sonst.) (V/
> 68)

Hier wird der eigene Anspruch, Ziel des Geistes sei
die Verpflichtung an eine Gesellschaft der Zukunft, gleichgültig, ob man sie selbst noch erlebe (II/397), zur Irritation; erst einige Jahre später konzediert sich Frisch
im Gespräch, seine generelle politische Engagiertheit habe ihn nicht der Verpflichtung erliegen lassen,

---

(1) Hans Mayer, Max Frischs Romane; loc.cit. s.213.

(...), in jedem Buch seine politische Relevanz,
seine politische Engagiertheit nachzuweisen. (1)

In diesem möglichen Rechtfertigungszwang muß sich
Frisch heute allerdings nicht sehen; im "Gantenbein"
sind Spuren davon jedoch noch deutlich zu erkennen. Es
stellt schon einen beißend selbstironischen Kommentar
dar, wenn der Erzähler in einer deutlichen Evokation
an Brechts Gedicht "An die Nachgeborenen" Enderlins
Lebensführung und Verhalten beschreibt. In einem Satz
wird die Spannung und Diskrepanz zwischen der Intention
des Brecht-Gedichts und der des Romans verdeutlicht:

> Enderlin vertreibt sich d i e Z e i t , d i e
> a u f E r d e n i h m g e g e b e n i s t,
> wieder einmal mit Kaffee, später mit Cognac. (V/
> 123) (2)

So akzentuiert Frisch bewußt den Zwiespalt von - an-
erkannter - gesellschaftlicher Anforderung an die Literatur (nicht umsonst nahm er das Brecht-Gedicht in sein
Nachkriegstagebuch auf) und der sehr privaten Zielsetzung,
die sich im "Gantenbein" ausdrückt; denn wie sehr jener
"egomanische" Aspekt seines Werks gerade in diesem Roman
dominiert, hat Frisch in seiner letzten Erzählung, "Montauk", klargestellt. Auch hier wechseln, wie in "Gantenbein", Ich- und Er-Form - wobei in der Ich-Form zahlrei-
che autobiographische Rekapitulationen mitgeteilt werden.
Unter der Absatzüberschrift "Ich probiere Geschichten an
wie Kleider", die leitthematisch für "Gantenbein" war,
ist nun zu lesen:

> Ich habe irgendeine Öffentlichkeit bedient mit Ge-
> schichten. Ich habe mich in diesen Geschichten ent-
> blößt, ich weiß, bis zur Unkenntlichkeit. (VI/720)

----

(1) M.F. in: Arnold, Gespräche s.52.

(2) Cf. Bert Brecht, Ausgew. Gedichte; loc.cit. s.57.

Was für den "Stiller" galt, gilt demzufolge auch für
den "Gantenbein": die Konfliktstruktur beider Romane
entspricht einer vom Autor selbsterfahrenen; aber noch
aus der Absage an die gegebenen gesellschaftlichen Erscheinungsformen leuchtet von fern die Verpflichtung an
eine bessere Gesellschaft der Zukunft. Aus der Richtung
der Kritik, wieder ex negativo also, darf man sich deren
Konkretisierung vorstellen.

"Biografie: Ein Spiel."

Drei Jahre nach seinem "Gantenbein"-Roman folgte Max
Frischs - vorläufig - letztes Bühnenstück, "Biografie:
Ein Spiel.". Die Ansätze des Variantenspiels aus dem
vorangehenden Roman werden hier konsequent für das Theater umgeformt; theoretisch grundsätzlich vorbereitet
findet sich das Spiel bereits in Frischs "Schillerpreis-
Rede" 1965.

Nicht ein Ich schlüpft hier in verschiedene Rollen,
um seine Existenzmöglichkeiten zu prüfen, sondern eine
Figur erhält die - nur auf der Bühne denkbare - Chance,
Stationen, Knotenpunkte der eigenen Biographie, erneut
durchzuspielen; assistiert wird ihr dabei von einem Registrator, einer Personifizierung des eigenen, objekti-
vierten Bewußtseins. Dieses Spiel soll Alternativen ak-
zentuieren; erweisen, daß die Faktizität der einmal gewordenen - und damit im Leben irreversiblen - Biographie
nur eine von mehreren denkbaren (und lebbaren) Möglichkeiten ist. Der Verlauf des Experiments erbringt das Ku-
riosum, daß Kürmann nicht in der Lage ist, seinem Leben
eine grundsätzlich andere Wendung zu geben; seine Biographie bleibt "banal" (V/579).

Weniger die Handlung und das Ergebnis des Stückes
sind von Interesse als sein Ansatz. Wie der vorhergehen-

de Roman gibt es sich erkenntlich als reine Fiktion,
Spielort ist allein die Bühne; auf ihr sollen Verläufe
geprüft werden, die die Gefahr ausschließen, der selbst
die Parabel unterliegt: daß einem Geschehen, nur weil
es sich so und nicht anders abspielte, ein Sinn unterstellt wird, der ihm schon deswegen nicht zukommen kann,
weil Alternativen wenigstens denkbar sind.

Frisch geht es hier nicht um die Zeichnung einer Realität, die ihren Ursprung außerhalb der Bühne hätte; es
geht ihm schlechthin um die Reflexion unseres Verhältnisses zur Wirklichkeit. Das Ziel, auf das er sich zube-
wegte, heißt Bewußtseinstheater:

> Spiel ist aber nicht Kopie der Realität, sondern
> deren Interpretation auf der Bühne unseres Bewußt-
> seins – (V/476)

Vor diesem Ziel, das in erster Linie die Form des
Stückes prägt, wird der Inhalt nachgerade zur Nebensa-
che; eine Beobachtung, die bereits Hans Heinz Holz machte:

> Das ist nicht philosophisches Theater als Umsetzung
> von Ideen, sondern Philosophie selbst, ihr eigen-
> stes Corpus, als Drama. So hoch zu greifen, bringt
> allerdings Gefahren mit sich. Wer den Satz des Py-
> thagoras auf eine Formel gebracht hat, dem wird das
> Dreieck unwesentlich, an dem er den Beweis vorexer-
> zierte. (1)

Unter diesem Aspekt stellt "Biografie", ihrem Inhalt
zum Trotz, keine private Problematik dar; ihr Ziel ist
die Problematisierung von Geschehen, das nicht deswegen
schon sinnvoll ist, weil es geschah. Ziel ist die prinzipielle Öffnung für Reflexion, und darin zeigt sich eine Kontinuität mit den früheren Stücken: auch hier geht
es um die Desavouierung des Schicksalsbegriffes. Um bei

----

(1) Hans Heinz Holz, Max Frisch - engagiert und privat;
    ÜMF I, s.258f.

Holz' Sprachgebrauch zu bleiben: Frischs Theater der
Permutation, als das es in der "Schillerpreis-Rede"
sich ankündigt, vollzieht, ähnlich Kants Philosophie,
einen transzendentalen Schritt hin zur Erkundung von
Erkenntnismöglichkeit im Medium des Ästhetischen.

Die Auseinandersetzung mit historischer und gesellschaftlicher Realität ist aus diesem Stück nicht ausge-
schlossen, obwohl es auf den ersten, flüchtigen Blick
so scheinen mag; der Registrator erwähnt immer wieder
Fakten und Entwicklungen, die sich in der zeitgenössischen Welt abspielen und relativiert so Kürmanns Bemühungen um eine Biographie, aus der persönliches Leid
und Versagen weitgehend eliminiert sind:

> REGISTRATOR Warum arbeiten Sie nicht? Sie hat
> recht: Haben Sie nichts anderes im Kopf als die
> Ehe?
> KÜRMANN Schweigen Sie.
> REGISTRATOR Ist das Ihr Problem in dieser Welt?
> (V/555)

Die Auseinandersetzung spielt sich im Grundsätzlichen
ab. Eine Dramaturgie, die variable Möglichkeiten darzustellen versucht, sieht ihr Ziel doch darin, erstarrte
Wahrnehmungsformen aufzulösen, verkrustetes Bewußtsein
zu sprengen; dies gilt für den ganz subjektiven Bereich,
den das Stück darstellt, zielt letztlich aber auch auf
den gesellschaftlichen. Kritisches Bewußtsein steht allemal in Opposition zu ideologischem, das, in Schnädelbachs
Definition, sein Wesen heute maßgeblich darin hat, daß
alternative Möglichkeiten zum Gegebenen nicht einmal
mehr vorstellbar sind.

Daß die Interpretation einer solchen Stoßrichtung von
Frischs Überlegungen zum Permutationstheater keine bloße
Spekulation ist, wird durch eine Äußerung im Briefwechsel mit Walter Höllerer deutlich; dort schreibt Frisch
zwei Jahre nach der Uraufführung von "Biografie":

Als ich das "Biografie"-Stück schrieb, betrachtete
ich es als eine Vorübung mit dem Ziel: Varianten-
Spiel nicht an der Biographie einer Einzelperson,
sondern an einem Kollektiv. (1)

Somit wäre das Stück nur als eine Art Prolegomenon zu

verstehen, eine Fingerübung in einer neuen Dramaturgie,

die besser in der Lage wäre, heutige gesellschaftliche

Wirklichkeit darzustellen, indem sie nach Möglichkeiten

sucht, sie zunächst in ihrer - scheinbar unumstößlichen

Faktizität - in Frage zu stellen. Frisch erkannte sehr

wohl, daß das herkömmliche Personentheater dieser Wirk-

lichkeit in keiner Weise mehr entspricht, ja, ihr allen-

falls ein weiteres ideologisches Abbild bereitstellen

würde:

Das Individuum als Protagonist. Ist das noch ver-
antwortbar? Weiß der Verfasser noch nichts von unsrer Industrie-Gesellschaft, von unsrer Konsumge-
sellschaft, davon zum Beispiel, daß kein Timon von
Athen regiert, sondern eine United Fruit Company,
daß nicht Persönlichkeiten bestimmen, sondern die
Produktionsweise mit ihren Markt-Zwängen usw. (2)

Wo unter den Bedingungen umfassender Entfremdung der

Begriff der Person, des Individuums, selbst schon zur

Ideologie abgesunken ist, beginnt die Aporie: denn die

Bühne braucht Personen, die auf ihr agieren.

Eine andere Schwierigkeit ergäbe sich außerdem aus

einem kollektiven Variantenspiel (das dann auch nicht in

Angriff genommen wurde):

Die Ausweitung auf ein Kollektiv, (...) führt zu
einer Permutation, die ich nicht mehr zu denken
vermag; aber auch wenn ein Computer sie mir aus-
rechnet, sehe ich die Darstellbarkeit auf der Bühne
nicht mehr - (3)

----

(1) M.F. in: Dramaturgisches, loc.cit. s.31.

(2) M.F. ebd. s.30.

(3) M.F. ebd. s.31.

Mit einem solchen Versuch begäbe sich der Autor, mit
dem Titel einer der manieristisch-labyrinthischen Erzählungen von Jorge Luis Borges, in einen "Garten der Pfade,
die sich verzweigen" (1).

Als das Stück 1967 uraufgeführt wurde, schien es in
seiner vermeintlichen Privatheit als außerordentlich
unzeitgemäß; die Forderungen lauteten auf gesellschaftliche Recherche. Nur von einer Interpretation der In-
haltsebene her ist dann eine Analyse wie die folgende
zu akzeptieren, nicht von der Form und den fundamenta-
len dramaturgischen Überlegungen her:

> In "Biografie" (...) wird mit der Konfrontation
> durch öffentliche Ereignisse das private Schicksal
> deutlich als Teil des Wirklichkeitsbereichs darge-
> stellt und dessen Irrelevanz in diesem Gesamtkon-
> text noch unterstrichen. Es bedeutet einmal mehr,
> daß Frisch die gesellschaftlich politische Proble-
> matik nur in der Perspektive des einzelnen, der sie
> erfährt, zur Darstellung bringen will. (...) Die
> Probleme, die sich den Individuen von außen stellen,
> nehmen sie in ihre Subjektivität hinein und gehen
> so ihres Vergleichspunktes außerhalb verlustig. (2)

Die ungewollte Ironie des Stücks lag allerdings darin,
daß sich das Reflexionsspiel der Alternativen im konkreten Handlungsverlauf als Fatalität erwies. Kürmanns
Schicksal schien sich, trotz aller Änderungsversuche,
als wahrhaft schicksalhaft zu erweisen; an diesem Eindruck konnte auch die letzte Szene nichts ändern, in der
Antoinette, Kürmanns Frau und Antagonistin, mit einer
einfachen Entscheidung - zu der er nicht fähig war - ihre und seine Biographie ändert:

8.2.1968
Stück aufgeführt, BIOGRAFIE EIN SPIEL, mit vierfa-

----

(1) Jorge Luis Borges, Labyrinthe; München 1962.
(2) Mathilde K. Hanhart, Max Frisch - Zufall, Rolle und
    literarische Form. Untersuchungen zu seinem neueren
    literarischen Werk. Diss. Zürich 1975 / Kronberg Ts.
    1976, s.74.

chem Sieg der Bühne (Zürich, München, Frankfurt,
Düsseldorf) über den Autor; er bestreitet die Fatalität, die Bühne bestätigt sie - spielend. (VI/103)

Im Briefwechsel mit Walter Höllerer umreißt Frisch
noch einmal die eigentlichen Intentionen des Spiels und
versucht zugleich zu erklären, wie es zu jenem, wie es
schien zwangsläufigen, Mißverständnis kommen konnte:

> (...); das Varianten-Spiel zielt auf Reflexion, in-
> sofern schon auf Erschütterung, aber das wäre Er-
> schütterung unsrer Gläubigkeit durch Reflexion. Und
> das ist fast nicht zu erzielen. Sobald gespielt wird,
> und sei die Varianten-Szene noch so kurz, gilt es
> als geschehen. Macht des Theaters. (1)

---

(1) M.F. in: Dramaturgisches, loc.cit. s.32.

DIE LETZTEN JAHRE

Erneute Auseinandersetzung mit der Schweiz.

Mit dem Erscheinen des "Tagebuchs 1966 - 1971" nahm das
bürgerliche Händeschütteln für den Autor jäh ab, wie Max
Frisch selbst konstatiert (1); im "Tagebuch" schrieb
er noch:

> Belletristik: Wenn es möglich ist, daß Leute, deren
> gesellschaftlicher Gegner man ist, sich unumwunden
> als Verehrer vorstellen. (VI/229)

Dies war nach den Stellungnahmen, Analysen und Reflexionen zu den Ereignissen jener bewegten Jahre nicht mehr
möglich. Frischs Sprache ist knapp geworden, konzis, reduziert aufs Wesentliche; es fehlen in diesem neuen "Tagebuch" fast völlig impressionistische, lyrisch Passagen,
die für das frühere noch bedeutsam waren. Auch in den
fiktionalen Teilen, den Skizzen und Entwürfen (in denen
möglicherweise nicht weniger Stoff für kommende Werke
steckt als im Nachkriegstagebuch), ist alles komprimiert
auf die Problematik, zugespitzt auf den Konflikt - das andere bleibt angedeutet oder ausgespart.

Frischs "Tagebuch 1966 - 1971" ist stärker noch als
das vorangegangene geprägt von den politischen und gesellschaftlichen Ereignissen und Tendenzen seiner Gegenwart;
kaum ein wesentliches Geschehnis jener Jahre, das nicht
in Dokumentation, Notiz oder Analyse aufgenommen wäre.
Dabei gehen Frischs Ausführungen etwa zur Einstellung des
amerikanischen Bombardements von Nordvietnam, über die

----

(1) M.F. in: Arnold, Gespräche s.60.

Slums in den Städten der USA, zum amerikanischen Imperialismus in Lateinamerika, aber auch zur Gewinnsituation
bei Mercedes-Benz oder zum Demokratieverständnis der
schweizerischen Presse in ihrer sozialökonomisch-analyti-
schen Klarsicht weit über Befunde des Nachkriegstagebuchs
hinaus; Frisch ist schärfer geworden:

> Es scheint, daß der Schritt vom ersten "Tagebuch"
> zum zweiten der Schritt ist vom Mitleiden zum sozia-
> len Bewußtsein. (1)

Das bürgerliche Händeschütteln hörte auf, weil sich
Max Frisch nun in vielen Punkten mit "marxistischen Positionen" träf (2).

Allerdings, auch was in "Wilhelm Tell für die Schule"
zu lesen stand, reichte hin, um die Sympathien einer bürgerlichen - und hier in erster Linie schweizerischen -
Leserschaft aufzukündigen; dies gilt im gleichen Maß für
sein "Dienstbüchlein". Die beiden schmalen Bändchen, 1971
und 1974 erschienen, gehen auf frühere Anlässe zurück: das "Dienstbüchlein" auf die 35 Jahre vorher erschienenen "Blätter aus dem Brotsack", die Aufzeichnungen
aus Frischs aktiver Militärzeit während des Krieges; "Wilhelm Tell" auf eine Anregung Brechts von 1948 (allerdings
setzte sich Frisch auch wiederholt in Reden mit dem Tell-
Mythos helvetischer Freiheit auseinander, bevor er 1971
seine eindeutige Kontrafaktur vorlegte).

Beide, retrospektive Aufarbeitung der Erfahrungen aus
der Dienstzeit und Umschreibung der Tell-Legende, beschäftigen sich auf je eigene Weise mit der Demontage helveti-
schen Selbstverständnisses; ihre Auseinandersetzung mit

----

(1) Peter Wapnewski, Tua res - Zum "Tagebuch II" von Max
    Frisch; in: ÜMF II, s.379.

(2) Klaus Schimanski, Ernst genommene Zeitgenossenschaft
    - subjektiv gespiegelt; Gedanken zur Analyse und zur
    Aufnahme des "Tagebuches 1966 - 1971" von Max Frisch;
    in: Weimarer Beiträge 20/1974, s.164.

fernerer oder näherer Vergangenheit zielt auf gesellschaftliche Auseinandersetzung mit der Gegenwart, sie
ist:

> (...) ein Modell dafür, was ein Schreibender nur
> schreibend, als praktizierender Ideologiekritiker
> politisch erreichen kann, (...). (1)

"Wilhelm Tell" war ursprünglich als Teil des entstehenden "Tagebuchs" gedacht, wurde dafür dann jedoch zu um-
fänglich und deswegen vorab veröffentlicht; Frisch zer-
pflückt spielerisch den Freiheits-Mythos, den Schiller
der Schweiz geschenkt hatte. Schiller selbst zielte mit
seinem Stück ja auf die eigene Zeit und deren Auseinandersetzungen, weniger auf die Zeit der entstehenden Eidgenossenschaft, die zum Vorwand wird; Frisch wiederum ist bemüht, jene mittelalterliche Historizität, die zur Entste-
hungslegende sich verhärtet hat, durch wissenschaftliche
Zitate in den Anmerkungen zu seinem "Tell" in Frage zu
stellen. Die spielerische Fiktion, die sich des Präteri-
tums des So-war-es bedient, zeichnet die Geschichte ver-
kehrt: Hauptfigur ist hier nicht Tell, der ist nur ein
halsstarriger, begriffsstutziger Wäldler, ein "banaler
Mörder", mit Baumgarts Worten; Hauptfigur ist jener Gess-
ler, oder besser Grisler, oder Konrad von Tillendorf (genau läßt er sich eben nicht fassen, wie Frisch anmerkt),
ein ganz und gar nicht tyrannischer und hassenswerter
habsburgischer Beamter, den sein Auftrag in jene abgele-
genen, furchterregenden Waldtäler der Schweiz verschlug.
Er wird nicht Opfer seiner etwaigen Willkür und Anmaßung,
sondern Opfer eines Mißverständnisses - Opfer von Tells
leicht kränkbarem Stolz. Frisch belegt in seinem Anmer-
kungsapparat, der die kurzen Erzählabschnitte immer wieder unterbricht und etwa gleichen Umfang wie diese hat,

----

(1) Reinhard Baumgart, Wilhelm Tell - ein ganz banaler
    Mörder; Max Frischs Zerstörung einer Legende. In:
    ÜMF II, s.368.

daß vieles, was bei Schiller noch als Zeichen unterdrük-
kerischer Herrschaft gedeutet wurde, im 13. Jahrhundert
durchaus Ausdruck legaler und legitimer Praxis war:

> Über den aufgepflanzten Hut als Herrschafts- und Ei-
> gentumssymbol vgl. R.Schröder: "Deutsche Rechtsge-
> schichte". Es handelt sich nicht, wie Friedrich
> Schiller glauben läßt, um einen schnöden Einfall des
> betreffenden Reichsvogts, sondern um ein Ritual mit-
> telalterlicher Legalität. Schon der Verfasser des
> "Weißen Buches von Sarnen" um 1470 scheint das ver-
> gessen zu haben: (...). (VI/448f.)

Frisch zieht in diesen Anmerkungen vor allem immer wieder Parallelen zur Gegenwart - provokante Parallelen; so
bezieht er sich auf die legendenbildende Kraft mündlicher
Überlieferung:

> Die Tendenz der mündlichen Überlieferung, das eigene
> Kollektiv zu rechtfertigen, ist natürlich. (...) Hät-
> ten auch wir, wie damals die Urschweiz, nur die münd-
> liche Überlieferung (Stammtisch, Volksschule usw.),
> so gäbe es in der Schweiz von 1933 bis 1945 beispiels-
> weise keine hitler-freundlichen Großbürger und Offi-
> ziere usw. und dies schon nach einem Vierteljahrhun-
> dert mündlicher Überlieferung. (VI/424)

Derlei - gerechtfertigte - Ketzereien gibt es mehrere,
und so war denn die Reaktion auf das Büchlein "bitterbös"
(1). Frisch nannte es nicht umsonst einen Tell für die
Schule; denn dort vor allem und zuerst wird jener Mythos
der Freiheit tradiert, den Frisch zu zersetzen sich bemüht in der Hoffnung, an seine Stelle konkretes Bewußtsein von Freiheit und Unfreiheit zu setzen - auf daß Freiheit hier und heute gefordert und verwirklicht würde: reale Freiheit statt ihres festlich zelebrierten Scheins. In
diesem Sinn äußerte Frisch sich schon in seiner Rede zum
schweizerischen Nationalfeiertag 1957:

> Was meinen wir, wenn wir die Freiheit besingen? (IV/
> 224)

----

(1) M.F. in: Arnold, Gespräche s.57.

Machen Sie Gebrauch von der Freiheit, deren wir uns
rühmen, der Freiheit der Gedanken und der Freiheit
der Rede. Machen Sie Gebrauch von der Freiheit, bevor sie verrostet ist. Machen Sie Gebrauch von der
Freiheit, denn sie gehört zu den Dingen, die sehr
rasch und rettungslos verrosten, wenn man sie nicht
braucht. (IV/225)

Frisch führt im "Tell" vor allem auch an, daß der Kampf
gegen Habsburg nicht der Kampf eines freien Volkes gegen
seine Unterdrücker war - diese Idee "ist späteren Datums"
(VI/447) -, sondern nachweisbar die Verschwörung einiger
Grundherrn, die Besitz- und Abhängigkeitsverhältnisse un-
angetastet ließ. Und genau diesen Freiheitsbegriff pflege
die Schweiz noch heute, wenn ihre Armee, eine Armee, in
der die Besitzenden das Sagen haben, wie Frisch dann im
"Dienstbüchlein" darlegt, beim Generalstreik 1918 auf die
sozialistische Arbeiterschaft schießen läßt (VI/442).

Mit der fiktionalen Kontrafaktur des Schiller-Dramas
entmythologisiert Frisch den schweizerischen Freiheitsbegriff; mit seinen Anmerkungen reduziert er ihn auf seinen
- ohnedies nicht fest umrissenen - historischen Gehalt und
geht zugleich gegen die sowohl faktischen wie ideologischen
Konsequenzen an, die dieser Mythos noch heute produziert:

(...) es ist ein grundfalscher Mythos auf die Eidgenossenschaft. (...) Es ist also eine falsche Sage für
dieses Land, (...). Ich wollte einfach den Mißbrauch
dieses Mythos für die Schule - drum heißt es auch
"Wilhelm Tell für die Schule" - ein bißchen angehen,
gar nicht bitterbös - aber die Reaktion darauf war
dann zum Teil bitterbös, aber nicht so, daß ich unter
Verfolgung leide. (1)

Als Frisch 1974 sein "Dienstbüchlein" veröffentlichte,
war der Sturm eidgenössischer Entrüstung nicht minder
stark wie bei seinem "Wilhelm Tell". Der nichtschweizeri-
sche Leser konnte in beiden Fällen einigermaßen unbefangen

---

(1) M.F. in: Arnold, Gespräche s.57.

bleiben, ihn berührte die angemeldete Kritik nur indirekt;
wohl geht es auch hier um gesellschaftliche Auseinandersetzung, aber mit ganz eindeutigen Akzenten: Objekt ist
die Schweiz, ihr Selbstverständnis, ihre Armee als Spiegel ihrer gesellschaftlichen Konstitution.

Angeregt durch die Lektüre eines Buches über Landesver-
rat in der Schweiz während der Kriegszeit, unternimmt Max
Frisch einen Versuch der Rückerinnerung (1); deren Ergebnisse decken sich kaum noch mit dem literarischen Niederschlag der damaligen Erfahrungen in den "Blättern aus dem
Brotsack", auch die Sprache ist eine ganz andere geworden.
Der frühe impressionistische Lyrismus - vor allem der Na-
turbeschreibung - ist knappsten Eindrucksschilderungen gewichen: Gerüchen von Schweiß, Leder, Stroh; das Visuelle
beschränkt sich auf weniges Unverwechselbare: Gestein aus
der Nähe betrachtet, Rinde von Bäumen. Hier geht es um anderes; die psychologische Sensibilität, mit der Frisch damals seine Gefühls- und Gedankenlage erkundete und beschrieb, ist einer sozialen Sensibilität gewichen, die
mit außerordentlicher Präzision - ohne sich ins Abstrakt-
Allgemeine zu verlieren -, das Erlebte durch mittlerweile
Erfahrenes ergänzt. Erfahrungen, deren Keim damals gelegt
wurde, sind nun fruchtbar geworden; Erfahrungen, die erst
jetzt in ihren richtigen, nämlich gesellschaftlichen Zusammenhang gebracht werden - in der Spanne von den "Blättern" zum "Dienstbüchlein" dokumentiert sich die gedankliche und stilistische Entwicklung Frischs in nuce:

> Indem ich mich heute erinnere, wie es damals so war,
> sehe ich es natürlich nach meiner Denkart heute. Ich
> wundere mich, wieviel man hat erfahren können, ohne
> es zu sehen. (VI/556)

----

(1) M.F. in: Arnold, Gespräche s.57.

Freilich, die Situation des Schreibenden damals ist
mit der heutigen nicht zu vergleichen: wer hätte 1939
denken können, daß die Schweiz vom Krieg verschont bliebe? So wurde vieles gläubig hingenommen - auch von Max
Frisch, wie er eingesteht (1) -, was nachdenklich hätte
stimmen müssen: nicht nur die offenbare Kollaborations-
bereitschaft eines Teils der schweizerischen Bourgeoisie
mit dem Faschismus, nicht nur die schweizerische Flücht-
lings- und Asylpolitik; zu beiden belegt Frisch seine Argumentation mit Fakten und Zahlen, die offiziell bekannt
sind, dennoch wurden seine Ausführungen als provokante,
ja böswillige Polemik kritisiert (2). Seine Erinnerungen
galten als Frontalangriff auf das eidgenössische Selbstverständnis, als Zerstörung eines Geschichtsbildes, das
die Schweiz als antifaschistisch-demokratisch Insel zeich-
nete (wogegen, wie gezeigt, Frisch aber bereits in seinem
"Wilhelm Tell" vorging).

Nun fällt dem Autor auf, daß das damalige Feindbild
kein politisches war; die geistige Landesverteidigung
richtete sich nicht, oder allenfalls kaum - das war anderswo aber auch nicht wesentlich anders - gegen den Faschismus, sondern nur gegen etwaige "Neutralitätsverletzer".
Überhaupt war in jener Zeit in der Armee vom politischen
Geschehen wenig die Rede. Nachträglich bringt nun die Erinnerung auch andere Aspekte der Neutralität ans Licht:
Waffenlieferungen schweizerischer Konzerne an beide kriegs-
führenden Seiten, ungleiche Behandlung deutscher und alli-
ierter Internierter - zugunsten der deutschen; die Zurück-
weisung von Flüchtlingen vor dem Faschismus bei gleichzei-

----

(1) M.F. in: Arnold, Gespräche s.57f.
(2) Cf. Ernst Leisi, Die Kunst der Insinuation; in: Neue
    Zürcher Zeitung vom 20.9.1974; auch in: ÜMF II, s.407.
    Frischs Erwiderung auf diesen Artikel Leisis wurde
    von der NZZ nicht abgedruckt.

tiger Aufnahme italienischer Faschisten. Dies alles setzt
keine neue Einseitigkeit an die Stelle der anderen, offi-
ziösen - aber es korrigiert diese nach Maßgabe der historischen Wahrheit.

Anderes noch wird ans Licht des Bewußtseins gehoben,
was im Kleinen die gesellschaftliche Ordnung der Schweiz
im Großen spiegelt; entscheidend war für Frisch, daß er
Dienst in der Mannschaft tat, nicht als Offizier:

> Ich bereue nicht, daß ich beim Militär gewesen bin,
> aber ich würde es bereuen, wenn ich beim Militär
> nicht in der Mannschaft gewesen wäre; Leute meiner
> Schulbildung (...) werden sonst kaum genötigt, unse-
> re Gesellschaft einmal nicht von oben nach unten zu
> sehen. (VI/605)

Aus dieser Perspektive wird sonst selbstverständlich
Scheinendes fragwürdig. Frisch registriert, wer wann den
Begriff Vaterland verwendet; die Mannschaft kaum, aber je
höher der Rang, desto fragloser - und glaubwürdiger -
kommt das Wort von den Lippen, um so sicherer weiß der
Sprecher, was das Vaterland von den Angesprochenen verlangen kann und was diese zu leisten haben im Dienste des Va-
terlandes - ohne daß sie danach besonders gefragt werden
müßten (VI/549f.)

In der Armee spiegelt sich die schweizerische Sozial-
struktur selbst im Detail. Die "Vaterlandsbesitzer", Ban-
kiers, Fabrikanten, Verleger und so weiter, stehen fast
durchweg in den hohen Offiziersrängen; ihre Privilegiert-
heit äußert sich im besseren Uniformstoff wie in der besseren Eisenbahnklasse, die ihnen zusteht. Sie befehlen
mit der gleichen Selbstverständlichkeit wie im zivilen
Leben; ihre Arbeiter und Angestellten sind auch hier ihre
Untergebenen:

> (...): eine Armee der Vaterland-Besitzer, die sich
> Unsere Armee nennt. Sie hat in diesem Jahrhundert
> selten geschossen; zum Glück. Wenn sie aber geschos-

sen hat, dann auf streikende Arbeiter (Generalstreik
1918) und auf demonstrierende Arbeiter (Genf 1932,
anläßlich einer sozialdemokratischen Demonstration
gegen schweizerische Faschisten gibt es 13 Tote
durch Einsatz von Rekruten mit sechswöchiger Ausbil-
dung). (VI/614f.)

Ist dieses System sozialer Rangordnung erst einmal zu
Bewußtsein gekommen, dann erklärt sich der militärische
Gehorsam, der in der Armee verlangt und exerziert wird,
als - gewollte oder ungewollte, jedenfalls aber stattfin-
dende - Einübung in die z i v i l e Unterordnung. Indem
die Armme den sozialen status quo wiederholt, läßt sie
dessen Struktur als unabänderlich erscheinen; das System
perpetuiert sich selbst. So bekommt noch der abstumpfende
Drill, das Schema von Befehl und Gehorsam, seine nicht zu
Tage liegende Logik:

> Man kann nicht sagen: sie haben uns zur Sau gemacht.
> Dazu fehlte in diesen Jahren die Gelegenheit. Schie-
> ßen auf Teile unsrer Bevölkerung, die anders denken
> als die schweizerische Finanz und ihre Offiziersge-
> sellschaft, war nicht nötig. Dazu wußte die Bevölke-
> rung in diesen Jahren zu wenig. Die Armee entmündig-
> te uns nur übungshalber für den Fall. (VI/603)

Eigenständiges Denken war hier wie andernorts von Untergebenen nicht gefordert; Frisch bezweifelt sogar, ob
es erwünscht gewesen wäre. Wichtig war, nicht aufzufallen,
sich dem Trott einzupassen - das ersparte Unannehmlichkei-
ten. Die Schule der Nation erweist sich im "Dienstbüchlein" als Schule der Anpassung. Auch die vielbeschworene
soldatische Kameradschaft wird von Frisch kritisch betrachtet: es genügte die Wahrung ihres Scheins, ihres mi-
litärischen Rituals, dessen, was man tut und läßt. Man
läßt es zum Beispiel aus Rücksicht auf die Kameraden,
durch Beschwerden - auch berechtigte - aufzufallen; das
Augenmerk des Dienstvorgesetzten könnte sonst auf die ganze Abteilung gelenkt werden. Solidarisches Verhalten kann
so gar nicht erst aufkommen:

Das Militär verlangt, daß wir uns wie Kameraden verhalten; es legt keinen Wert darauf, daß wir Kameraden sind. Das kann es sich gar nicht leisten. (VI/
585)

Was Frisch im "Dienstbüchlein" demonstriert, ist Ideologiekritik als Herrschaftskritik. Dazu bemüht er keine
theoretischen Exkurse; es genügt die präzise Beobachtung,
die in ihren eigentlichen Zusammenhang gebracht wird, damit sich der Schein des gegebenen So-und-nicht-anders
auflöst und eine Klassenhierarchie dahinter erkennbar
wird.

Als Fazit dieses Sichtbarmachungsprozesses könnte das
folgende Zitat stehen, mit dem Frisch praktisch sein Bewußtsein, wie es sich in den "Blättern aus dem Brotsack"
niederschlug, revidiert:

Der Widerspruch, daß die Armee zur Verteidigung der
Demokratie in ihrer ganzen Struktur antidemokratisch
ist, erscheint nur als Widerspruch, solange man die
Beteuerung glaubt, sie verteidige die Demokratie,
und das glaubte ich allerdings in diesen Jahren. (VI/
561)

Frischs Demokratieverständnis hat sich von einem forma-
len zu einem inhaltlichen, inhaltlich auch im sozialökono-
mischen Bereich, gewandelt und erweitert. Im "Dienstbüchlein" löst er recht eigentlich erst den Vorsatz ein, den
er in den "Blättern" fasste, um ihn in seinem Natur-Im-
pressionismus sogleich untergehen zu lassen: "Man denkt:
nur keine Ausflucht ins Schöne." (I/133). Frisch weicht
nun nicht mehr aus ins Zeitlos-Gültige; er hat sich längst
seiner gesellschaftlichen Erfahrung gestellt und gerät damit ins Kreuzfeuer der gesellschaftlichen Auseinandersetzung.

Noch einmal: Gesellschaftsbezug und Autobiographie - Zwei
Seiten derselben Medaille.

Frischs jüngste Erzählung "Montauk" schien jene zu bestätigen, die schon immer zu wissen meinten, daß das Gesellschaftliche und Gesellschaftskritische in seinem Werk nur
einen Nebenaspekt ausmache (1); diese Beurteilung stützte
sich auf die umfänglichen - und bislang umfassendsten -
autobiographischen Rekapitulationen und berief sich auf
das mit Bedacht vorangestellte Motto von Michel de Mon-
taigne:

> DIES IST EIN AUFRICHTIGES BUCH, LESER, ES WARNT DICH
> SCHON BEIM EINTRITT, DASS ICH MIR DARIN KEIN ANDERES
> ENDE VORGESETZT HABE ALS EIN HÄUSLICHES UND PRIVA-
> TES ... (VI/619)

Weniger berücksichtigt wurden dabei die Skepsis und
Warnung, die in dem Montaigne-Zitat auch bereits vorhanden sind - und die den Vorbehalten des Erzählers gegen die
eigenen Ich-Geschichten des "Gantenbein"-Romans so ver-
blüffend ähneln:

> ES IST NICHT BILLIG, DASS DU DEINE MUSSE AUF EINEN
> SO EITLEN UND GERINGFÜGIGEN GEGENSTAND VERWENDEST.
> (VI/619)

Weniger berücksichtigt wurden auch Passagen, in denen
der Autor seine politische Position andeutet oder in denen
er von seiner gesellschaftlichen Verantwortung als Schrei-
bender eingeholt wird:

> Etwas anderes: ein Sowjetbürger, ein jüngerer Mann,
> der 1968 auf dem Roten Platz demonstriert hat und den
> ich neulich in Gesellschaft zufällig getroffen habe,
> übermittelt Grüße aus einem sibirischen Arbeitslager,
> Dank im Namen von Insassen, die ich nie sehen werde;
> der unerwartete Gruß macht mich betroffen wie eine
> Mahnung, ein Auftrag, daß ich mich nicht fallen lasse.
> (VI/659) (2)

---

(1) Cf. oben s.31ff.
(2) Cf. auch VI/736.

Natürlich verdeutlicht Frisch in dieser Erzählung vor
allem, in welchem Maß sein bisheriges Werk beeinflußt
wurde von persönlichen Erfahrungen und Konflikten (sehr
privaten auch), aus welcher Art von Nötigung heraus er
schrieb; "Montauk" läßt klar erkennen, daß Frischs Fiktionen in sehr vielen Fällen das Autoren-Ich verkleideten
- was in dieser Erzählung nun erklärtermaßen vermieden
werden soll. Die literarischen Resultate, die der Autor
vorlegte, überstiegen jedoch in der Regel ihre privaten
Anlässe; der Konfliktschauplatz, auf dem agiert wurde,
war fast stets ein identifizierbarer, zeitgenössisch-ge-
sellschaftlicher. Die erzählerische und dramatische Fiktion weitete sich so zum Gültig-Exemplarischen - um diesen Nachweis bemühten sich unsere Untersuchungen.

Etwas weiteres ließe sich aus Frischs Selbstaussagen
in "Montauk" extrapolieren. Seine Stellungnahmen zum eigenen Engagement waren oft ambivalent, ja widersprüch-
lich; einerseits lehnte er vorsätzliche Didaktik ab, solche würde bereits wieder unter seinen grundsätzlichen
Ideologieverdacht fallen, andererseits rechnete er sich
selbst zu den engagierten Autoren - und sei es nur, weil
dem Schriftsteller die gesellschaftliche Verantwortung
ex post, auch wenn sie nicht den ersten oder einzigen Anlaß seines Schreibens bildete, zuwachse (1). Nun läßt
sich dieser für Frisch permanente Widerspruch vielleicht
auflösen. Seine Vorbehalte gegen die gesellschaftliche Relevanz seiner Arbeiten resultieren nicht zuletzt daraus,
daß vieles aus eigener, privater Betroffenheit heraus entstand und nicht in erster Linie aus gesellschaftlicher
Motivation und mit politischen Absichten - selbst da nicht,
wo es, wie beispielsweise in der Nachkriegsdramatik, sehr
direkt um zeitgenössische Aktualität ging.

----

(1) Cf. oben s.57f.

Zur Verdeutlichung und Stützung dieser Argumentation
seien Frischs Notizen über Brecht aus dem ersten "Tagebuch" in Erinnerung gerufen. Frisch ist fasziniert - und
irritiert zugleich - von Brechts denkerischer Prägnanz,
die dessen Werk auszeichnet; alles scheint darin ausge-
richtet nach Maßgabe soziologischer, philosophischer und
politischer Erkenntnis. Das Werk entwächst einer denkeri-
schen Sicherheit und Überzeugung, die auch eine des politischen Standorts ist; einer Sicherheit, die sich auch im
Ziel konkreter gesellschaftlicher Realisierung gewiß ist:

> Seine Haltung, und bei Brecht ist es wirklich eine
> Haltung, die jede Lebensäußerung umfaßt, ist die täg-
> liche Anwendung jener denkerischen Ergebnisse, die
> unsere gesellschaftliche Umwelt als überholt, in ih-
> rem gewaltsamen Fortdauern als verrucht zeigen, so
> daß diese Gesellschaft nur als Hindernis, nicht als
> Maßstab genommen werden kann; Brecht verhält sich
> zur Zukunft; (...). (II/595)

Wo Brecht sozusagen politische Zukunftsgewißheit besitzt und von dieser Überzeugung her deduktiv arbeitet,
ermangelt Frisch der absoluten politischen Gewißheit und
ganz konkreter Zielvorstellungen; an die Stelle der ideologischen Überzeugtheit tritt bei ihm ein kritisches - und
zurückhaltendes - Prinzip gesellschaftlicher Hoffnungen,
ein allenfalls utopisches Moment, das aus seiner Kritik am
Bestehenden hervorleuchtet. Frischs Arbeitsprinzip ist
demnach eher induktiv: Beobachtung und Beschreibung der
gesellschaftlichen Schwachstellen, aus denen immer wieder
der Rezipient die allfälligen Schlüsse selbst zu ziehen
hat. Die Induktion hat zur Richtschnur Frischs eingestan-
denermaßen subjektive Wahrnehmung, die für ihn, bedingt
durch die Skrupel seines Wahrhaftigkeitsethos, notwendig
relativierbar bleibt. Nicht eine vorgegebene politische
Überzeugung ist Ausgangspunkt seiner Arbeit, sondern eben
seine subjektiven - und oft durch Privates stimulierten -
Wahrnehmungen; aus dieser Konstellation erwachsen seine

Vorbehalte den politischen Implikationen, der Relevanz
und nicht zuletzt auch der Wirkungsmöglichkeiten seines
eigenen Werks gegenüber. Dies läßt sich aus der Kenntnis
des literarischen Schaffensprozesses, wie er durch "Montauk" deutlich wird, als Hypothese aufstellen.
Aber Frischs rigoroser Skrupel wird hinfällig angesichts der von ihm vorgelegten Resultate, die sehr wohl
die bürgerliche Gesellschaft kritisch durchleuchten und
und in ihrer Kritik mögliche Alternativen antizipieren.
So geraten Gesellschaftlichkeit und Privatheit als die
beiden Pole seines Schaffens in ein ausgewogenes Verhältnis zueinander; man kann sogar sagen, sie stehen in einem
kaum löslichen dialektischen Wechselbezug. Von dieser Po-
larität her ist es kaum noch erstaunlich, daß gerade die
Form des Tagebuchs, wie sie Frisch geschaffen hat, in
solch hohem Maß sein Werk prägte.

In seinem Aufsatz "Über den Romancier Max Frisch" weist
Marcel Reich-Ranicki auf einen wichtigen Grundzug in Max
Frischs Werk hin, auf das nichteinverständlich-defensive
Verhältnis zur Welt. Auf die Frage, warum der Schriftsteller schreibe, gab Frisch 1958 die Antwort, mancher
schreibe, um die Welt zu verändern; er selbst, um sie ertragen zu können, um sich selbst standzuhalten (1). Daraus
folgert Reich-Ranicki:

> Wenn man es recht bedenkt, weichen diese beiden Ant-
> worten nicht gar so weit voneinander ab. Beide setzen
> als selbstverständlich voraus, daß unsere Welt nicht
> akzeptiert werden kann und bringen die Arbeit des
> Schriftstellers in einen unmittelbaren Zusammenhang
> mit eben diesem Zustand. Der Unterschied zwischen den
> beiden angedeuteten Betrachtungsweisen läuft im we-
> sentlichen auf den Subjekt-Objekt-Wechsel hinaus. Wer
> also erklärt, er schreibe, um die Welt zu verändern,
> behandelt offensichtlich die Welt als Objekt und sich

----

(1) Cf. IV/244ff. "Öffentlichkeit als Partner".

als Subjekt. Wer hingegen sagt, er schreibe, um die
Welt zu ertragen und am Leben zu bleiben, sieht sich
selbst als Objekt. (1)

Natürlich ist mittlerweile, wie oben gezeigt, aus Max
Frischs Arbeiten klargeworden, wie sehr er auch bemüht
ist, seinen ganz persönlichen Konflikten durchs Schreiben
standzuhalten; aber in diesem Verhältnis zur Welt äußert
sich mehr. Es steht ebenfalls in einem ursächlichen Zusammenhang mit seinen Vorbehalten etwaigen Lehren gegenüber, etwaiger gesellschaftlicher Lösungen und Losungen,
wie gerade Brecht sie deutlich vor Augen hatte. Damit
hängt auch zusammen, was man als gesellschaftliche Unbe-
stimmtheit seines Werks bezeichnet hat; das biographische
Element seines Schaffens macht hierbei jedoch nur einen
Faktor aus. Ein anderer ist in den historischen Erfahrungen zu suchen, die der Autor als Zeitgenosse in diesem
Jahrhundert machen mußte - und dies g e r a d e, weil bei
Frisch die eigene, auch ganz subjektive, ganz persönliche
Erfahrung eine so dominante Rolle spielt.

Frisch ist von keinem der beiden großen, antagonistischen Gesellschaftssysteme zu vereinnahmen; er liegt quer
zu beiden. Ironisch-abwehrend und zugleich bestätigend
charakterisiert er seine Position, indem er zusammenfaßt,
was ihm von politisch sehr verschiedenen Seiten unterstellt wird:

(...) finde ich mich ab - zum Beispiel damit, daß ich
ein spätbürgerlicher Humanist bin, von Osten gesehen,
oder ein Brecht-Erbe, von Westen gesehen. Mein literarisches Markenzeichen, ich weiß, ist das Identitäts-
problem. (2)

Beides stimmt und stimmt nicht - jedenfalls nicht für
sich allein; Frisch ist genau in der Lage, die Walter Jens

---

(1) Marcel Reich-Ranicki, Über den Romancier; loc.cit. s.
272; in gleicher Weise argumentiert auch Roland Links,
op.cit. s.542.
(2) M.F. in: Noch einmal anfangen können - Interview mit
Dieter E. Zimmer; Die Zeit Nr. 51, 1967.

als die des kritisch-wachen und hellsichtigen Intellektuellen bezeichnet:

> Beide Seiten z u g l e i c h überschauend, sitzt
> der Schriftsteller a u f j e d e n F a l l zwi-
> schen den Stühlen - doch fragt es sich, ob ihm
> nicht gerade der Zweifel seine sokratische Würde
> verleiht; denn "Zweifel" und "Martyrium" sind in ei-
> ner unvollkommenen, aber aufs Vollkommene pochenden
> Welt nur allzu oft Synonyme gewesen. (1)

Schon daraus wird auch verständlich, daß den meisten
von Frischs Werken eine positiv-konkrete Lösung fehlt;
exemplarisch mögen hier Stücke wie "Die Chinesische Mauer" oder "Graf Öderland" stehen, die, bei aller Schärfe
ihrer Gesellschafts- und Zeitkritik, an ihrem Ende wie in
einem Zirkel zu ihrem Ausgangspunkt zurückzulaufen scheinen - und so jeden möglichen Fortschritt wenn schon nicht
direkt leugnen, so doch wenigstens in Frage stellen.

Angesichts der Skepsis gegenüber den Möglichkeiten des
eigenen Schreibens und der von Jens beschriebenen Lage
zwischen den Stühlen, bleibt für Frisch, was er als "kombattante Resignation" bezeichnet; in gesellschaftlicher
Hinsicht lebt seine Arbeit aus der Blochschen Kategorie
des Noch-nicht.

Erfahrungen, die der Autor in seiner Zeit und in seinem politischen Gesichtsfeld gewonnen hat, sind nicht ab-
zustreifen; sie schlagen sich nieder in der literarischen
Spiegelung und Brechung der Wirklichkeit - zumal bei einem Autor, der im beschriebenen Maß Selbsterlebtes, privates wie politisches, in sein Werk einfließen läßt. So
werden die gesellschaftlichen Hoffnungen und Befürchtungen des Bürgers, des citoyen, Max Frisch deckungsgleich
mit denen des Autors Frisch. Das erweist sich nicht allein

----

(1) Walter Jens, Deutsche Literatur der Gegenwart; Mün-
    chen, 2.Aufl. 1966, s.37f.

an den Tagebüchern, an "Wilhelm Tell" oder am "Dienstbüchlein - wenn auch da besonders deutlich; das zeigt
sich auch am "Stiller", in den ganze Passagen und Argu-
mentationszusammenhänge aus Frischs gleichzeitigen Städte-
baupolemiken eingingen, mit denen der Autor so direkt und
so konkret wie selten in die aktuelle Auseinandersetzung
eingriff.

Daß Frisch ein scharfer und profunder Kritiker der bürgerlichen Gesellschaft und ihrer Äußerungsformen ist,
braucht nicht noch einmal betont zu werden; aber es gibt
für ihn - noch - kein alternatives Ziel, auf das er mit
letzter Gewißheit zusteuerte. Die Ablehnung der gegebenen
Alternativen formuliert Kürmann im Spiel "Biografie":

> Ich glaube nicht an Marxismus-Leninismus. Was natür-
> lich nicht heißt, daß ich die Russische Revolution
> für ein Unglück halte. Im Gegenteil. Ich glaube nicht
> an Marxismus-Leninismus als eine Heilslehre auf Ewig-
> keit. Das wollte ich sagen. Allerdings glaube ich
> auch nicht an eure christliche Heilslehre vom freien
> Unternehmertum, dessen Geschichte wir nachgerade ken-
> nen. Das noch weniger. (...) Die Alternativen, die
> uns zurzeit aufgezwungen werden, halte ich für über-
> holt, also für verfehlt. (V/543)

Hier redet der Autor durch den Mund seiner Figur; auch
Frisch sucht nach einer Lösung, die sich, vorerst noch in-
existent, von beiden gegebenen gleichweit entfernt:

> Es gibt nicht nur die Alternative "entweder Wallstreet
> oder Kreml" - wenn's nur das gibt, können wir aufhö-
> ren - sondern es kann ja sein, daß der Menschheit noch
> etwas andres einfällt außer den Lehren beider Ideolo-
> gien. (1)

Es zeigt sich, daß Frisch durchaus eine Ahnung von jenem dritten Weg, den es einzuschlagen gälte, besitzt. Dabei ist ihm stets bewußt, daß Literatur, die Arbeit des Intellektuellen überhaupt, immer Gefahr läuft, ephemer zu

----

(1) M.F. in: Bloch/Hubacher, op.cit. s.26.

bleiben, relativ ungehört zu verhallen; ja, gegebenenfalls sogar eine systemstabilisierende Alibifunktion zu
übernehmen. Wieder spricht Kürmann Frischs Skepsis aus:

> (...): ich bin in Ihren Augen, was man zurzeit ei-
> nen Non-Konformisten nennt, ein Intellektueller, der
> die herrschende Klasse durchschaut und zwar ziemlich
> genau, jedenfalls mit Entsetzen oder mindestens mit
> Ekel; aber das genügt ihm. Ab und zu unterzeichne ich
> einen Aufruf, eine Kundgebung für oder gegen: Pro-
> teste zugunsten meines Gewissens, solange Gewissen
> noch gestattet ist, (...). (V/520f.)

> (...) - Unterschriften für, Unterschriften gegen,
> Proteste, Kundgebungen, und was dabei herauskommt,
> ist die Ohnmacht der Intelligenz, der Opposition,
> die Gewalt vorerst im Namen des Rechtsstaates, der
> Terror: die Quittung dafür, daß unsereiner n i e
> g e h a n d e l t h a t. (V/525; Sperrung M.Sch.)

Ähnlich drückt sich die Skepsis des Autors auch im "Tagebuch 1966 - 1971" aus; in einer fingierten Unterhaltung
läßt Frisch hier mehrere Gesprächspartner verschiedene
Ansätze literarisch-gesellschaftlicher Standortsuche durch-
spielen:

> "Wenn Literatur sich darauf einläßt, daß sie sich
> durch gesellschaftliche Relevanz rechtfertigen soll,
> so hat sie schon verspielt; ihr Beitrag an die Gesell-
> schaft ist die Irritation, daß es sie trotzdem gibt",
> sagt der erste. (...) "Ich halte mich für einen poli-
> tischen Menschen, Sie haben recht, gerade deswegen
> wehre ich mich ja gegen Politik als literarische Mode",
> sagt dieser. (...) "Jede Literatur, die diesen Namen
> verdient, ist im Grund subversiv", sagt jemand. (...)
> "Müßte man, wenn Sie von Peter Weiss und Jean-Paul
> Sartre sprechen, nicht unterscheiden (sagen wir) zwi-
> schen einem Schriftsteller, der Ideologie hervorbringt,
> und einem Schriftsteller, der eine vorhandene Ideolo-
> gie literarisiert?" fragt jemand. "Und was machen denn
> Sie selber?" fragt ein Student. (VI/105f.)

Gerade diese Thesen, im "Tagebuch" spielerisch angedeutet, sind im Grunde prägend für das Werk und die Position
des Autors: daß Literatur wesentlich aus ihrer Irritations-
fähigkeit lebt, daß sie zu scheiden wäre nach Ideologiebe-
stätigung und Ideologiezersetzung, und - last, not least -

daß jede Literatur, die ihren Namen verdient, subversiv
wirke. Diesen Namen verdient sie dann, das folgt aus dem
Vorhergehenden, wenn sie sich den aktuellen Problemen
und dem gegebenen Bewußtsein kritisch stellt: wenn sie im
eigentlichen Sinn realistisch ist in ihrer Perspektive,
nicht ausweicht vor ihrer Zeit und deren Konflikten. Das
ist aus Frischs unerbittlicher Kritik am bürgerlich-ästhe-
tischen Kulturbegriff bereits unmittelbar nach dem Krieg
deutlich geworden.

Noch bei aller Skepsis und trotz aller Vorbehalte, die
Frisch gerade durch die Rezeptionsgeschichte Bert Brechts
untermauerte, lebt seine Arbeit aus einer Verpflichtung,
die eine eminent gesellschaftliche ist:

> Verpflichtet an eine Gesellschaft der Zukunft: - wo-
> bei es für die Verpflichtung belanglos ist, ob wir
> selber diese Gesellschaft noch erreichen, ob sie
> überhaupt jemals erreicht wird; Nähe oder Ferne ei-
> nes Zieles, solange es uns als solches erscheint,
> ändern nichts an unsrer Richtung. (II/397) (1)

Daß dieses Ziel sich nicht deckt mit den konkreten, gegebenen gesellschaftlichen Modellen - etwa im Sinne der
groben Gegenüberstellung von "Wallstreet oder Kreml" -,
liegt begründet in der Zeitgenossenschaft des Autors, in
seiner historischen Erfahrung, in der Schärfe, mit der er
stets beide Seiten beobachtete. Frischs Werk lebt keineswegs nur aus der privaten Problematik, mindestens ebensosehr ist es eine Auseinandersetzung mit jenen Beobachtungen und Erfahrungen - ob man die Tagebücher nimmt, die
Dramatik der Nachkriegsjahre, "Stiller" oder "Homo faber",
"Biedermann" oder "Andorra".

Die bürgerliche Gesellschaft lehnt Frisch ab; nicht allein wegen ihrer völligen Degeneration im Faschismus -

---

(1) Noch hier läßt sich eine erneute Parallele zu Brechts
"An die Nachgeborenen" erkennen: "Das Ziel / Lag in
großer Ferne. / Es war deutlich sichtbar, wenn auch für
mich / kaum zu erreichen." B.B. Ausg. Gedichte, loc.cit.
s.57.

wenngleich das der entscheidende Auslöser für ihre Ablehnung war. Frisch lehnt auch ihre heutigen Erscheinungsformen ab; sei es der amerikanische Imperialismus
oder die kapitalkontrollierte, formale Demokratie, wie
er sie in seiner Kritik an der Schweiz exemplarisch
zeichnet. Gleichermaßen lehnt er aber andererseits jene
Form des Kommunismus ab, wie sie sich im letzten halben
Jahrhundert etablierte: in ihrer dogmatischen Erstarrung,
ihrer Unterdrückung wesentlicher Freiheitsrechte, ihrer
stalinistischen Entartung. Aus der Perspektive der Opfer
wird es gleichgültig, welchem der beiden Systeme sie unterworfen sind:

> Politik durch Mord und Politik durch Justizmord
> ist keine Spezialität der amerikanischen Herr-
> schaftsform; der Stalinismus zeigte diese Metho-
> de in Perfektion. (VI/122)

Eine politische Gewißheit und Anlehnung wie bei Brecht
kommt für Frisch mithin nicht in Frage. An ihre Stelle
tritt ein Prinzip gesellschaftlicher Hoffnung, die vorab
nicht verwirklicht ist, deren Verwirklichungsversuche
immer wieder niedergeschlagen wurden: in Prag wie in
Santiago de Chile. Aus diesen Erfahrungen heraus ist es
durchaus verständlich, wenn Frisch in seinen Werken eine
gesellschaftliche Lösung verweigert. Er gibt das Ziel
nicht an, auf das zuzusteuern wäre; aber seine Argumentation, auch wo sie in Fragen mündet, deutet eine Richtung an, in die der Rezipient aus eigener Einsicht zu
gehen hätte.

In einer bemerkenswerten Rede, wenige Tage nach der
Intervention der Warschauer-Pakt-Truppen 1968 in der
CSSR, stellt Frisch dar, in welcher Richtung sich seine
Hoffnung bewegt:

> Auch Sozialismus ist ein Wort, Demokratie auch. Ent-
> dogmatisieren bedeutet: Wirklichkeit wahrnehmen,
> Konflikte von der Wirklichkeit her formulieren,

Denkschemata aufgeben. Und genau das verhindert der
Kalte Krieg. Die Ereignisse in diesem Sommer sind
ein gefährlicher Rückschlag, den wir zur Kenntnis
zu nehmen haben. Aber die Hoffnung kann ich deswegen nicht auswechseln; ich habe nämlich nur eine:
daß das Versprechen, das dort Sozialismus heißt,
und das Versprechen, das hier Demokratie heißt, zu
verwirklichen sind durch ihre Vereinigung. (VI/483)

Diese Aussage erhellt sowohl die Intention, die hinter Frischs literarischer Gesellschaftsbeschreibung und
-kritik steht, als auch die Art und Weise seines Vorge-
hens dabei. Sein utopischer Horizont lautet Demokrati-
scher Sozialismus; seine Arbeitsweise ist die Entdogma-
tisierung, Darstellung der gegebenen Wirklichkeit mit
all ihren Widersprüchen - ein gänzlich realistisches
Konzept. Für seinen politischen Standort aber findet Max
Frisch weder in der der Schweiz noch etwa in der Bundes-
republik relevante Bündnispartner; so ist auch sein Eintreten für die schweizerische Sozialdemokratie 1971 als
ein Versuch zu werten, unter den gegebenen Bedingungen
pragmatisch sich zu engagieren:

> (...), die sozialdemokratische Partei der Schweiz;
> zu der habe ich mich bekannt, diese wähle ich, denn
> im Augenblick sehe ich nichts anderes, das sich
> eher in der Richtung bemüht, die ich möchte. Es ist
> für mich natürlich viel zu wenig, weil ich wirklich
> einen demokratischen Sozialismus möchte. Das Wort
> "demokratisch" grenzt mich ab gegenüber der PdA
> (der kommunistischen Partei der Arbeit; M.Sch.),
> das Wort "Sozialismus" gegen etwa 95% des Schweizer-
> volkes. (1)

So, basierend auf der historischen Erfahrung des Zeitgenossen mit den beiden großen antagonistischen Gesell-
schaftssystemen, gehört Frisch zu den vorerst politisch
Heimatlosen; heimatlos in dem Sinn, daß seine Hoffnung
auf wahre Demokratie und Selbstbestimmung des Menschen,

----

(1) M.F. in: Bloch/Hubacher, op.cit. s.26.

seine Hoffnung auf eine sozialistische Gesellschaft der
Zukunft, in der allein Demokratie sich entfalten könnte,
noch nirgends gültig und dauerhaft realisiert ist. Angesichts der politischen Geschehnisse, die er beobachtend
miterlebte, ist dies eine Hoffnung, die immer hart am
Rande der Resignation angesiedelt bleibt; einer Resignation aber, die sich ihre Streitbarkeit zu wahren wußte.

Vor diesem Hintergrund wird die gesellschaftliche The-
matik in Frischs Werk als aktuelle - als zeitgenössische -
Problematik erkennbar. Sein Werk ist zugleich ein Ver-
such, im Bewußtsein der "bescheidenen" Möglichkeiten der
Literatur Aufklärung zu verbreiten, zur Realisierung der
gesellschaftlichen Hoffnungen des Autors beizutragen (1).
Dies wird ersichtlich durch die Kohärenz, ja teilweise
Deckungsgleichheit, der fiktionalen und nichtfiktionalen
Aussagen. Die autobiographischen und die gesellschaftli-
chen Aspekte des Werks verlieren so ihren vermeintlichen
Widerspruch; er ist aufgehoben in der Einheit der Person
Max Frisch - als Bürger u n d als Schriftsteller.

----

(1) Cf. oben s.53 und V/342.

LITERATURVERZEICHNIS

Primärliteratur.

Max Frisch, Gesammelte Werke in zeitlicher Folge; hg.
von Hans Mayer unter Mitwirkung von Walter
Schmitz. Sechs Bände, Frankfurt am Main,
1976. Zitiert hiernach mit Band- und Seitenzahl.

Vom Umgang mit dem Einfall; in: Programmheft der Städtischen Bühnen Frankfurt am
Main, Nr.8, 1956/57, s.107ff. Auch in: Süddeutsche Zeitung vom 23/24. Oktober 1971.

Keine Klagen meinerseits; in: Süddeutsche
Zeitung vom 31. Dezember 1964.

Was steht zur Wahl? Ganzseitiges, selbstbe-
zahltes Inserat Frischs im Zürcher Tages-
Anzeiger vom 4. März 1966.

Schriftsteller, Johnson und Vietnam; in:
Die Weltwoche vom 5. April 1968.

Politik durch Mord. Ansprache anläßlich der
Ermordung Martin Luther Kings; in: Die
Weltwoche vom 26. April 1968.

Antwort auf Leserbriefe; in: Die Weltwoche
vom 31. Mai 1968.

Die grosse Devotion - über die Ereignisse
in Zürich und über die Jugend; in: Die
Weltwoche vom 12. Juli 1968.

Gespräche, Interviews und Briefwechsel mit Max Frisch.

Arnold, Heinz Ludwig Gespräch mit Max Frisch; in: Gespräche mit Schriftstellern. München 1975,
s.9ff.

Bienek, Horst Werkstattgespräche mit Schriftstellern.
München 1962, s.21ff.

Bloch, Peter André und Bussmann, Rudolf Gespräch mit
Max Frisch; in: P.A.B. und Edwin Hubacher,
Der Schriftsteller in unserer Zeit -
Schweizer Autoren bestimmen ihre Rolle in
der Gesellschaft. Bern 1972, s.17ff.

Bloch, Peter André und Schoch, Bruno   Gespräch mit Max
    Frisch; in: P.A.B. (Hg.), Der Schriftstel-
    ler und sein Verhältnis zur Sprache - dar-
    gestellt am Problem der Tempuswahl. Bern
    1971, s.68ff.

Fischer, Jens; Janowski, Hans Norbert und Stammler, Eber-
    hard   Rückzug auf die Poesie - Interview
    mit Max Frisch; in: Evangelische Kommenta-
    re 8/1974, s.489ff.

Häsler, Alfred A.   Wir müssen unsere Welt anders ein-
    richten - Gespräch mit Max Frisch; in: Die
    Tat vom 9. Dezember 1967.

Hasselblatt, Dieter   Interview mit Max Frisch im Deutsch-
    landfunk. Zusammenfassung mit Auszügen von
    Helmut M. Braem,in: Stuttgarter Zeitung
    vom 20. November 1964.

Höllerer, Walter und Frisch, Max   Dramaturgisches. Ein
    Briefwechsel. Berlin 1969.

Hoffmann, Christian   Zehn Sätze zum Überleben - Inter-
    view mit Max Frisch; in: Deutsche Zeitung/
    Christ und Welt vom 5. Oktober 1973.

Kieser, Rolf   An Interview with Max Frisch - conducted
    by Rolf Kieser; in: Contemporary Literature,
    1/1972. University of Wisconsin Press. Aus-
    züge hieraus cf. unter: R.K. Max Frisch -
    Das literarische Tagebuch.

Koch, Werner   Selbstanzeige. Max Frisch im Gespräch mit
    W.K. Fernsehsendung im 3. Programm NDR/RB/
    SFB vom 15. November 1971. Manuskript im
    Pressearchiv des Suhrkamp-Verlages, Frank-
    furt am Main.

Litten, Rainer   Sein neues Stück - was Max Frisch darü-
    ber im Gespräch verriet; in: Christ und
    Welt vom 30. Juni 1967.

Raeber, Kuno   Lieber schreiben als lesen - Interview mit
    Max Frisch; in: Das Schönste, 6/1962, s.54f.

Reif, Adalbert   Die Literatur verdirbt der Politik die
    Phrase; in: Kölner Stadtanzeiger vom 27.
    Dezember 1972.

Riess, Curt   Eine Unterhaltung mit Max Frisch über sein
    neues Stück; in: Die Zeit vom 3. November
    1961.

Steiner, Ernst   Gespräch mit Max Frisch; in: Berner Tag-
    blatt vom 26. Januar 1958.

Suter, Gody   Max Frisch: 'Ich habe Glück gehabt'. Von
"Nun singen sie wieder" zu "Andorra"; in:
Die Weltwoche vom 3. November 1961.

Vogel, Paul Ignaz   Und die Schweiz? Ein Interview mit
Max Frisch; in: Neutralität 5/1964, s.2ff.

von Wiese, Eberhard   Gespräch mit Max Frisch - Das Abenteuer der Wahrhaftigkeit; in: Volksbühnen-
spiegel 1/1962, s.2.

Zimmer, Dieter E.   Noch einmal anfangen können. Ein Gespräch mit Max Frisch; in: Die Zeit vom
22. Dezember 1967.

Sekundärliteratur.

Adorno, Theodor W. und Dirks, Walter   Soziologische Exkurse; in: Frankfurter Beiträge zur Soziologie Nr.4, Frankfurt am Main, 4.Aufl. 1968.
Darin s.162ff. "Ideologie" (ohne Autorenan-
gabe).

Adorno, Theodor W.   Standort des Erzählers im zeitgenössischen Roman; in: Noten zur Literatur I,
Frankfurt am Main, 34.-36.Tsd. 1975.

Engagement; in: Noten zur Literatur III,
Frankfurt am Main, 10.-12.Tsd. 1969.

Ästhetische Theorie; in: Ges. Schriften Bd.
VII, Frankfurt am Main 1970.

Ahl, Herbert   Homo ludens - Homo faber - Homo sapiens;
in: H.A. Literarische Porträts; München
1962.

Arendt, Hannah   Vita activa oder vom tätigen Leben;
Stuttgart 1960.

Allemann, Beda   Die Struktur der Komödie bei Max Frisch;
in: Thomas Beckermann, Über Max Frisch (ÜMF
I); cf. dort.

Archipow, Juri   Max Frisch auf der Suche nach der verlo-
renen Einheit; in: M.F. Stücke; Leipzig
1973, s.299ff.

Arnold, Heinz Ludwig und Beck Theo (Hg.)   Positionen im
deutschen Roman der Sechziger Jahre; Mün-
chen 1974.

Arnold, Heinz Ludwig   Möglichkeiten nicht möglicher Exi-
stenzen - zu Max Frischs Roman "Mein Name
sei Gantenbein"; in: Eckart-Jahrbuch 1964/
65, s.298ff.

Erzählung vom Gelingen eines Scheiterns.
Max Frischs "Montauk"; in: Frankfurter
Rundschau vom 24. Januar 1976.

Aurin, Kurt   Andorra - ein psychologisches Modell; in:
Albrecht Schau (Hg.), s.95ff; cf. dort.

Bach, Huguette und Max   The moral problem of political
responsibility - Brecht, Frisch and Sar-
tre; in: Books abroad 37/1963, s.378ff.

Baden, Hans-Jürgen   Der Mensch ohne Partner - das Menschenbild in den Romanen von Max Frisch;
Das Gespräch 64, Wuppertal 1966.

Bänziger, Hans   Frisch und Dürrenmatt; Bern, 6.Aufl.
1971.

Max Frisch - der Protest eines Skeptikers;
in: Universitas 25/1970, s.481ff.

Zwischen Protest und Traditionsbewußtsein.
Arbeiten zum Werk und zur gesellschaftlichen Stellung Max Frischs; Bern 1975.

Barlow, Derrick   'Ordnung' and ' das wirkliche Leben'
in the Works of Max Frisch; in: German
Life and Letters 19/1965, s.52ff.

Baumgart, Reinhard   Othello als Hamlet; in: Thomas Bek-
kermann, ÜMF I; cf. dort.

Wilhelm Tell - ein ganz banaler Mörder; in:
Walter Schmitz (Hg.),Über Max Frisch II
(ÜMF II); cf. dort.

Bautz, Franz J.   Ein unbequemer Zeitgenosse - Max Frisch
und das Engagement an die Wahrhaftigkeit;
in: Panorama 12/1958.

Beckermann, Thomas (Hg.)   Über Max Frisch (ÜMF I); Frankfurt am Main, 4.Aufl. 1971.

'Einmal möchte er es wissen'. Zur Ästhetik
des Engagements im Prosawerk von Max
Frisch; in: Text und Kritik 47/48, Oktober
1975, s.27ff.

Beckmann, Heinz   Blick zurück auf Max Frisch; in: Rhei-
nischer Merkur vom 2. Mai 1958.

Bernardi, Eugenio   Max Frisch e il romanzo-diario; in:
Annali della facoltà di lingue e lettera-
tura di Ca' Foscari, Mailand 6/1967, s.7ff.

Bichsel, Peter   Diskussion um Rezepte; in: Die Weltwoche
vom 1. April 1966.

Bicknese, Günther   Zur Rolle Amerikas in Frischs "Homo
faber"; in: German Quarterly 42/1969, s.52ff.

Biedermann, Marianne   Das politische Theater von Max
    Frisch; Diss. Köln 1974.

    Politisches Theater oder radikale Verin-
    nerlichung? In: Text und Kritik 47/48, Ok-
    tober 1975, s.44ff.

Birmele, Jutta   Anmerkung zu Max Frischs Roman "Mein
    Name sei Gantenbein"; in: Albrecht Schau,
    cf. dort.

Bloch, Ernst   Verfremdungen I; Frankfurt am Main 1962.

Böhme, Wolfgang (Hg.)   Theater in der Demokratie. Kann
    das Theater politisches Bewußtsein verän-
    dern? Stuttgart 1970.

Boerner, Peter   Tagebuch; Stuttgart 1969.

Bondy, François   Gericht über die Schuldlosen. Oder:
    'Die Szene wird zum Tribunal'. Zu Sieg-
    fried Lenz' "Die Zeit der Schuldlosen"
    und Max Frischs "Andorra"; in: Albrecht
    Schau, cf. dort.

    Max Frisch und der Aktivdienst; in: Schwei-
    zer Monatshefte 12/1974, s.689f.

Borges, Jorge Luis   Labyrinthe; München 1962.

Boveri, Margret   "Tagebuch 1966 - 1971"; in: Neue Rund-
    schau 83/1972, s.540ff.

Bradley, Brigitte L.   Max Frischs "Biografie: Ein Spiel."
    In: Walter Schmitz, ÜMF II; cf. dort.

Braun, Karl-Heinz   Die epische Technik in Max Frischs
    Roman "Stiller". Als Beitrag zur Formfrage
    des modernen Romans. Diss. Frankfurt am
    Main 1959.

Brecht, Bertolt   Über Politik auf dem Theater; Frankfurt
    am Main 1971.

    Ausgewählte Gedichte. Mit einem Nachwort
    von Walter Jens; Frankfurt am Main, 8.Aufl.
    1974.

Brewer, John ·T.   Max Frischs "Biedermann und die Brand-
    stifter" als Dokument der Enttäuschung ei-
    nes Autors; in: Walter Schmitz, ÜMF II; cf.
    dort.

Brinkmann, Hennig   Der komplexe Satz im deutschen Schrift-
    tum der Gegenwart; in: Albrecht Schau, cf.
    dort.

Brock-Sulzer, Elisabeth   Überlegungen zur schweizeri-
    schen Dramatik von heute; in: Albrecht
    Schau, cf. dort.

Büchner, Georg   Dantons Tod; in: Werke und Briefe. München, 2.Aufl. 1967.

Bùi Hanh Nghi   Zu Max Frischs Begriff 'Das wirkliche Leben'; Diss. München 1973.

Burgauner, Christoph   Zwei Interessen und zwei Instanzen; in: Frankfurter Hefte 12/1972, s.911ff.

Versuch über Max Frisch; in: Merkur 5/1974, s.451ff.

Burger, Hermann   Des Schweizer Autors Schweiz. Zu Max Frischs und Peter Bichsels Technik der Kritik an der Schweiz; in: Schweizer Monatshefte 51/1971f. s.746ff.

Burhard, C.   Ein Bestseller. Zu Max Frischs "Stiller" - über psychopathische Entwicklung und Schizophrenie; in: Die Medizinische 35/1955, s.3ff.

Butler, Michael   The Theme of Eccentricity in the Novels of Max Frisch; Diss. London 1973.

Das Problem der Exzentrizität in den Romanen Frischs; in: Text und Kritik 47/48, Oktober 1975, s.13ff.

Butzlaff, Wolfgang   Die Darstellung der Jahre 1933 - 1945 im deutschen Drama; in: Der Deutschunterricht 3/1964, s.25ff.

Camus, Albert   Der Mythos von Sysiphos - ein Versuch über das Absurde; Hamburg, 201.-210.Tsd. 1976.

Cases, Cesare   Max Frisch,"Stiller; in: C.C. Stichworte zur deutschen Literatur. Wien 1969.

Cauvin, Marius   Max Frisch, das Absolute und der 'nouveau roman'; in: Walter Schmitz, ÜMF II; cf. dort.

Colberg, Klaus   Bildnis des Westens, Individualist, Schweizer Weltbürger. Begegnung mit dem schweizerischen Dichter Max Frisch; in: Ruhr-Nachrichten vom 11. Juli 1964.

Cunliffe, William G.   Existentialistische Elemente in Frischs Werken; in: Walter Schmitz, ÜMF II, cf. dort.

Danner, Karl-Heinz   Schriftsteller in der Schweiz. Gesellschaftsproblematik bei Zollinger, Frisch und Dürrenmatt; in: Die Tat vom 5. Oktober 1974.

Demetz, Peter   Die süße Anarchie. Skizzen zur deutschen Literatur seit 1945; Frankfurt am Main 1973.

Dürrenmatt, Friedrich   "Stiller", Roman von Max Frisch.
Fragment einer Kritik; in: Thomas Becker-
mann, ÜMF I; cf. dort.

Eine Vision und ihr dramatisches Schicksal.
Zu "Graf Öderland" von Max Frisch; in: Thomas Beckermann, ÜMF I; cf. dort.

Durzak, Manfred   Dürrenmatt, Frisch, Weiss. Deutsches
Drama der Gegenwart zwischen Kritik und
Utopie. Stuttgart, 2.Aufl. 1972.

Eisenschenk, Ute   Studien zum Menschenbild in den Romanen von Max Frisch. Diss. Wien 1971.

Enzensberger, Hans Magnus   Über "Andorra"; in: Albrecht
Schau; cf. dort.

Ermatinger, Emil   Dichtung und Geistesleben in der
deutschen Schweiz; München 1933.

Esslin, Martin   The Neurosis of Neutrals; in: M.E. Re-
flections, Essays on Modern Theatre; New
York 1971.

Faesi, Robert   Erlebnisse, Ergebnisse; Zürich 1963.

Farner, Konrad   Homo Frisch; in: Die Weltbühne 13/1958,
s.24ff.

Mein Name sei Frisch; in: Sinn und Form
1/1966, s.273ff.

Fechter, Paul   Max Frisch; in: P.F. Geschichte der deutschen Literatur; Gütersloh 1960, s.382ff.

Fetscher, Iring   Die Anthropologie des jungen Marx und
der Begriff der Entfremdung; in: I.F. Von
Marx zur Sowjetideologie. Frankfurt am
Main, 14.Aufl. 1969.

Fischer, Ernst   Entfremdung, Dekadenz, Realismus; in:
Sinn und Form 5 & 6/1962, s.816ff.

Franz, Hertha   Der Intellektuelle in Max Frischs "Don
Juan" und "Homo faber"; in: Walter Schmitz,
ÜMF II; cf. dort.

Franzen, Erich   Aufklärungen. Essays; Frankfurt am Main
1964.

Fringeli, Dieter   Von Spitteler zu Muschg. Literatur der
deutschen Schweiz seit 1900; Basel 1975.

Frühwald, Wolfgang   Wo ist Andorra? Zu einem poetischen
Modell Max Frischs; in: Walter Schmitz,
ÜMF II; cf. dort.

Gassmann, Max   Max Frisch - Leitmotive der Jugend. Diss.
Zürich 1966.

Gebert-Rüf, Paula   Zu Max Frischs "Don Juan oder Die
          Liebe zur Geometrie; in: Albrecht Schau;
          cf. dort.

Geisser, Heinrich   Die Entstehung von Max Frischs Dra-
          maturgie der Permutation; Bern 1973.

Gerster, Georg   Der Dichter und die Zeit - Notizen über
          Max Frisch; in: Neue literarische Welt vom
          10. Oktober 1952.

Geulen, Hans   Max Frischs "Homo faber" - Studien und In-
          terpretationen; Berlin 1965.

Gide, André   Littérature engagée; Paris 1950.

          Die Verliese des Vatican; München, 2.Aufl.
          1976.

Glaser, Martha   Rolle und Wirklichkeit im Roman der Ge-
          genwart - Beitrag zur existentiellen Lite-
          raturbetrachtung; in: Der Deutschunterricht
          1/1968, s.7ff.

Gnüg, Hiltrud   Das Ende eines Mythos: Max Frisch, "Don
          Juan oder Die Liebe zur Geometrie"; in:
          Walter Schmitz, ÜMF II; cf. dort.

Gockel, Heinz   Max Frisch. Gantenbein - das offen-artisti-
          sche Erzählen; Bonn 1976.

Gontrum, Peter   America in the Writings of Max Frisch;
          in: Pacific Coast Philology 4/1969, s.30ff.

Grimm, Reinhold und Wellauer, Carolyn   Max Frisch - Mo-
          saik eines Statikers; in: Hans Wagner (Hg.),
          Zeitkritische Romane des 20. Jahrhunderts;
          Stuttgart 1975.

Gross, Helmut   Max Frisch und der Frieden; in: Text und
          Kritik 47/48, Oktober 1975, s.74ff.

Hagelstange, Rudolf   Verleihung des Georg Büchner-Prei-
          ses an Max Frisch - Rede auf den Preisträ-
          ger; in: Albrecht Schau; cf. dort.

Hammer, J.C.   The Humanism of Max Frisch - An Examina-
          tion of Three of the Plays; in: German
          Quarterly 42/1969, s.718ff.

Hampe, Michael   Wie die Aufführung entstand; in: Albrecht
          Schau; cf. dort.

Hanhart, Mathilde K.   Max Frisch: Zufall, Rolle und li-
          terarische Form. Untersuchungen zu seinem
          neueren Werk; Kronberg Ts. 1976.

Hartung, Günther   Literatur für Realisten - Zum Werk von
          Max Frisch. Nachwort zu "Biografie: Ein
          Spiel." Berlin/DDR 1970.

Hartung, Rudolf   "Schreibend unter Kunstzwang" - Zu der
     autobiographischen Erzählung "Montauk" von
     Max Frisch; in: Walter Schmitz, ÜMF II; cf.
     dort.
Hay, Gerhard; Rambaldo, Hartmut und Storck, Joachim W.
     "Als der Krieg zu Ende war" - Literarisch-
     politische Publizistik 1945 - 1950; Sonder-
     ausstellung des Schiller-Nationalmuseums,
     Katalog Nr. 23; München, 2.Aufl. 1974.
Hegele, Wolfgang   Max Frisch, "Andorra"; in: Thomas
     Beckermann, ÜMF I; cf. dort.
Heidenreich, Sybille   Frisch: "Andorra", "Biedermann und
     die Brandstifter"; Hollfeld 1974.
     Max Frisch - Homo faber. Untersuchungen zum
     Roman; Hollfeld 1976.
Heidsieck, Arnold   Das Groteske und das Absurde im mo-
     dernen Drama; Stuttgart 1969.
Heissenbüttel, Helmut   Max Frisch oder Die Kunst des
     Schreibens in dieser Zeit; in: Thomas Bek-
     kermann, ÜMF I; cf. dort.
Henningsen, Jürgen   "Jeder Mensch erfindet sich eine Ge-
     schichte" - Max Frisch und die Autobiogra-
     phie; in: Literatur in Wissenschaft und Un-
     terricht 4/1971, s.167ff.
Henze, Walter   Die Erzählhaltung in Max Frischs Roman
     "Homo faber"; in: Albrecht Schau; cf. dort.
Heyde, Christoph P.   Untersuchungen zum Menschenbild in
     der Prosa Max Frischs; Diss. Rostock 1970.
Hillen, Gerd   Reisemotive in den Romanen von Max Frisch;
     in: Wirkendes Wort 19/1969, s.126ff.
Hilty, Hans Rudolf   Ein Buch aktiver Erinnerung; in:
     Walter Schmitz, ÜMF II; cf. dort.
     Prolegomena zum modernen Drama; in: Akzen-
     te 5/1958, s.519ff.
Hinck, Walter   Von der Parabel zum Straßentheater - Noti-
     zen zum Drama der Gegenwart; in: Wolfgang
     Kuttenkeuler (Hg.), Zur Situation der Lite-
     ratur in Deutschland; Stuttgart 1973.
Hoffmann, Charles W.   The Search for Self, Inner Freedom
     and Relatedness in the Novels of Max Frisch.
     In: Robert R. Heitner (Hg.), The Contempo-
     rary Novel in German, A Symposium. Austin
     University of Texas 1967.

Holley, John Frank   The Problem of the Intellectual's
        Ethical Dilemma as Presented in Four of
        the Plays by Max Frisch; Diss. Tulane Uni-
        versity, New Orleans 1965.

Holthusen, Hans Egon   Ein Mann von fünfzig Jahren; in:
        Albrecht Schau; cf. dort.

Holz, Hans Heinz   Grundsätzliche Aspekte einer Litera-
        turfehde; in: Sprache im technischen Zeit-
        alter 22/1967. Cf. auch unter: Züricher Li-
        teraturstreit.

        Max Frisch - engagiert und privat; in: Tho-
        mas Beckermann, ÜMF I; cf. dort.

Horkheimer, Max   Anfänge der bürgerlichen Geschichts-
        philosophie; Raubdruck o.O.u.J.

Horst, Karl August   Bildflucht und Wirklichkeit; in: Al-
        brecht Schau; cf. dort.

van Ingen, Ferdinand   Max Frischs "Homo faber" zwischen
        Technik und Mythologie; in: Amsterdamer
        Beiträge zur neueren Germanistik 2/1973,
        s.63ff.

Ingold, Felix Ph.   Schwierigkeiten mit dem Vaterland;
        in: Schweizer Monatshefte 54/1974, s.659ff.

Jacobi, Johannes   Keine politische Botschaft aus der
        Schweiz - Die jüngsten Dramen von Frisch
        und Dürrenmatt; in: Die Zeit vom 9. März
        1962.

        Der Anti-Brecht; in: Die politische Meinung
        8/1957, s.93f.

Jacobi, Walter   Max Frisch, "Die Chinesische Mauer". Die
        Beziehung zwischen Sinngehalt und Form; in:
        Der Deutschunterricht 4/1961, s.93ff.

Jaeggi, Urs   Die gesammelten Erfahrungen des Kanoniers
        Max Frisch; in: Text und Kritik 47/48, Ok-
        tober 1975, s.69ff.

Jaussi, Ueli   Bruchstücke einer Konfession; in: Der klei-
        ne Bund - Beilage für Literatur und Kunst,
        Berner Bund vom 2. November 1975.

Jens, Walter   Erzählungen des Anatol Ludwig Stiller; in:
        Thomas Beckermann, ÜMF I; cf. dort.

        Max Frisch und der homo faber; in: Albrecht
        Schau; cf. dort.

        Deutsche Literatur der Gegenwart; München,
        4.Aufl. 1964.

Johnson, Uwe   Zu "Montauk"; in: Walter Schmitz, ÜMF II;
        cf. dort.

Jurgensen, Manfred   "Mein Name sei Gantenbein"; in: Albrecht Schau; cf. dort.

Leitmotivischer Sprachsymbolismus in den Dramen Max Frischs; in: Thomas Beckermann, ÜMF I; cf. dort.

Max Frisch und seine Bühnendialektik - Von der "Chinesischen Mauer" bis "Andorra"; in: Universitas 25/1970, s.1199ff.

Die Entmythologisierung der Freiheit oder Die Umschulung des Geistes; in: Schweizer Monatshefte 51/1972, s.755ff.

Max Frisch - Die Dramen; Bern 1968.

Max Frisch - Die Romane. Interpretationen; München/Bern 1972.

Frisch - Kritik, Thesen, Analysen; Beiträge zum 65. Geburtstag, hg. von M.F. Bern/München 1977.

Kähler, Hermann   Max Frischs "Gantenbein"-Roman; in: Thomas Beckermann, ÜMF I; cf. dort.

Kaiser, Gerhard   Max Frischs "Homo faber"; in: Walter Schmitz, ÜMF II; cf. dort.

Max Frischs Farce "Die Chinesische Mauer"; in: Thomas Beckermann, ÜMF I; cf. dort.

Kaiser, Joachim   Max Frischs Kritik an einem Kanonier; in: Walter Schmitz, ÜMF II; cf. dort.

Max Frisch und der Roman - Konsequenzen eines Bildersturms; in: Thomas Beckermann, ÜMF I; cf. dort.

Nachwort zu: Max Frisch, Ausgewählte Prosa; Frankfurt am Main, 3.Aufl. 1967.

Kamnitzer, Heinz   Die große Kapitulation - Die Rede zur Verleihung des Georg Büchner-Preises an Max Frisch; in: Neue deutsche Literatur 3/1959.

Karasek, Hellmuth   "Biedermann und die Brandstifter"; in: Thomas Beckermann, ÜMF I; cf. dort.

Brechts Mittel ohne Brechts Konsequenzen - Über Fluchtwege bei Dürrenmatt und Frisch; in: Theater heute 10/1970, s.42ff.

Frisch; Velber 1966.

Kepper, Hans,   Formen des Dramas bei Brecht, Dürrenmatt und Frisch; Marburg 1964.

Kesting, Marianne   Nachrevolutionäres Lehrtheater; in:
    Albrecht Schau; cf. dort.

Kieser, Rolf   Max Frisch - Das literarische Tagebuch;
    Frauenfeld 1975.

    Man as his Own Novel - Max Frisch and the
    Literary Diary; in: German Review 47/1972,
    s.109ff.

Kjoer, Jørgen   Max Frisch - Theorie und Praxis; in: Or-
    bis Litterarum 27/1972, s.264ff.

von Kleist, Heinrich   Über das Marionettentheater; in:
    Gesamtausgabe Bd.V; München, 2.Aufl. 1974.

Kohlschmidt, Werner   Selbstrechenschaft und Schuldbe-
    wußtsein im Menschenbild der gegenwärtigen
    Dichtung. Eine Interpretation des "Stiller"
    von Max Frisch und der "Panne" von Fried-
    rich Dürrenmatt; in: Albrecht Schau; cf.
    dort.

Korrodi, Eduard   Ein Roman von Max Frisch: "J'adore ce
    qui me brûle oder Die Schwierigen"; in:
    Walter Schmitz, ÜMF II; cf. dort.

Krättli, Anton   "Leben im Zitat"; in: Walter Schmitz,
    ÜMF II; cf. dort.

    Über literarische Gegenwart. Mit Randnoti-
    zen zum "Tagebuch 1966 - 1971" von Max
    Frisch; in: Schweizer Monatshefte 52/1972,
    s.262ff.

Krapp, Helmut   Das Gleichnis vom verfälschten Leben; in:
    Walter Schmitz, ÜMF II; cf. dort.

Kuby, Erich   Don Juans Liebe zur Geometrie ist klein;
    in: Albrecht Schau; cf. dort.

Kuckhoff, Armin Gerd   Nachwort zu: Max Frisch, Stücke;
    Berlin/DDR 1966.

Kuhn, Christoph   Form und Fiktion - Der Dichter und sein
    Tagebuch; in: Der Deutschunterricht 11/1964,
    s.68.

Kurz, Paul Konrad   Identität und Gesellschaft - Die Welt
    des Max Frisch; in: P.K.K. Über moderne Li-
    teratur II, Frankfurt am Main 1969.

    Max Frisch: Aus Berzona nichts Neues oder
    Tagebuch als "kombattante Resignation"; in:
    Stimmen der Zeit 97/1972, s.419ff.

Lange, Victor   Ausdruck und Erkenntnis; in: Neue Rund-
    schau 1963, s.93ff.

Lebesque, Morvan   Camus; Reinbek, 134.-138.Tsd. 1976.

Leisi, Ernst   Die Kunst der Insinuation; in: Walter
Schmitz, ÜMF II; cf. dort.

Lengborn, Thorbjörn   Schriftsteller und Gesellschaft in
in der Schweiz. Eine Studie zur Behandlung
der Gesellschaftsproblematik bei Zollinger,
Frisch und Dürrenmatt; Frankfurt am Main
1972.

Lessing, Gotthold Ephraim   Abhandlungen über die Fabel;
Stuttgart 1967.

Liersch, Werner   Wandlungen einer Problematik; in: Thomas Beckermann, ÜMF I; cf. dort.

Links, Roland   Nachwort zu: Max Frisch, "Stiller"; Ber-
lin/DDR, 1975.

Lukàcs, Georg   Tendenz oder Parteilichkeit; in: Marxis-
mus und Literatur II, hg. von Fritz J. Raddatz; Reinbek 1969.

Lusser-Mertelsmann, Gunda   Max Frisch - Die Identitäts-
problematik in seinem Werk aus psychoana-
lytischer Sicht. Stuttgart 1976.

Manger, Philipp   Kierkegaard in Max Frisch's Novel
"Stiller"; in: German Life and Letters
20/1966, s.119ff.

Mann, Klaus   André Gide - Die Geschichte eines Europä-
ers; Zürich 1948.

Mann, Thomas   Gesammelte Werke in zwölf Bänden, Bd. XII;
Frankfurt am Main 1960.

Marchand, Wolf R.   Max Frisch,"Mein Name sei Gantenbein";
in: Thomas Beckermann, ÜMF I; cf. dort.

Marcuse, Herbert   Der eindimensionale Mensch; Neuwied/
Berlin, 26.-38.Tsd. 1970.

Kultur und Gesellschaft I; Frankfurt am
Main, 9.-12.Tsd. 1965.

Marti, Kurt   Die Schweiz und ihre Schriftsteller - Die
Schriftsteller und ihre Schweiz; Zürich
1966.

Martin, Claude   Gide; Reinbek, 4.Aufl. 1974.

Marx, Karl   Lohnarbeit und Kapital; Berlin/DDR, 16.Aufl.
1973.

Marx, Karl und Engels, Friedrich   Feuerbach (I. Teil der
"Deutschen Ideologie"); in: Marx-Engels
Studienausgabe Bd.I, hg. von Iring Fetscher,
Frankfurt am Main 1966.

Masini, Feruccio   Itinerario sperimentale nella letteratura tedesca; Studium parmense, Quaderni
di ricerca No.1/1970 (Parma).

Matthias, Klaus   Die Dramen von Max Frisch - Strukturen
und Aussagen; in: Walter Schmitz, ÜMF II;
cf. dort.

Mayer, Hans   Das Geschehen und das Schweigen - Aspekte
der Literatur; Frankfurt am Main 1969.

Mögliche Ansichten über Herrn Gantenbein;
in: Walter Schmitz, ÜMF II; cf. dort.

"Die Geheimnisse jedweden Mannes"; in: Walter Schmitz, ÜMF II; cf. dort.

Dürrenmatt und Frisch. Pfullingen 1963.

Max Frischs Romane; in: H.M. Zur deutschen
Literatur der Zeit. Zusammenhänge, Schriftsteller, Bücher. Reinbek 1967.

Meinert, Dietrich   Objektivität und Subjektivität des
Existenzbewußtseins in Max Frischs "Andor-
ra"; in: Acta Germanica 2/1967, s.117ff.

Melchinger, Siegfried   Das waren Etüden im neuen Stil;
in: Albrecht Schau; cf. dort.

Drama zwischen Shaw und Brecht - Ein Leit-
faden durch das zeitgenössische Schauspiel.
Bremen, 4.Aufl. 1961.

Merrifield, Doris F.   Max Frisch, "Mein Name sei Gantenbein" - Versuch einer Strukturanalyse; in:
Albrecht Schau; cf. dort.

Müller, Joachim   Das Prosawerk Max Frischs - Dichtung unserer Zeit; in: Universitas 22/1967, s.37ff.

Muschg, Adolf   Über Max Frischs "Wilhelm Tell für die
Schule"; in: Walter Schmitz, ÜMF II; cf.
dort.

Vom Preis eines Preises oder Die Wohltat
des Zweifels - Rede zur Verleihung des
Großen Schiller-Preises der Schweizerischen
Schiller-Stiftung an Max Frisch; in: Walter
Schmitz, ÜMF II; cf. dort.

Fiktion und Engagement, oder: kein letztes
Wort auf einem sehr weiten Feld; in: P.A.
Bloch und E. Hubacher, Schweizer Autoren;
Bern 1972; cf. dort.

Neusüß, Arnhelm   Einleitung zu: Utopie; hg. von A.N.
Neuwied/Berlin 1968.

Noth, Ernst Erich   The Contemporary German Novel; in:
          Marquette University, Institute of German
          Affairs, Milwaukee (Wisc.) 1961.

Pache, Walter   Pirandellos Urenkel - Formen des Spiels
          im Spiel bei Max Frisch und Tom Stoppard;
          in: Sprachkunst 4/1973, s.124ff.

Pfanner, Helmut F.   "Stiller" und das 'Faustische' bei
          Max Frisch; in: Albrecht Schau; cf. dort.

Philipp, Felix   Verdikt über Herrn Biedermann. Max
          Frisch, das sowjetische Publikum und die
          Kritik; in: Die Tat vom 10. Dezember 1965.

Plard, Henri   Der Dramatiker Max Frisch und sein Werk
          für das Theater der Gegenwart; in: Albrecht
          Schau; cf. dort.

Pütz, Peter   Max Frischs "Andorra" - ein Modell der
          Mißverständnisse; in: Text und Kritik
          47/48, Oktober 1975, s.37ff.

Ramer, Rudolf-Ulrich   Im Schatten der Eigentlichkeit.
          Studien über Rollen-Spiel und Flucht-Motiv
          im Gesamtwerk Max Frischs. Diss. Erlangen/
          Nürnberg 1973.

Reich-Ranicki, Marcel   Plädoyer für Max Frisch - Zu dem
          Roman "Mein Name sei Gantenbein" und Hans
          Mayers Kritik; in: Walter Schmitz, ÜMF II;
          cf. dort.

          Über den Romancier Max Frisch; in: Neue
          Rundschau 74/1963, s.272ff.

Rischbieter, Henning   "Andorra" von Max Frisch in Zürich
          uraufgeführt; in: Walter Schmitz, ÜMF II;
          cf. dort.

Roisch, Ursula   Max Frischs Auffassung vom Einfluß der
          der Technik auf den Menschen, nachgewiesen
          am Roman "Homo faber"; in: Thomas Becker-
          mann, ÜMF I; cf. dort.

Rosenthal, Erwin T.   Die Erzählbarkeit von Bewußtseins-
          zuständen: Capote, Frisch, Koeppen; in:
          E.T.R. Das fragmentarische Universum - Wege
          und Umwege des modernen Romans. München
          1970.

Rühle, Günther   Was wird denn nun mit Brecht? Verände-
          rung einer Behauptung - Max Frisch und das
          nachbrechtsche Drama; in: Frankfurter All-
          gemeine Zeitung vom 15. Oktober 1964.

Ruppert, Peter   Existential Themes in the Plays of Max
Frisch; Diss. University of Iowa 1972.

Salins, Jautrite M.   Zur Wirklichkeitsdarstellung in
Max Frischs Werken; Diss. Rutgers University 1968.

von Salis, Jean R.   Schweigen war die Regel; in: Walter
Schmitz, ÜMF II; cf. dort.

Schwierige Schweiz; Zürich 1968.

Salyámosy, Miklós   Anatol Stillers Spanienerlebnis; in:
Annales Universitatis Scientiarum Budapesti-
nensis, Sectio Philologica Moderna 5/1974,
s.4ff.

Salz, Lily   André Gide and the Problem of Engagement;
in: French Review 30/1956, s.131ff.

Sartre, Jean-Paul   Was ist Literatur? Reinbek, 12.Aufl.
1973.

Drei Essays; Frankfurt am Main/Berlin/Wien,
1972.

Der Intellektuelle und die Revolution; Neu-
wied 1971.

Schädlich, Michael   Geschichtslosigkeit als Schicksal?
Zu den Romanen von Max Frisch; in: Zeichen
der Zeit 3/1966, s.98ff.

Schaefer, Heide-Lore   Max Frisch, "Santa Cruz"; in: Walter Schmitz, ÜMF II; cf. dort.

Schafroth, Heinz F.   Bruchstücke einer großen Fiktion -
Über Max Frischs Tagebücher; in: Text und
Kritik 47/48, Oktober 1975, s.58ff.

Narren auf verlorenem Posten - Der engagier-
te Schriftsteller; in: P.A.Bloch und E. Hubacher, Schweizer Autoren; Bern 1972; cf.
dort.

Schau, Albrecht (Hg.)   Max Frisch - Beiträge zur Wir-
kungsgeschichte. Materialien zur Deutschen
Literatur II; Freiburg i.Br. 1971.

Schenker, Walter   Mundart und Schriftsprache; in: Thomas
Beckermann, ÜMF I; cf. dort.

Schimanski, Klaus   Max Frisch. Heldengestaltung und
Wirklichkeitsdarstellung in seinem Werk.
Eine Untersuchung zu Problemen und Möglichkeiten unter den gesellschaftlichen Bedin-
ungen des staatsmonopolistischen Kapitalismus. Diss. Leipzig 1972.

Ernst genommene Zeitgenossenschaft - subjektiv gespiegelt; in: Weimarer Beiträge 5/1974, s.161ff.

"Die Sprache ist wie ein Meißel ..." Zur Sprachauffassung und erzählerischen Technik Max Frischs; in: Deutsch als Fremdsprache 4/1967, s.230ff.

Schlocker, George   Ausgeklügeltes Andorra. Max Frisch-Uraufführung in Zürich; in: Albrecht Schau; cf. dort.

Schmid, Karl   "Andorra" und die Entscheidung; in: Thomas Beckermann, ÜMF I; cf. dort.

Unbehagen im Kleinstaat; Zürich/Stuttgart 1963.

Schmitz, Walter (Hg.)   Über Max Frisch II (ÜMF II); Frankfurt am Main 1976.

Schnädelbach, Herbert   Was ist Ideologie; in: Kritik der bürgerlichen Sozialwissenschaft, Das Argument 50/1969, s.71ff.

Schneider, Peter   Mängel der gegenwärtigen Literaturkritik; in: Neue Deutsche Hefte 107/1965, s.98ff.

Schröder, Jürgen   Spiel mit dem Lebenslauf - Das Drama Max Frischs; in: Walter Schmitz, ÜMF II; cf. dort.

Schröder, Marlies C.   Max Frisch. Die thematischen Elemente im Tagebuch und ihre Varianten in den Romanen; Diss. Vanderbilt University, Nashville (Tenn.) 1972.

Schroers, Rolf   Max Frisch oder das Mißtrauen; in: Albrecht Schau; cf. dort.

Schumacher, Hans   Zu Max Frischs "Bin oder Die Reise nach Peking"; in: Walter Schmitz, ÜMF II; cf. dort.

Schwab-Felisch, Hans   Die erfolgreiche "Biografie"; in: Albrecht Schau; cf. dort.

Springmann, Ingo   Max Frisch, "Biedermann und die Brandstifter" - Erläuterungen und Dokumente; Stuttgart 1975.

Stauffacher, Werner   Langage et mystère. A propos des derniers romans de Max Frisch; in: Etudes germaniques 20/1965, s.331ff.

Stäuble, Eduard   Max Frisch. Gesamtdarstellung seines Werkes; Sankt Gallen, 4.Aufl. 1971.

Steinmetz, Horst   Max Frisch - Tagebuch, Drama, Roman;
        Göttingen 1973.

Stephan, Peter   Dialog und Reflexion. Modelle intersub-
        jektiver Beziehungen im Werk Max Frischs.
        Diss. Berlin 1973.

Stone, Michael   Max Frisch oder Der Konjunktiv im Hirn;
        in: Albrecht Schau; cf. dort.

Stromšík, Jiří   Das Verhältnis von Weltanschauung und
        Erzählmethode bei Max Frisch; in: Walter
        Schmitz, ÜMF II; cf. dort.

Suter, Gody   Graf Öderland mit der Axt in der Hand; in:
        Thomas Beckermann, ÜMF I; cf. dort.

Teichmann, Hans   Der Intellektuelle und der Machtstaat.
        Zur Aufführung von Max Frischs "Die Chine-
        sische Mauer"; in: Pädagogische Provinz 15/
        1961, s.487ff.

Ter-Nedden, Gisbert   Allegorie und Geschichte. Zeit- und
        Sozialkritik als Formproblem des deutschen
        Romans der Gegenwart; in: Wolfgang Kutten-
        Keuler, Poesie und Politik; Stuttgart 1973.

Toman, Core   Bachmanns "Malina" und Frischs "Gantenbein".
        Zwei Seiten des gleichen Lebens; in: Die
        Tat vom 24. August 1974.

Torberg, Friedrich   "Biedermann und die Brandstifter",
        dazu "Die große Wut des Philipp Hotz"; in:
        Albrecht Schau; cf. dort.

        Ein fruchtbares Mißverständnis. Notizen zur
        Zürcher Uraufführung des Schauspiels "An-
        dorra" von Max Frisch; in: Albrecht Schau;
        cf. dort.

Ullrich, Gisela   Identität und Rolle - Probleme des Er-
        zählens bei Johnson, Walser, Frisch und
        Fichte; Stuttgart 1977.

Vietta, Egon (Hg.)   Darmstädter Gespräch: Theater. Doku-
        mentation eines Gesprächs mit bekannten Au-
        toren, Kritikern, Theaterleuten. Darmstadt
        1955.

de Vin, Daniel   Max Frischs Tagebücher. Studie über
        "Blätter aus dem Brotsack", "Tagebuch 1946
        - 1949" und "Tagebuch 1966 - 1971" im Rah-
        men des bisherigen Gesamtwerks. Gent 1976.

Völker-Hezel, B. Fron und Erfüllung. Zum Problem der Ar-
        beit bei Max Frisch; in: Revue des langues
        vivantes 37/1971, s.7ff.

Waldmann, Günter   Das Verhängnis der Geschichtlichkeit,
Max Frisch: "Die Chinesische Mauer"; in:
Walter Schmitz, ÜMF II; cf. dort.

Wapnewski, Peter   Tua res - zum "Tagebuch II" von Max
Frisch; in: Walter Schmitz, ÜMF II; cf.
dort.

Weber, Werner   Zu Frischs "Biedermann und die Brandstifter"; in: Albrecht Schau; cf. dort.

Weimann, Robert   Rezeptionsästhetik als Literaturge-
schichte; in: Weimarer Beiträge 8/1973,
s.5ff.

Weise, Adelheid   Untersuchungen zur Thematik und Struktur der Dramen von Max Frisch; Diss. Kiel
1969.

Weisstein, Ulrich   Max Frisch; New York 1967.

Werner, Markus   Bilder des Endgültigen, Entwürfe des
Möglichen. Zum Werk von Max Frisch; Bern/
Frankfurt am Main 1975.

Westecker, Wilhelm   Zwei Romane von Max Frisch. Die
Scheiternden. Der technische und der
künstlerische Mensch; in: Christ und Welt
vom 5. Dezember 1957.

White, Andrew   Labyrinths of Modern Fiction. Max Frisch's
"Stiller" as a Novel of Alienation and
the 'nouveau roman'; in: Arcadia 2/1967,
s.288ff.

Wilbert-Collins, Elly   Max Frisch; in: E.W.-C. A Biblio-
graphy of Four Contemporary German-Swiss
Authors: Friedrich Dürrenmatt, Max Frisch,
Robert Walser, Albin Zollinger. The Au-
thor's Publications and the Literary Cri-
ticism Relating to their Works. Bern 1967.

Wintsch-Spiess, Monika   Zum Problem der Identität im
Werk Max Frischs. Diss. Zürich 1965.

Wolf, Christa   Max Frisch, beim Wiederlesen oder: Vom
Schreiben in Ich-Form; in: Text und Kri-
tik 47/48, Oktober 1975, s.7ff.

Zehetbauer, Volker   Darstellung von Wirklichkeit als
dramaturgisches Problem bei Max Frisch.
Der Versuch einer Erhellung mit Hilfe der
Unterscheidung von griechischem und he-
bräischem Denken. Diss. München 1975.

Zimmer, Dieter E.   Der Mann, der nicht wählen konnte;
in: Albrecht Schau; cf. dort.

Ziolkowski, Theodore   Max Frisch, Moralist without a
           Moral; in: Yale French Studies 29/1962,
           s.132ff.

Ziskoven, Wilhelm   Max Frisch, "Nun singen sie wieder";
           in: Albrecht Schau; cf. dort.

Zoller, Henri   Max Frisch: Jerusalem-Preis 1965; in:
           Die Weltwoche vom 29. April 1965.

Der Züricher Literaturstreit   Eine Dokumentation. in:
           Sprache im technischen Zeitalter (Hg. Wal-
           ter Höllerer), 22/1967. - Beginn einer
           Krise. Zum Züricher Literatustreit; Spra-
           che im technischen Zeitalter 26/1968.

Ergänzung zur Primärliteratur:

Max Frisch   Wir hoffen. Rede zur Verleihung des Frie-
           denspreises des deutschen Buchhandels; in:
           Frankfurter Rundschau vom 20. September
           1976.